這本書屬於

不再一樣

帶領你每日更深刻經歷神

每日經歷神

Experiencing God
Day by Day

作者◎亨利‧布克比 Henry Blackaby
理察‧布克比 Richard Blackaby

譯者◎吳蔓玲

每日經歷神

作　　者：亨利·布克比 & 理察·布克比
譯　　者：吳蔓玲
出 版 者：基石文化公司
地　　址：P.O. Box 4555
　　　　　Diamond Bar, CA 91765, U.S.A.
電　　話：(909) 839-0500
傳　　真：(909) 468-1872
E-mail: Service@EmailBookstore.com
編　　印：道聲出版社
美洲總經銷：以馬內利書房 E-Mail Christian Supplies Inc.
電　　話：(909) 468-1873
傳　　真：(909) 468-1872
網　　址：www.EmailBookstore.com
亞洲發行：道聲出版社
地　　址：台北市杭州南路二段十五號
電　　話：(02) 2393-8583 · 2321-0720
傳　　真：(02) 2321-6538
E-mail: tpublish@ms12.hinet.net
劃撥帳號：○○○三○八五○
2000 年 11 月初版一刷
·版權所有·

EXPERIENCING GOD DAY BY DAY
Author　　Henry T. Blackaby & Richard Blackaby
Translator　Mahn-Ling Woo
Publisher　Storagehouse of the Word (S.O.W) International
　　　　　P.O. Box 4555
　　　　　Diamond Bar, CA 91765
　　　　　U.S.A.
　　　　　Tel: (909) 839-0500　　Fax: (909) 468-1872
　　　　　Web Site: www.sow21.com
　　　　　E-mail:Service@EmailBookstore.com
1st Edition: November, 2000；7th printing: January, 2002
　　　　　This book was first published by
　　　　　Broadman & Holman Publishers,
　　　　　Nashville, TN, U.S.A.
　　　　　Translated by permission.
　　　　　Printed in Taiwan, R.O.C.　© 2000
　　　　　All rights reserved.
　　　　　ISBN 09702399-3-9

■ Henry Blackaby 其他著作陸續出版中，詳情請上網查詢：www.sow21.com

年度 10　09　08　07　06　05

刷次 20 19 18 17 16

前　言

在 過去的年歲中，某些人在我生命裏扮演重要的角色，幫助我
更深地與神同行。敬虔的雙親給予我積極正面的影響，持
續地塑造我的生命，特別是在神與人面前行為正直的渴望。

　　章伯斯（Oswald Chamber）所著的靈修小品──《竭誠為主》
（My Utmost for His Highest，中文譯本由證主出版），一直是我的
生活良伴，挑戰我更深地與主耶穌基督建立親密的關係。在我那本
書頁的空白處，填滿了日期及個人筆記，記錄我生命中特別的事件。
這些記錄記載了真理、經文或一句特別影響我的話。在章伯斯的
《竭誠為主》書扉上的記錄，成為我所珍愛的靈修日誌。我祈禱這
本《每日經歷神》，在未來的歲月也會成為激勵你與神同行的幫助。

亨利・布克比（Henry Blackaby）

被 敬虔的父母撫養長大，是神給我的莫大恩典。他們不僅告
訴我基督徒生活的真義，更在我面前活出基督徒的生命。
我最寶貴的資產之一，是家父傳給我的一本磨破的聖經。（家父的
聖經磨損得很快！）他送給五個孩子每人一本他使用過的聖經。當
我瀏覽他的聖經，我發現在頁邊空白處寫了筆記，也有劃線的經
文，還有經文旁的日期，標識著父親何時經歷這段經文的真理。我
也發現他那本破舊的《竭誠為主》，在頁邊是他的評註，以及我們
家庭經歷重大關鍵時刻的日期。還有什麼比父母的靈程日誌更好的
傳家之寶呢？希望這本靈修指引也能同樣地幫助你。

理察・布克比（Richard Blackaby）

這本書所呈現的靈修思維，是我們每日在經文中尋求神的省思。許多思緒是神在過去的年歲裏，恩慈地教導我們對祂更深刻的認識；能夠分享給大家是人生一大樂事。沒有任何人事物，可以代替讀經所帶來的生命轉變。這本書的出版不是要代替神話語在你生命中的地位，而是把經文介紹給你，讓你思考及默想這些經文。聖靈是你的老師，祂在你閱讀這些靈修思維時，會照著你的需要感動你。每一天照例有一句經文，你會想要翻開自己的聖經，去查閱這句經文的上下文，在更長的經文中汲取神所賜的啟示。

竭誠地感謝那些殷勤幫助我們，且為我們組織起這些思緒的親友：理察的妻子莉莎（Lisa）花費許多時間編輯這本書、瑪莉蘭・布克比（Marilynn Blackaby）一如以往地全力支持、Broadman & Holman 出版社的費莉絲・藍瑟爾（Phyllis Lincer）、安・懷特（Anne White）及約翰・藍德斯（John Landers），他們付出珍貴的技術協助。冀望這本靈修指引能夠祝福你，誠如這些真理曾在我們與神同行的道路上，豐富了我們的生命。

作者們共識

決　心

他們吃完了早飯，耶穌對西門彼得說：
「約翰的兒子西門，你愛我比這些更深嗎？」
（約翰福音廿一章15節）

當我們使耶穌失望時，祂挽回我們的方式眞是奇妙！祂既不羞辱我們，也不批判我們，更沒要求我們要下定決心更努力點。相反地，祂把我們拉到一旁，要我們再次肯定自己對祂的愛。

當彼得與其他門徒狼狽逃離客西馬尼園時，他離棄了他的主。稍後，他在公眾面前否認自己認識耶穌。彼得一定曾懷疑過，自己在最緊要關頭離棄耶穌之後，是否仍配作耶穌的門徒。

當你迎接新的一年到來的同時，也許正爲自己曾有許多行爲舉止令主失望而苦惱。也許你曾對主不忠誠，也許你曾違背祂的話語，也許你的生活方式否認了主。誠如當初祂對待彼得一樣，祂會把你拉到一旁，既不會嚴厲指責你，也不會羞辱你。祂會要求你仔細審查你對祂的愛。祂問彼得：「你愛我嗎？」如果你像彼得一樣回答：「主啊！是的。」祂會再次肯定祂在你身上的旨意。如果你眞愛祂，就必遵守祂的命令（約翰福音十四：15）。耶穌不需要你改邪歸正的決心，也不需要你再度獻身，更不要你承諾今年會更努力點。假如你去年定意順服神的決心並沒能幫助你更忠誠，這份決心在今年也不能使你成功地達到目的。耶穌所要的是你的愛。如果你眞心愛祂，你在這新的一年對祂的事奉將會合乎祂的心意。

禍哉！

那時我說：「禍哉！我滅亡了！
因為我是嘴唇不潔的人，又住在嘴唇不潔的民中，
又因我眼見大君王—萬軍之耶和華。」

（以賽亞書六章5節）

以尊崇的眼光來仰望神，使我們能清楚地洞視罪的本質，並且能真實地認識自己的本相。相反地，小看神則會減低我們對罪的敏感度，並且自我膨脹、高看自己。以賽亞在沒有親眼看見神那無法用言語形容的榮耀之前，也許正滿足於自己個人的聖潔。朝見聖潔的神，使得以賽亞立即敏銳地察覺自己的不潔和周圍百姓的罪過。敬拜神卻又依然故我是不可能的。我們真實敬拜神的最佳指標是一顆被改變的心。

我們是否已經滿足於不聖潔的生活方式，且與罪惡的世界同流合污呢？當有些人活出神的心意的同時，我們是否視他們為「超級屬靈」，而自己甘於落入罪惡的深淵？如果我們只與周遭的人比較個人的聖潔，我們可能誤以為自己正活出聖潔的生活。然而，當我們朝見聖潔的神時，我們唯一的反應可能是「禍哉！」

除非你周遭的人能清楚地認出你的確與世人不同，不然他們不會相信耶穌。神要使你聖潔，就如同祂是聖潔的一樣。當神管教你的時候，你的生命會徹底地被煉淨。這種被煉淨後的生活與世界的潮流走向絕對不相同。如此一來，你奉獻的生命將會使世人（包括你周遭的人）確信你是服事一位聖潔的神。

有所不同

但以理卻立志不以王的膳和王所飲的酒玷污自己，

所以求太監長容他不玷污自己。

（但以理書一章8節）

你是否敢相信，那位召你歸向祂並且賜予聖靈保惠師的神，能夠藉著你行大事呢？你是否能把你生活的時空與神在你身上的召命連結在一起呢？世上沒有一件事會出乎神的預料。為了某個特定的目的，祂準確地將你安置在現今的處境。

但以理並沒讓他那時代的試探介入他與神的關係。他知道自己必須在所有事情上順服神，才能為神所使用。不管世界上最有權勢的君王命令如何，但以理拒絕妥協神的誡命。

歷史上充滿眾多基督徒的榜樣。他們相信神能使用他們，使神的國度大大不同。神策略性地把以斯帖安置在皇宮中，好讓她在緊要關頭拯救神的百姓（以斯帖記四：14）。神策略性地使約瑟成為埃及法老王手下最有權勢的宰相，使雅各一家免得死於饑荒（創世記四十一：39～40）。

你是否讓環境來決定你的一生？抑或願意讓神使用你來改變你的世代？你現在可以求神顯明祂對你一生的計畫，和祂在你今日生活中的旨意。

因神的話而戰兢

但我所看顧的，就是虛心痛悔、
因我話而戰兢的人。

（以賽亞書六十六章2節下）

當上帝說話的時候，你是否戰兢？上回是哪個時候因為神向你說話而全身戰兢？約翰一聽見神說話，就仆倒像死了一樣（啟示錄一：17）。當保羅在往大馬士革的途中遇見基督，就仆倒在地（使徒行傳九：4）。摩西一聽到神的聲音，就戰戰兢兢（使徒行傳七：32）。西門彼得領悟到耶穌的身分，「就俯伏在耶穌膝前，說：『主啊，離開我，我是個罪人！』」（路加福音五：8）

你是否已經對神失去敬畏感，不認為那宇宙創造者今日仍然願意向你這受造者說話？當你讀經時，你是否擁有神聖的期待，期待聆聽神當日要給你——那能改變你生命——的指示。聖經上說：「敬畏耶和華是智慧的開端。」（箴言九：10）敬畏耶和華是讓你看見並聽見一些事的唯一方式，這是無法藉著其他方法經歷到的。

讀經時，你可能感受到上帝正藉著所讀的經文直接向你說話。讓我們停下來仔細想想，那命立並且創造宇宙的真神居然正對你說話，這是多麼真實！多令人肅然起敬！如果耶穌過去能以祂的話叫死人復活、斥責平靜風浪、逐出惡鬼、治癒那不能醫治的，那麼祂的話語在你身上的影響將是何其可觀？這可能性應當讓你全身戰兢！下回你打開聖經時千萬要懷著神聖的期待——期待聆聽上帝的恩言。

儀式或關係？

他們也不說：「那領我們從埃及地上來，
引導我們經過曠野，沙漠有深坑之地，和乾旱死蔭、
無人經過、無人居住之地的耶和華在哪裏呢？」

（耶利米書二章6節）

基督信仰是一種與耶穌基督愈來愈親密的關係。它不是一堆信仰教條，也不是傳統儀式，更不是消除罪的途徑。神所頒發的每個命令，都是為了加深祂與祂的百姓之間愛的關係。

神為我們設計崇拜，好讓我們能在祂的榮耀光中朝見祂，並且適當地回應祂。然而，對許多人而言，崇拜已經變質，成了「宗教」，只是一個習慣性的聚會罷了。神創立獻祭制度，好讓我們這些神的百姓能向祂表達愛意。但我們往往獻給神一點點的禮物，徒然想安撫神，平靜自己的罪惡感。神賜予我們禱告的權柄，讓我們能與祂交談，但我們常常有口無心地「唸主禱文」，扭曲了禱告的真義。不但如此，我們往往沒有靜心聆聽神的心意，就匆匆結束禱告。神設立誡命來保護祂所愛的百姓。誡命卻輕易地變成律法主義的小徑，而非與神建立關係的林蔭大道。祂用這些誡命來保護我們免受傷害。

沒有與神相交的宗教活動只是空洞的儀式。耶利米時代的百姓滿足於那種沒有神同在的儀式。他們對自己的「宗教」好自在，甚至不曾察覺到神並沒有同在的事實。我們是否可能在禱告、參加主日崇拜或奉獻金錢的同時，卻沒有經歷神的同在？當然，這是可能的！這是許多基督徒可悲的誤解。不要停留在那種與耶穌基督毫不相干的宗教生活。神同在的敬拜是迥然不同的。

神在尋找黏土

「耶和華說：以色列家啊，我待你們，
豈不能照這窰匠弄泥嗎？以色列家啊，
泥在窰匠的手中怎樣，你們在我的手中也怎樣。」

（耶利米書十八章6節）

神清楚如何把救恩帶給你的家庭、你的朋友、你的社區和你的世界。因此，祂正在尋找一些願意讓祂塑造成為可用器皿的人，來實行祂神聖的工作。黏土對自己毫無計畫，也沒有事奉的遠大抱負，更不會心不甘情不願地付出。它只是一塊柔軟可塑、完全順服主人意志的黏土。

我們常常興奮地向神宣佈：「我已經發現自己的優點和恩賜。現在，我知道自己怎樣最能事奉祢。」我們有時候會通知祂：「我知道自己的缺點，所以我知道有哪些事我無法為祢做。」這種心態根本不是陶土的特性。神並不受你個人能力的限制來使用你（哥林多後書十二：9～10），祂能塑造我們成為任何一種祂所要的器皿。當神的任務需要謙卑品格的人，祂就尋找一個願意謙卑的僕人；當神的工需要奮興的器皿，祂就尋找能被聖靈充滿的人。神使用聖潔的器皿，祂尋找那些願意被神除去自己不潔的人。它不是一種高貴的行業，它只是一塊黏土——既沒有甚麼吸引力，也無可誇之處，唯一的例外是：它乃是全能神所尋找的一塊柔軟、可塑造的黏土。

如果你老是告訴神甚麼是你能做的事、甚麼是你不能做的事，現在該是順服祂計畫的時候，任憑祂塑造你成為祂計畫中的你，就像一塊黏土一樣。

因異象而活

沒有異象，民就放肆；

惟遵守律法的，便為有福。

（箴言廿九章18節）

世人以「遠見」行事，神的百姓是藉「異象」而活。世人尋找遠大與高貴的目標，運用心思構想最偉大和最令人滿足的事情，好投資他們的生命。機關行號訂立目標和方針，並整理籌劃來達到目標。神百姓的作法卻截然不同，基督徒以神的異象來計畫人生，不管他們自己是否覺得有道理。神並沒有詢問我們個人的意見，看看怎樣做對我們的未來、家庭、教會或國家最好。祂早已知道！神要祂的百姓留心，並且向我們顯明祂的感情和旨意。神的道路並非我們的道路（以賽亞書五十五：8～9）！

一旦人們行事不以神的異象為準則，他們就「放肆」。也就是，他們做自己眼中認為正確的事。他們設立目標、安排行事曆、禱告求神祝福，有些基督徒根本沒有活在神的旨意中。然而，他們卻貿然禱告，想要神祝福他們努力的成果！

能夠知道神心意的唯一辦法是讓神向你啟示。你永遠不可能憑自己找到神的心意。當你聽見神的心意，有一件事要立刻去行，就是順服。如同箴言作者的觀察：「惟遵守律法的，便為有福。」

充充足足

神能照著運行在我們心裏的大力

充充足足地成就一切，超過我們所求所想的。

（以弗所書三章20節）

有時候，我們以為自己為神和教會所做的一切，可以獲得神的激賞。然而，即使是人類最崇高的抱負，也不會令神感動（詩篇八：3～4）。你絕不可能設立一個遠大目標，或企圖征服一個重要的任務，遠遠地超越神能在你身上所行的作為。大數掃羅比任何人都努力，好以自己的奮鬥來獲得神的激賞。但他發現自己最偉大的成就，比起神在他生命中的旨意，只不過是一堆糞土罷了（腓立比書三：7～8）！

我們的問題是太容易沉迷於自己的計畫。當我們努力嘗試做些高貴，或與眾不同的事時，總是認為神會因為我們竭力發揮潛能，而大大讚賞。事實上，除非我們聽到神的心意，否則根本無法想像自己可以成為甚麼樣的生命，也無法想像神要藉著我們成就何等事。

我們必須提醒自己：天父瞭解全盤計畫，並且，祂的能力超過我們有限的想像力。不管我們的行事計畫是多麼崇高，我們一定要把它們放置一旁，絕不可滿足於自己的夢想，因為它們充其量是有限的。當我們遵循神的指揮，將會親身經歷許多奇妙的事。而這些奇妙事唯有神的同在，才能夠解釋它們發生的原因。我們怎能滿足那種次等豐盛的生命呢？

禱告明白神的行事曆

次日早晨，天未亮的時候，

耶穌起來，到曠野地方去，在那裏禱告。

（馬可福音一章35節）

對門徒而言，他們都知道清晨是耶穌的禱告時刻。當他們需要祂的時候，知道到耶穌禱告的地方去找祂。當猶大出賣耶穌時，就是帶著一群人去耶穌禱告的地方。

主耶穌每回面對重要的抉擇，祂就禱告。當祂在曠野遭受試探，被誘以世界的方法代替天父的方法時，祂禱告（馬太福音四章）。當祂面臨挑選門徒的抉擇時，祂徹夜禱告（路加福音六：12）。如果神的兒子需要徹夜禱告，好清楚明白天父的心意，那麼我們需要多少時間的禱告，才能清楚神的旨意？

耶穌經常被人群圍繞，祂知道自己必須找尋一處安靜之所，好能清楚聆聽天父的聲音。耶穌周圍有太多人想左右祂生命的方向：祂的門徒要祂和群眾在一起（馬可福音一：37）；群眾想擁祂為王（約翰福音六：15）；撒但試探祂，要祂妥協去敬拜並擁護撒但（馬太福音四：3、6、9）。耶穌知道自己的任務不是吸引群眾，而是持續地順服天父。藉著禱告，耶穌決定事工的行事計畫（路加福音六：12）。祂的禱告行在神蹟之前（約翰福音十一：42～43）；在緊要關頭時，禱告為耶穌帶來勇氣（路加福音九：28～31）；禱告使祂願意步上十字架（路加福音廿二：41～42）；禱告使祂甘願被掛在十字架上，忍受痛苦折磨（路加福音廿三：46）。讓我們傚效救主的榜樣，在禱告中與神獨處，訂立我們的生活行事曆。

神命立就立

我口所出的話也必如此，決不徒然返回，
卻要成就我所喜悅的，在我發他
去成就的事上必然亨通。

（以賽亞書五十五章11節）

當神一開口說話，沒有一件事能再保持原狀。在時間的起頭，神一開口，就由無變有，創造了整個宇宙。神照著一個模式創造天地：祂先說，事件接著成就，最後他看所造為美好（創世記一：3～4）。神這個模式遍及整本聖經。每次祂顯示自己的計畫，事情就照著祂所說成立，祂看事情的結果為美好（腓立比書二：13）。神並非給建議，而是斷然地說出，然後看著祂所說的實現。

每回耶穌一開口說話，祂所說的事就發生。痲瘋病患發現，耶穌的一句話就等於是身體得潔淨（路加福音五：13，十七：14）。瞎子知道，耶穌的一句話就等於是重見光明（路加福音十八：42）。藉著一棵不結實的無花果樹，門徒們看見，耶穌的一句咒詛就等於是毀滅（馬可福音十一：20）。罪人藉著耶穌的一句話得到赦免（約翰福音八：11）。耶穌嘗試多少次才讓拉撒路死裏復活？只有一次（約翰福音十一：43）。耶穌一開口，沒有一次不照祂所說的成就。

如果耶穌向你說話，那會發生甚麼事情呢？你是否研讀聖經中耶穌的話語，卻從未經歷祂改變的大能？耶穌責備法利賽人，因為他們認為聖經的知識會帶給他們生命。他們滿足於話語的本身，卻不去經歷發出話語的那位（約翰福音五：39）。神的話在你生命的影響是何等強而有力！當你讀經禱告時，傾聽神在你身上的旨意。

撒下公義的種子

撒義種的，得實在的果效。

(箴言十一章18節下)

投資人生有許多方式，沒有一項比得上熱愛追求公義的報酬更大。我們生活每個層面都應該流露出神的聖潔，這聖潔是由救贖恩典而來。我們的思想要聖潔，好叫我們所想的，沒有一件事不與神兒女的身分相稱。我們的行動要聖潔，好叫我們的生活能表露出我們正事奉著一位聖潔的神。我們要完全正直，才能超越所有人際關係的責難。

你在生活中是否將神的公義視為理所當然？公義不能靠你自己的力量達到，一定得靠聖靈在你的生活中作工才能達到。你是否容許邪惡和罪惡的思想，取代聖潔的思想，而在你心裏滋長？你是否容許情慾毫不受阻礙地生長？你生命中是否仍有懷恨、苦毒、妒忌和報復的纏擾？耶穌說，我們要先求祂的國和祂的義，這些東西都要加給我們了（馬太福音六：33）。

撒義種的會得大獎賞。你現在正在做哪些事，以栽種聖潔在你的生命？你如何在自己的心中撒下公義的種子，好使心思意念聖潔？你如何在自己的人際關係栽培公義，好讓你能保持聖潔？你是否在日常生活中灌注公義，好讓你的生活毫無指責？如果想要明天收割公義的果子，今日必要先撒下公義的種子。

神的救贖之鑰

使他們都合而為一。
正如祢父在我裏面，我在祢裏面，
使他們也在我們裏面，叫世人可以信祢差了我來。

（約翰福音十七章21節）

神時常談到人與人之間的關係，是祂救贖迷失世界工作的一部分（約翰福音十三：20；馬太福音廿五：40）。祂要一男一女結為一體，生出「神聖的種子」，就是愛主、順服主的後裔。而這敬虔的後裔能被神所使用，將救贖帶給迷失世界（瑪拉基書二：14～15）。同樣地，教會是基督的身體。如果教會成員彼此爭鬥，教會不可能執行神交給她的任務（哥林多前書十二：12）。我們與他人的關係，對周圍人們是否得到救贖，是非常重要的。

我們可能以為耶穌被釘死於十字架之前，會為門徒禱告，讓他們有勇氣，或者保持忠誠，或者讓他們牢記所有的教導。相反地，祂為祂的跟隨者祈求，能在愛裏彼此合而為一。耶穌瞭解一個人不可能在靈裏愛神，卻不愛他人。

你對他人的愛心，是你真心愛神的試金石。我們的傾向是告訴神：「天父，問題不在祢我之間。我全心全意愛祢，只是我不愛我的弟兄。」神說這是不可能的！人不可能愛神，卻不愛神兒子為其捨命的那個人（約翰福音十三：34～35）。如果你不能與基督徒弟兄姊妹們在愛裏合一，你的生活沒有辦法使周遭的人相信耶穌基督的真實性。

神的話語能對症下藥

神的道是活潑的，是有功效的，
比一切兩刃的劍更快，甚至魂與靈，骨節與骨髓，
都能刺入、剖開，連心中的思念和主意都能辨明。

（希伯來書四章12節）

神的話是否曾經讓你覺得很不舒服？當你讀經時，是否有些經文讓你的心裏過不去？你是否發覺自己聽道時，經文似乎針對著你？若是如此，你正經歷一件真實的經驗，就是神的話語是活的。神知道你的心思意念，審查你的動機。

神對你說話一定有目的。神知道你的心，祂知道你需要甚麼，才能讓你的生命與基督的生命一致。如果你的口舌犯罪，神的話語會強調舌頭。如果你記恨他人，神的話將使你面對祂饒恕的準則。如果驕傲是你的生命的營壘，神的話語會讓你看到謙卑。無論你需要對付自己任何一種罪，你會發現神的話語正向你揭示這個弱點。

迴避聆聽神對你說話，能使你逃避被判罪不安的感覺。你也許可以忽視讀經，遠遠避開被管教的場所。你也許可以迴避那些會提醒你聖經真理的人。然而，最好的回應是禱告，就像詩人所說：「神啊，求祢鑒察我，知道我的心思，試煉我，知道我的意念。」（詩篇一三九：23）讓神的話語指出你的罪與不純潔，並且用水藉著道，完全地洗淨你的罪（以弗所書五：26）。總要藉著神的話，將你的生活與神向你特意說的話連結起來。神的話句句都要當真，要知道神的話語可以鑒察你的心思意念。

爭戰或磨練

因為主所愛的，祂必管教，又鞭打凡所收納的兒子。

（希伯來書十二章6節）

許多基督徒有個傾向，就是把所有不如意的事都視為「屬靈爭戰」。當困難發生時，許多基督徒馬上向神祈求挪去他們的危難。但問題是，他們的苦境不見得與撒但或屬靈爭戰相關。與其相信自己所收割的正是所種的苦果，或坦承自己乃被天父所管教，我們寧可歸咎自己的苦難是出自於撒但的攻擊，但這可是太抬舉自己了（加拉太書六：7）。

我們往往把天父的管教錯認為撒但的攻擊。若不重視自己肩負孩子們屬靈教師的責任，神可能容許子女們犯罪。如果你在工作上不誠實，神可能允許你承受事情後果，好糾正你的行為。在這種情況求神挪去你的苦難是不智的。神管教你，好引起你的注意，進而改變你的生命。一個人若從未將自己的問題歸於神的管教，是極其悲慘的！如果你把神的管教視為撒但的攻擊，對你的生命毫無助益。並非你所遭遇的每件苦難都是神的懲罰，然而，聖經的確告訴我們，神會管教祂的兒女。

如果你不明白神的懲罰是為了磨練你，你可能會抱怨神不聽你的禱告，或抱怨神不保護你免受撒但的攻擊。就在此時，神正在警告你，要你正視自己罪行的後果。你生命中是否正面對困難的環境？這是否是神的管教？神的本性是完全的愛。祂會改正你，因為祂向你所懷的意念自始至終是善的。

樂意事奉

當祢掌權的日子，祢的民要以聖潔的妝飾為衣，
甘心犧牲自己；祢的民多如清晨的甘露。

(詩篇一一○篇3節)

當神的權能臨及祂的百姓時，神的百姓樂意奉獻生命，這是復興的其中一個標記。許多教會缺乏人手願意傳達神的救贖大工，許多宣教工場需要基督徒，將福音介紹給那些從未聽過基督的人們。一再懇求人們志願參加事奉作義工，不是我們的需要。我們真正的需要是神傾瀉而出的大能。當神的大能臨及祂的百姓時，神的工作從來不缺人手或者是資源不足。

現代基督徒最關心的事，是自己屬靈生活的成長，宣教根本上不了他們所關心事物的排行榜。這是因為我們已忘了神當初對我們的呼召。我們由罪中得釋放，並非單為了自己夠格上天堂。神拯救我們，是為了與我們建立關係，藉著這個關係，祂能進一步拯救這迷失的世界。

只有神的大能可以把我們由自我中心的本性中釋放出來，使我們再一次轉向神的使命。我們不需要禱告求神的大能降臨，祂的降臨一定帶著大能。我們需要持有一顆願意回應的心，讓祂能夠在我們的生命彰顯祂的大能。你的心是否充滿對神的熱愛？你是否願意馬上抓住機會，像以賽亞一樣地說：「我在這裏，請差遣我」？

神永恆的透視

我必叫你成為大國。我必賜福給你，
叫你的名為大；你也要叫別人得福。

（創世記十二章2節）

艱巨的任務需要非凡品格的人才能達成。神按照你的品格量器大小，賦予你能夠承當的責任。在聖經時代，人名往往表明他的個性，知道一個人的名字就知道他是甚麼樣的人。這就是神在改變一個人的個性時，有時也改變他名字的原因。譬如神要藉著亞伯蘭祝福地上萬國，但亞伯蘭的個性太軟弱，不足以擔當這個重任。神說祂要叫亞伯蘭的名為大，讓他成為將來世代的祝福。因此，在接下來的廿五年中，神培養亞伯拉罕的品格，好叫他的個性與神所賜的名字相配。

神以祂永恆的角度透視你的一生。無論得花多少時間，祂會耐心地培養你的品格，好與祂給你的任務相配。如果你最近不曾接受任何由神而來的託付，這可能表示你的個性需要變成熟。你是否等不及神熬煉自己的個性，就不耐煩地想奮力一搏？個性軟弱者承擔大事，只有失敗的份。不要急於動手開始，個性的塑造是相當費時且痛苦的。經過廿五年，神才賜下亞伯拉罕第一個兒子，付諸行動建立以色列民族。但神的話是信實的，幾千年以來，許多人藉著亞伯拉罕的生活與他肉身的後裔耶穌而得福。

神如何塑造你的個性？你是否感覺神給你一個任務，是超過現在的你所能承擔的？你是否願意讓神在你的身上作工，好預備你面對下一個任務？

要和解

就把禮物留在壇前，先去同弟兄和好，

然後來獻禮物。

（馬太福音五章24節）

當你與弟兄結怨，向神獻禮物是沒有用的。耶穌說他的跟隨者應該與他的敵對者和解。世人所尋求的和解是有限的，然而基督徒要付出任何代價換取和解。

你說：「你不瞭解他傷害我有多深！要我和他恢復關係是不合理的。」或者是：「我試了，但是她就是不肯和解。」耶穌要求我們和解，並不包含任何的例外。那人若是你的仇敵，耶穌說你要愛他（馬太福音五：44）；他若逼迫你，你要為他禱告（44節）；她若公然羞辱你，你不可以牙還牙（39節）；有人若佔你便宜，就給他多過他的要求（41節）。世人鼓吹「維護自己的權益」，耶穌教導要「放棄自己的利益」。世人警告你常常會被利用，耶穌關心的卻不是門徒是否被公平對待，而是門徒不管別人如何待自己，仍然能表露出無條件的愛。世人蔑視耶穌，將祂釘死在十字架上。祂的反應是我們的榜樣：「父啊！赦免他們；因為他們所做的，他們不曉得。」（路加福音廿三：34）

如果有甚麼命令常使你苦於無法順服，一定就是與人和解這條命令。我們以「神知道我已經盡力，但我的對頭不肯和解」這種想法安慰自己。然而，神並沒有說「試著和解」，乃是「要和解」。你生命中是否有個人，是你需要與他和解的？現在就照著神的話去做。

新生命

若有人在基督裏，他就是新造的人，

舊事已過，都變成新的了。

（哥林多後書五章17節）

邀請耶穌住進你的心裏，並不能使你成爲基督徒，只有重生才能成爲基督徒。耶穌說：「人若不重生，就不能見神的國。」（約翰福音三：3）禱告、公開地委身於神，或是簽署決志卡，都不能使你得救。只有重生才能使你得救。使徒保羅說，當你「在基督裏」，舊事已過，都變成新的了。在得救的那一刻，你所有的罪都被赦免，過去曾經遭受的每個傷害都可得醫治。無論你經歷多少失敗，神的愛與接納會臨到你。不管你如何困苦，一切都成爲過去。

有些人小看你靈裏重生那令人敬畏的眞實性。你會聽他們說：「即使你現在是基督徒，你還是非得接受好幾年的心理協談，才能克服你的傷害。」或是：「你可能已經重生，但你還是會繼續與罪搏鬥。倘若順利的話，你最後可以在自己的軟弱上，得到勝利。」

問題就在於：我們寧可靠自己的力量尋求改變，也不願憑信心將自己的生命交在那位賜予新生命的主。聖經有個深奧的聲明，就是耶穌基督的血和神子的死亡，足以把我們由罪惡中釋放出來。撒但會想法子欺騙你，讓你以爲這不是眞的。你要相信誰呢？

門徒訓練即基督在你們心裏

神願意叫他們知道，
這奧秘在外邦人中有何等豐盛的榮耀，
就是基督在你們心裏成了有榮耀的盼望。

（歌羅西書一章27節）

在創世之初，天父的計畫是將祂永生的愛子放進每位信徒的心裏。如果你是基督徒，所有神的豐盛都住在你的心裏。基督的生命成爲你的生命。當基督住在你們的心裏，在祂裏面帶來所有神的資源。每當你面對需要，你與住在你心裏的那位釘死於十字架上、復活、得勝的宇宙之主一起面對。當神邀請你與祂同工，祂已經將祂的愛子放你的心中，祂能藉著你的生命實行祂的計畫。

基督住在你心裏與你的基督徒生活有密切的關連。門徒訓練的內容遠比頭腦得到聖經知識和背誦經文多得多。讓耶穌基督掌管你的生命是學習而來。讓祂完全掌管你的生命，祂才能藉著你彰顯祂的生命。你最大的困難是，相信自己與基督的關係是你基督徒生命的重心。當周遭的人看到你正面對危機，他們是否看到那位復活主的反應？耶穌基督的同在爲你的生命帶來了甚麼改變？

神要藉著施展在你身上的大能，顯明自己給你周圍的人看。祂要你的家人每一天都可以看到基督內駐你心。祂要藉著你的生命彰顯祂的大愛。「過基督徒的生活」和允許基督藉著你活出祂的生命，是大不相同的。

君尊的祭司

惟有你們是被揀選的族類，是有君尊的祭司，
是聖潔的國度，是屬神的子民，
要叫你們宣揚那召你們出黑暗入奇妙光明者的美德。

（彼得前書二章9節）

如果你是個基督徒，你就是神所挑選的祭司。身為君尊祭司的一員，你得時常面謁皇帝。生活中有欠缺時，你不需要找仲介，也不需要另一位祭司的協助，好能得到神的回答；你所擁有君尊祭司的身分允許你能直接面謁神。這是你祭司身分的特權。

然而，祭司也有其應盡職責。祭司的責任是與全體的祭司同工。聖經中並沒有鼓勵每位祭司擔負其個人獨特的事工。相反地，祭司們一起同工事奉（利未記九：1）。個人主義會孤立你與眾祭司的搭配，這並不是神在聖經的教導。

祭司在百姓面前代表神，也把百姓的憂慮帶到神的面前。你周圍是否有人正急迫地需要一位神的祭司的代禱？或許某人唯有藉著看到你的生命，才前來認識神。我們的世界飢渴地找尋真神。藉著祂的百姓能活出祂的生命，才能表彰神。將我們自己的工作放在神的呼召之上，是極其危險的。我們首要的職分是祭司，工作是次要的。當我們的優先次序弄混時，周遭的人無法藉由我們面謁神。神給你的召命可能是一份世俗的工作，但更重要的是，祂早已指定你作祂的君尊祭司。

成聖與差遣

求祢用真理使他們成聖；祢的道就是真理。

祢怎樣差我到世上，我也照樣差他們到世上。

（約翰福音十七章17～18節）

在神差遣你之前，神總是先使你成聖。天父分別十二使徒，藉著真理——祂的愛子——使他們成聖。當他們與耶穌——也就是真理（約翰福音十四：6）在一起時，使徒們受真理的鍛鍊與預備，好被差遣出去傳福音。耶穌駁斥他們的個人野心（路加福音九：46～48）、責備他們的小信（馬太福音十七：19～20）、斥責撒但的影響（馬太福音十六：23），並且指責他們的驕傲（馬太福音廿六：33～35）。當耶穌完成對門徒的訓練，門徒們被差遣出去，改變了世界。

撒但會試圖使你相信，你的罪使你在神面前一無可用。這是謊言之父的謊言。只要你一犯罪，那欺騙者會在你的耳朵低語：「你失敗了！現在你在神面前是個無用的人。」這種思想使身為基督徒的你，感到挫敗與絕望。然而，沒有一件事比因神的恩典得自由能夠更自由的。當神的百姓容許神的真理重新連結他們與神的旨意和標準，神的大能將會藉著他們釋放出來，正如同神在第一代使徒身上的作為一樣。

真理必使你得自由。這真理是：「我們若認自己的罪，神是信實的，是公義的，必要赦免我們的罪，洗淨我們一切的不義。」（約翰一書一：9）我們將會被重建成為神有用的器皿。

愛的動機

公義的父啊，世人未曾認識祢，我卻認識祢；

這些人也知道祢差了我來。

我已將祢的名指示他們，還要指示他們，

使祢所愛我的愛在他們裏面，我也在他們裏面。

（約翰福音十七章25～26節）

你不需要「整頓」神的王國；你為神的王國「苦痛」。你不可能與神親密相交，卻不被神的大愛所影響。天父以祂永遠的愛來愛祂的兒子。天父心中所有的一切與祂的大愛，都傳給了祂的兒子。當神明示自己對墮落世界的大愛，這份熱愛也通過祂的兒子顯明祂的大愛。天父訂立了拯救世界的計畫，神兒子接受了上十字架的任務。

當耶穌在人群中行走，天父的愛充滿祂的胸懷。耶穌知道平凡的愛無法使祂甘願上十字架。人類的愛不足以使祂願意完全順服天父。只有天父的大愛才能夠驅使祂願意順服，以祂自己的生命完全天父救贖的目的。

耶穌祈求神將同樣的愛放置在門徒的心裏。祂知道，任何動機都不足以使門徒完成神所託付的任務。神的回答是將祂的愛子放在他們心裏。一個基督徒不可能擁有神愛的胸懷，卻不願意執行神給他們的任務。

如果你沒有神的愛，就無法幫助那些神要你伸出援手的人。除非先充滿神無盡的愛，你不可能饒恕他人、陪他人走二里路，或為他人犧牲。要追求，要認識天父和祂那不可測的大愛，然後，讓祂的愛子藉著你去愛其他的人！

真理必叫你們得自由

你們必曉得真理，真理必叫你們得以自由。

（約翰福音八章32節）

神的真理永遠不會限制你，神的真理總是叫你得自由！你是否沮喪？生命中是否有任何被捆綁之處？是否無法勝過某些過犯？是否被毒癮所奴役？你可能尚未瞭解神某方面的真理，而這真理必叫你得到自由。

如果你覺得無力去面對前面的挑戰，要看看腓立比書四章13節的應許：「我靠著那加給我力量的，凡事都能做。」你將可得到激勵。如果你因環境受挫，要持守羅馬書八章28節的真理，就是上帝能使萬事互相效力，叫愛神的人得益處。如果你正被某項罪行所奴役，要將約翰一書一章9節應用在你的生命中。這段經文應許你，我們若認自己的罪，上帝是信實的，是公義的，必要赦免我們的罪，洗淨我們一切的不義。聖靈期待將所有真理實踐在你的生命中。

知道真理是一回事，在生命中經歷神的真理又是另一回事。除非接受並相信它，否則神的真理不會產生半點影響力。也許你讀過或聽過神在其他人身上的奇妙作為，但你是否容許神將這些真理實行在你的生命中？你想在你的生命中經歷神的哪一項真理？請祂今天就將這項真理實行在你的生命裏。

你們來看

他們說：「拉比，在哪裏住？」（拉比翻出來就是夫子）
耶穌說：「你們來看。」他們就去看祂在哪裏住，
這一天便與祂同住；那時約有申正了。

（約翰福音一章38下～39節）

光是空談基督徒的朝聖之旅是不夠的，我們一定要實際踏上這趟旅程。我們可以花許多時間爭論或討論基督徒生活的問題，但如果從未踏出跟隨基督的步伐，那麼口頭上的談論是意義不大的！

歷世歷代以來，以色列民族一直在研究及預測彌賽亞的來臨。在猶太人之間，再也沒有比彌賽亞的本質、特徵和工作這個主題，更能博得大家的重視。安得烈已經聽過施洗約翰談論彌賽亞來臨的事。現在他突然與自己仰慕已久的那位面對面！他腦子堆滿一些早就想問的問題。然而，耶穌並沒有與安得烈談論神學，耶穌轉身前行。安得烈的問題不是光憑討論就可以答覆，還要加上與祂同行，才能明瞭這道理。

基督教不是要你學習一堆教條，而是要你跟隨「一個人」。當安得烈與耶穌同行，他看到耶穌治癒病患、教導神的智慧，並展現神的權能。安得烈不僅是得知神，更經歷到神自己！

當你與神站在人生十字路口的時刻，你會有一堆問題想問神。與其一一回答你的疑惑，耶穌可能會說：「穿上你的鞋子，跨出步伐，跟隨我。」當你每日與祂同行，耶穌會回答你的問題。你會比自己原本想知道地更深入洞見整個問題。

天父吸引你

耶穌又說：「所以我對你們說過，
若不是蒙我父的恩賜，沒有人能到我這裏來。」

（約翰福音六章65節）

耶穌在地上從不被人群脅迫。祂注視群眾，專注於天父所賜給祂的人。耶穌知道因為罪的緣故，沒有人是天生就尋求神的。人類罪的傾向是逃避神，而非親近神（創世記三：8；詩篇十四：1～3）。因此，不論甚麼時候，耶穌只要看到天父正吸引一個人親近祂，祂馬上與那人建立關係。

耶穌遠遠地觀察那被鄙視的稅吏撒該消失在擁擠的人群中，為要能夠清楚看到耶穌經過。耶穌立刻離開人群，花時間與這位明顯被天父所吸引的人在一起（路加福音十九：1～10）。當耶穌注意到有人跟隨祂，就對他說：「你們來看！」（約翰福音一：39）每回門徒對神的真理有新的洞見，耶穌就認出這是天父在他們生命中的作為（馬太福音十六：17）。

當群眾圍繞耶穌，祂說了一些令人難以理解的真理（約翰福音六：60）。祂的話太富挑戰性，以致祂的聽眾多有退去。但耶穌沒有因此而灰心。祂看到神在門徒的生命作工，所以祂投資時間在他們的身上。

當你渴望花時間親近耶穌，要瞭解這是天父自己吸引你親近祂的愛子。你不用尋找與神安靜的時刻，好經歷神。事實上，祂已經帶領你單獨與祂相親，因為你早已感覺祂的作為。當你讀經禱告，神必因你對祂的回應為榮，教導你更深地認識祂。

流淚禱告

基督在肉體的時候，既大聲哀哭，流淚禱告，
懇求那能救祂免死的主，就因祂的虔誠蒙了應允。

（希伯來書五章7節）

耶穌的一生是我們禱告生活的榜樣。上帝想要塑造我們有祂兒子的形像。如果我們的行事為人像基督，我們的禱告生活也一定會與基督的禱告生活一致。當處於兩難的困境時，許多基督徒往往不願付出像基督曾付出的代價。耶穌的禱告是大聲哀哭，並且帶著「虔誠的敬畏」。祂的禱告是蒙天父垂聽的。

那麼，為甚麼天父拒絕了祂的懇求呢？不是因為耶穌生活中犯了任何罪，也不是因為天父不愛祂的兒子。縱然天父以深不可測的愛來愛祂的兒子，祂對祂的兒子說不。因為天父知道不能因吝惜自己的兒子，而不去拯救這個世界。同樣地，我們的神也不能因吝惜你和你的家人，而不去完成救贖你周遭人們的工作。

你是否願意為了神的緣故，打消你對神的懇求？你是否與神關係親密，即使在悲泣中仍然能說：「然而，不要成就我的意思，只要成就祢的意思」？天父總要你瞭解祂對失喪世界的大愛。最近祂是否對你的懇求說不？接受祂的答覆。你是否因著所受的苦難學了順從（希伯來書五：8）？倘若你如此行，神可能會選擇你成為他人得救的幫助，恰如祂曾做在祂愛子的身上一樣。

你是否受造完全？

祂雖然為兒子，還是因所受的苦難學了順從。

祂既得以完全，

就為凡順從祂的人成了永遠得救的根源。

（希伯來書五章8～9節）

受苦有積極的一面。我們每個人在某些程度上都在忍受著痛苦。然而，大好消息是：經由痛苦，我們將更像耶穌基督。你是否願意付出任何代價，好更像基督？在你生命中的一些事，神唯有藉著痛苦才能夠建立你。即使神無罪的兒子耶穌，也是在忍受天父為祂預備的痛苦之後，才能得以完全。祂一旦忍受了苦痛，便成為完全、成熟和完美的救贖主。藉著祂，全世界的人類能夠找到救恩。

如果你在困境中產生許多苦毒，那麼你已經向神關閉了自己生命的一部分。一旦如此，你將永遠無法完全。你靈魂的某些地方唯有藉著苦難的功課才能觸及。神的靈有重要的功課要教導你，而唯有身處試煉中，你才能學到這些功課。掃羅被封王時，他從未經歷任何苦難，不但如此，他從未培養成熟的品格，好能實行神所指派的工作。大衛則是經年累月地遭受苦難與悲痛，當他登上王位時，他是合神心意的人。

不要怨恨神允許你的生活承受傷痛，不要想盡辦法避免苦難。神並沒有讓祂的愛子免受苦難，我們怎能期待祂使我們免受苦難呢？即使處於苦痛中，仍要學習順從。

神正尋找站在破口的人

我在他們中間尋找一人重修牆垣，
在我面前為這國站在破口防堵，
使我不滅絕這國，卻找不著一個。

（以西結書廿二章30節）

神尋找那些已經預備好、願意在神面前站在破口的人。那站在破口代禱者的心與神的心和諧一致。他們極敏銳地瞭解自己國家的問題所在，他們在神面前，不管擺上多少時間，是不得答案決不罷休的。這就是為甚麼你不能自願成為站在破口的人，是神徵募你！

我們為何不能照著所當行的，來為人代禱呢？也許我們害怕把神放在試驗之中。我們害怕神不會回答禱告。事實上，神已答應我們，如果祈求就給我們（馬太福音七：7）。我們未能成為站在破口的人，可能是因為我們以為每日汲汲營營，遠比禱告有效多了。耶穌警告我們，離了祂，我們甚麼也不能做（約翰福音十五：5）。沒有更深刻地認識神與祂的旨意，你的手所做的一切工作，都是白費力氣。當耶穌為耶路撒冷站在破口之上，祂為耶路撒冷哀哭（馬太福音廿三：37）。倘若我們心中真有神的愛，我們會全心全意為那些即將面對神審判的人，懇求神的憐憫。

站在破口代禱，是一份寂寞的工作。你也許得花上數日、數年，才看到一點點勞苦的果效。不但如此，站在破口的代禱者，可能是唯一位於家人與神審判的中間者，或是站在個人、國家與神暴怒的中間者。

預備朝見你的神

耶和華又對摩西說：「你往百姓那裏去，
叫他們今天明天自潔，又叫他們洗衣服。
到第三天要預備好了，因為第三天耶和華要在
眾百姓眼前降臨在西奈山上。」

（出埃及記十九章10～11節）

朝見神需要預備自己。神是至高、至大、至可畏的，祂是完全聖潔。沒預備好就莽莽撞撞朝見神，是無禮的言行。當以色列百姓要朝見神，神命令他們得先花兩天準備。一旦百姓預備妥當，神以雷轟、閃電，外加煙、火與大角聲，向百姓說話（出埃及記十九：16～25）。藉著這次的相遇，神揭示奇妙的十誡真理。神設立十誡的標準，好讓祂百姓們的生活有所遵循。

你不可能日復一日在世界打滾，卻不受世界所影響。不消多少時間，人就會迷失方向。世界會使你的靈性敏感度遲鈍。神設立安息日，就是要祂的百姓在六日屬世生活之後，能夠花一整天再次專注於祂的身上與祂的旨意。

你是否預備心參加崇拜？主日崇拜的前一天，你滿腦子想甚麼？前一夜的思想，通常使你在隔天早晨還被那些事所充滿。真誠的敬拜需要屬靈的預備。主日崇拜的經驗能反映出屬靈的預備。現在就預備自己，好在下回主日崇拜中朝見神。

不要成爲不順服

亞基帕王啊，我故此沒有違背那從天上來的異象。

（使徒行傳廿六章19節）

神 做的每一件事都有祂的理由。神在大數掃羅前往大馬士革的路上向他顯現，是有其目的的（使徒行傳九：1～9）。掃羅已經謀劃好要迫害基督徒，然而，與基督相遇的經歷永遠改變了他的生命。在那次的相遇，神不只由罪中拯救出掃羅，神開始啓示自己在保羅生命的心意。神非常清楚地指派保羅的任務：「他是我所揀選的器皿，要在外邦人和君王，並以色列人面前宣揚我的名。我也要指示他，爲我的名必須受許多的苦難。」（使徒行傳九：15～16）

神以異象啓示祂對保羅的計畫，這個計畫包括在君王面前作見證及受迫害。保羅享受行神蹟、對大批群眾講道，和開拓教會的快樂。但是保羅也被石頭打、遇船難、遭鞭打、被嘲笑、被人策劃陰謀陷害，且被關入牢獄中（哥林多後書十一：23～28）。我們是否能夠在一開始，就毫不猶疑地接受像保羅這一部分的任務？我們從未聽到保羅抱怨神給他的任務，或要求神給他像彼得、雅各和約翰的角色（加拉太書二：9～10）。對保羅來說，能在神國的事工有分就心滿意足了。當他臨近自己事奉的終點時，他能大膽地向亞基帕王說：「我故此沒有違背那從天上來的異象。」

若能像保羅不屈不撓地獻身，完成神的旨意，是何等美好之事！在我們走這段基督徒的信心之旅時，若能善始善終是多麼令人歡欣！神盼望我們每個人在人生終點時，都能說：「我沒有違背那從天上來的異象。」

你在看哪裏？

彼得轉過來，看見耶穌所愛的那門徒跟著，

……彼得看見他，就問耶穌説：

「主啊，這人將來如何？」

（約翰福音廿一章20～21節）

當神向你說話之後，你第一件做的事是非常重要的。耶穌告訴彼得他未來的事奉，和將來會怎麼死（約翰福音廿一：18～19）。當主為彼得拉下未來的帷幕時，是彼得生命奉獻給神的一刻。他一輩子並不平順，但他的一生是蒙神——他的主，所命定與祝福的。

彼得對於耶穌才告訴他的事似乎沒有回應，反而看自己周遭其他的門徒。彼得朝約翰——耶穌所愛的門徒看一眼，問：「主啊，這人將來如何？」彼得才被告知自己將來如何死亡，因此，與他人比較將來的工作，是多麼自然的反應！與他人比較自己的景況，是神僕人最大的試探。神是否給我的朋友較大的房子？神是否醫治朋友心愛的人，卻讓我心愛的逝去？神是否允許朋友在工作上受到多方喝采，而我卻默默無聞？神是否容許一些基督徒與家人們團聚，而我卻遠遠地離開家人？

耶穌派給彼得和約翰兩條不一樣的道路。然而，他們兩人的一生使我們的生命更加豐富。耶穌知道一個僕人若不定睛在主人身上，卻定睛在另一個僕人身上，是極其危險的事。你注意力的焦點在哪裏？你是否比較關心神如何對待其他人，而不是自己與神的關係？

深根栽種

不從惡人的計謀，不站罪人的道路，
不坐褻慢人的座位，惟喜愛耶和華的律法，
晝夜思想，這人便為有福！
他要像一棵樹栽在溪水旁，按時候結果子，
葉子也不枯乾。凡他所做的盡都順利。

（詩篇一篇1～3節）

你可能窮此一生追求神的真理，卻從未經歷任何神的真理。僅僅擁有神的真理知識，並不代表這些真理已經成為你生命的一部分。這裏有個重要的問題值得我們思考，就是你以甚麼態度面對神的話語？有些人受世俗觀念所左右，以至於神的話語對他們毫無影響力。倘若你聽從不信者的忠告，你會發現自己遠離神命令的指標。如果你們硬要與罪人為伴，他們會帶你走入歧路，使你遠離神。如果你選擇與好譏誚者結夥，最終你會變得憤世嫉俗。

義人被神的話語鼓舞；他們對其他人的話毫無所動。經文表面的知識不能滿足他們。他們晝夜思想神的話語，直到神的話語成為自己個人的經歷。就像一棵果樹，深根栽在溪水旁。這棵樹營養充足，多結果子，並且枝葉茂盛。人們遠道而來，坐在它的樹蔭下，享受它的果子。

如果你願意將神的話語應用在自己的生活中，其他人會因你而得激勵。你愈有神的公義，你就愈強壯。有些人徒勞無功地找尋能鼓舞自己的人事物，義人卻不是如此。人們會像潮流一般不斷地找你，因為他們知道你的生命是個祝福。

生命的四季

凡事都有定期，天下萬務都有定時。

(傳道書三章1節)

四季雖然各有其特色，但整個四季卻帶來了活潑的生氣——這是神所設計的四季最美之處。春天是一段清新與新生命的時期；夏天是成長與多產的季節；秋天是收割過去勞苦收成的時刻；冬天是冬眠與終結的時節。每個季節都有它獨特之美，每個季節對生命都有其重要的貢獻。

誠如神設計大自然的四季，祂也為人類設計了生命的四季。春天的生命是開始一份新的工作，並且興奮地期待未來的時刻。夏天是我們冒著白天的暑氣，辛勤耕耘做神所指定的工。秋天來臨，是收割早期人生成就的時刻。冬天則為人生某段特別的時刻，譜下休止符。冬天有時會帶來苦難，但我們仍舊懷抱希望，因為另一個春天正在轉角等著呢！

神對我們有完美生命的計畫。祂設計結實纍纍、充滿生氣的時期，也設立安靜、休憩的時期。祂有時會要求我們日復一日，忠實地做同一件事情。然而，我們有時也會興奮地著手展開新的事務。我們因著神的恩典，能享受自己辛勤勞苦的果實；也因著神的恩典，能克服痛心疾首的寒冷冬季。沒有冬季就沒有春季的到來。正如同大自然的四季，生命的四季為我們每一個人帶來神完美的旨意。

剛強而非膽怯

因為神賜給我們，不是膽怯的心，
乃是剛強、仁愛、謹守的心。

（提摩太後書一章7節）

我們基督徒惟一的畏懼應是敬畏神（哥林多後書五：10～11；希伯來書十：31）。人類的恐懼不是由神而來，問題是許多基督徒懼怕人多過懼怕神。他們白費力氣討好他人，於是他們的恐懼阻礙他們討神的歡喜。

提摩太是個天性害羞的年輕人，身體可能不是很強壯（提摩太前書五：23）。他知道保羅常遇見苦難及遭受迫害，也知道自己可能會遭受類似的迫害。保羅提醒這位年輕的同工，懼怕人不是由神而來。

懼怕會使我們停止手上的工作，開始懷疑神所清楚交代的事。在迫害到來之前，我們對自己的順服還滿懷信心。然而在逆境中，我們不再確定自己是否正確地聽到神的聲音。我們大部分的恐懼是畏懼未知，我們不知道等在前頭的是甚麼。於是我們擔心憂慮。我們的想像力擴大問題的嚴重性，直到這些問題似乎變得難以越過、不能克服。我們需要以健全的心態與正確的眼光來看待事物，這就是為甚麼神賜下祂的聖靈，使我們能夠以神的眼光來看事物。

懼怕不能成為悖逆神的藉口。當你擁有偉大聖靈同住在你心裏時，你沒有理由活在恐懼中。恐懼雖然會奴役你，但基督已釋放你，讓你得自由。祈求神把你由現在的恐懼中釋放出來，並且張開你心靈的眼睛看到事實的真相。當神光照你處境的真相時，祂會使你能夠繼續地順服。

活的話語

他們彼此說：「在路上，祂和我們說話，
給我們講解聖經的時候，
我們的心豈不是火熱的嗎？」

（路加福音廿四章32節）

耶穌親近那些認真尋求祂的人。兩個人同往以馬忤斯，他們在路上彼此談論耶路撒冷最近所發生那些令人迷惑的事。他們本來自以為瞭解當時世代所發生的事情，然而耶穌的死亡使他們迷惘，失去判斷力，不清楚神在他們這世代的工作。他們原希望耶穌就是彌賽亞，但耶穌的死亡使他們困惑與失望。他們需要答案。

神瞭解人心。祂知道祂的兒女真誠地尋求祂的旨意。耶穌親近這兩個人，並且與他們同行。祂打開他們心靈的眼睛，叫他們明白聖經上所指著自己的話，與他們那時代所發生的事。當耶穌說話的時候，他們內心火熱！當他們聆聽耶穌講解聖經與所發生之事的關係時，他們心裏明白自己聽到的正是神的真理。他們的懷疑消失，滿心興奮地向朋友們分享這個真理！

如果你的環境令你迷惑，耶穌可以藉著聖經使你再次地定睛在祂的身上，誠如當初祂對待那兩個人一樣。由人的眼光看來，事情可能令人困惑與沮喪。這需要基督的同在，才能打開你心靈的眼睛，看到聖經中的真理。你的環境是否令你迷惑？你需要耶穌教你以祂的角度來看事物。一旦你聽見耶穌說話，你會像那兩個人，興奮地加入神的事工，並且熱切地帶領其他人領受相同的經驗。

尋找耶穌

西門和同伴追了祂去。

（馬可福音一章36節）

在整本聖經中，西門彼得常表露出愚拙和說話不經大腦的個性（馬太福音十六：22，十七：4，廿六：33），然而彼得總是緊緊地跟隨耶穌。在耶穌被捉、釘死於十字架上的那一夜，彼得遠遠地跟隨耶穌（馬太福音廿六：58）。一知道耶穌復活，他馬上跑去耶穌的墳墓（路加福音廿四：12）。一聽是主，他急忙地跳到海裏迎接耶穌（約翰福音廿一：7）。彼得甚至走在水面上，好加入基督（馬太福音十四：29）。彼得不總是做對或說對話，但他總是不斷地想與耶穌在一起。正因如此，他能一直與耶穌在一起，最後成為一位忠實的門徒。

每回我們看到彼得來找耶穌，總是與其他人一起來。因為彼得尋找耶穌，其他人也跟著尋找耶穌。你在知心朋友的圈子裏以甚麼聞名？他們是否看見你尋求名譽、權力、成功或快樂？你是否是眾所周知的基督追隨者？神應許：「你們尋求我，若專心尋求我，就必尋見。」（耶利米書廿九：13）

你是否今日就想與耶穌相遇？你是漫不經心地尋找祂？抑或全心全意地尋找祂？是否有人因你的生活見證而追求耶穌，與神更加親近？如果你的心專一尋求耶穌，你總是找得著祂。「聖靈和新婦都說：『來！』聽見的人也該說：『來！』口渴的人也當來；願意的，都可以白白取生命的水喝。」（啓示錄廿二：17）

那纏累我們的罪

我們既有這許多的見證人，如同雲彩圍著我們，
就當放下各樣的重擔，脫去容易纏累我們的罪，
存心忍耐，奔那擺在我們前頭的路程。

(希伯來書十二章1節)

罪是最頑強、最致命的敵人。罪掠奪神所賜的每一樣美好事物。保羅告訴我們，罪惡帶來死亡（羅馬書七：11）。然而，罪十分狡猾。罪悄悄地逼近你生命中最料想不到的地方。罪把自己包裝地極其美麗，好消除我們對它的疑慮。於是，我們被罪欺哄，以為它對我們無害（哥林多後書十一：14～15）。

罪悄然且無情地纏上我們。只要被罪所纏擾，就不可能奔走神為我們預定的道路。除非先認清罪的真相，才能由罪的捆綁中脫困而出。如果把罪視為「小錯誤」、「小毛病」或「小弱點」，就永遠不能掙脫它的捆綁。我們一定不可將自己所犯的罪責怪他人，也決不可讓驕傲左右我們，使我們羞於承認自己生命中的罪。罪會使我們盲目，看不見事實的真相。罪不總是引起我們的注意，它多半是狡猾地、慢慢地滲透進來，奪取我們屬靈的能力和原該有的勝利。然而好消息是：神的恩典豐富，勝過任何罪的纏擾（羅馬書五：20）。

罪是否奪去你的喜樂？是否妨礙你成為最好的丈夫、妻子、兒女或朋友？是否阻礙你靈性的成熟？如果你正被罪所纏擾，不管沉溺多深，神可以立刻釋放你！

沒有信心

若有疑心而吃的，就必有罪，

因為他吃不是出於信心。凡不出於信心的都是罪。

(羅馬書十四章23節)

希伯來書的作者提醒我們，人若沒有信心，就不能得神的喜悅（希伯來書十一：6）。每當神給我們某些啟示，祂期望我們能相信祂，並且照著祂的啟示調整我們的生活。這裏所謂的生活調整是甚麼意思？生活調整就是相信祂必供應所有的需要，這是祂所應許的（腓立比書四：19）。生活調整就是遭遇危機時，仍相信神必使萬事互相效力，叫我們得益處（羅馬書八：28）。生活調整就是身處急迫緊張的重壓下，能克服憂慮，因為神教導我們要藉著禱告，將自己所需帶到神的面前求（腓立比書四：6）。生活調整就是永遠不用擔心自己是孤獨的，因為神說祂永不撇下我們、永不丟棄我們（申命記卅一：6）。生活調整就是不管生命發生任何事故，永遠不懷疑神的愛，因為祂告訴我們，祂以永遠的愛愛我們（耶利米書卅一：3）。

有時候，我們為自己缺乏信心辯護！明知神已經應許我們，卻仍懷疑神是否真會改變我們的處境。我們滿心憂慮，給自己找藉口：「我就是愛操心嘛！」我們在危難中變得苦毒，辯稱：「神不可能把這苦境轉變成好事的！」於是，我們一有需要，就急忙地四處請求周圍人們的幫助。我們為自己辯解說：「我知道神可以供應我的需要，但我想我也該盡力而為，以防萬一。」神認為這是沒有信心。沒有信心是罪。「人非有信，就不能得神的喜悅。」（希伯來書十一：6）

應當一無掛慮

應當一無掛慮，只要凡事藉著禱告、祈求，
和感謝，將你們所要的告訴神。

（腓立比書四章6節）

不要憂慮！保羅說，沒有一件事能使神的兒女憂慮。保羅清楚瞭解甚麼事可以引起憂慮。當時，他的國家正被外國軍隊佔領，且被腐敗的君王統治。當時，他因為被人誣告而身陷囹圄，他是在牢獄中寫這封信的。他被迫與所愛的分開，他的動機被懷疑，又被人歪曲事實誣告。有些人小看他，認為他只不過做開荒傳道的事工。他曾經遭受肉體的傷害，和面對迫在眉睫的死刑執行（哥林多後書十一：23～29）。但保羅說，沒有一項危難使得神無法賜下平安。

神不見得會把你的問題挪走。然而，祂會背負你的重擔，與你同行。祂要你經歷那出人意外的平安。你無法完全瞭解在這種處境時，神如何賜給你平安；你也不需要完全瞭解神如何降下平安，才能擁有這個經驗。因為這平安不只是給那些所謂能夠「掌控壓力」的人，這平安是給所有的人！你可能知道神要你擁有平安，卻又不確定處在目前的情況，是否真的可以得到平安。聖經上教導我們，應當要一無掛慮。神的話語清楚指明：在你所面對的事情中，沒有一件對神是太困難、太麻煩、太可怕的。所以，不管你的環境如何，將你的憂慮卸給神，讓祂完全的平安掌管你的心。

遇見神

你起來站著，我特意向你顯現，

要派你作執事，作見證，

將你所看見的事和我將要指示你的事證明出來。

（使徒行傳廿六章16節）

在你與神同工之前，祂的大能早就覆庇你。早在你尚未存在母腹中，主已認識你，祂早就為你的一生訂立了計畫(耶利米書一：5；詩篇一三九：13)。在使徒保羅前往大馬士革之前，耶穌早就認識保羅，且早已派定一份特別的使命給他（使徒行傳九：15）。保羅真誠熱心地事奉神，卻被誤導，以苦害基督徒為己任！雖然神對保羅早有計畫，卻等到保羅定睛在祂身上，並尊祂為主，才向他透露祂的計畫。

我們的主不會來找我們，問清楚我們個人服事的喜好。祂乃是迎見我們，好向我們透露祂工作的方向，且邀請我們與祂同工。要遇見神，需要我們願意調整自己，好適應神工作的方向。神絕不會只給我們當日的靈糧，而與我們相交。祂永遠不會只為了增加我們的聖經知識，而對我們說話。我們的神要告訴我們更重要的事！當神向我們顯現祂的作為，乃是邀請我們與祂同工。

你是否預備好今日朝見神？除非你已經預備好，像保羅一樣地問：「主啊！祢要我做甚麼？」你就別想聽到神的聲音。

神的應許都是是的

神的應許，不論有多少，在基督都是是的。

所以藉著祂也都是實在的，

叫神因我們得榮耀。

（哥林多後書一章20節）

神遵守祂所應許的每個諾言。當我們親密地與神同行，我們確信可以得到神在聖經中所給的每個應許。這個真理給我們動力，去尋找經文中的每個應許，好默想如何應用到我們的現實生活中。耶穌應許，當你按著祂的心意求，祂會賜給你所求的東西（約翰福音十六：23下）。這個應許是給每個基督徒的。如果你問神這個應許是否可應用到你的生活，祂的答案是肯定的。如果你到現在還沒有這樣的經驗，也不會改變神曾應許的事實。你可能需要尋求神，以清楚祂的應許尚未實現的因由。

保羅宣稱他在自己的生活中，已經檢驗到神每個應許都是豐富及真實的。這就是為甚麼保羅提及「在基督耶穌裏向我們所施的恩慈」（以弗所書二：7下），以及「基督那測不透的豐富」（以弗所書三：8下）。保羅已經找到神應許的豐盛，並且享受祂那豐盛的恩典。

如果你在生活中還不曾經歷神全備的應許，不要沮喪或沒有耐心。神可能要裝備你，好向你顯示祂為你所預備那更大的真理。緊緊地與神同行。時候一到，你將會看到神的應許豐富地實現在你的生命中。

愛產生順服

有了我的命令又遵守的，這人就是愛我的；
愛我的必蒙我父愛他，我也要愛他，
並且要向他顯現。

（約翰福音十四章21節）

遵守神的命令應該是心甘情願的。當你開始掙扎，不能順服神的時候，就是你的心已經轉離神的指標。有些人宣稱：「我愛神，但是我的生命有些地方很難順服神。」這在靈性上根本是不可能的。如果我問你：「你愛神嗎？」你可能很輕易地回答：「當然囉！」如果我問你：「你順服神嗎？」你是否也能立即回應肯定的答案？然而，我是在問你同一個問題呢！對神真純的愛，會使人全心全意順服神。如果你告訴配偶，有時候你愛他，有時候你得努力掙扎才能愛他，那麼你的婚姻關係正瀕臨危機。同樣地，我們竟然假設神滿足於我們依情況而定的愛和部分的順服。神才不呢！

沒有愛的順服是拘泥於律法形式主義。為順服而順服，不過是完美主義罷了，只會讓人愈發驕傲。許多基督徒相當自覺地在生活中操練自己，力求培養門徒訓練，好能更順服基督。屬靈的門徒訓練是會有幫助的，但這些訓練永遠不能替代你對神的愛。愛是能自制。神看的不只是你神聖的習性、道德的生活、教會的參與，祂洞察你真正的心之所在。

你對神的敬拜是否變得空洞，只是例行公事罷了？你是否已經失去研讀聖經的動機？你是否正經歷屬靈的低潮？你的禱告生活是否淪為儀式？這些都是你的心已經遠離神的徵兆。拾回你起初的愛心，愛是與神相交和事奉神的最大原動力。

違背律法就是罪

凡犯罪的，就是違背律法；違背律法就是罪。

(約翰一書三章4節)

如果你的生活沒有屬靈「準繩」或標準，來決定是非對錯，是十分危險的。神的話語就是那條準繩。屬靈定律就像物理定律，目的是為了保護你，而不是限制你。你可能運用你的自由，來挑戰電力學的定律，然而如此行，你的下場是死路一條。同樣地，你不能破壞神的律法，否則受損傷的是你。我們可以忽視神所建立的絕對道德與屬靈定律，只不過我們得自行負責後果。這些律法沒有時間限制，文化不能取代律法，境遇不能廢除律法，神的律法是永恆的。如果順服神的律法，這些律法將救你脫離死亡。

你可能覺得受律法的限制與捆綁。事實正好相反，神的話語會保護你脫離死亡（羅馬書六：23）。舉例來說，當神說不可姦淫，祂要釋放你，好叫你能享受完全的婚姻關係。不僅如此，祂知道如果你不遵守律法，悲慘心碎的結局會臨到你、你的配偶、孩子、親戚、朋友和教會肢體。神的律法對你的生命是何等重要！如果沒有律法、神所賜給你的喜樂將被掠奪。罪是選擇其他那些不合神的律法，來作為你的生活標準。如果你以鄰居或社會的準則來衡量自己，逍遙於神的律法之外，那麼你的生活是以「無法」為準則。無法即不受神的律法管束，就是罪。

愛總往好處想

愛是……凡事包容，凡事相信，

凡事盼望，凡事忍耐。

（哥林多前書十三章7節）

愛是沒有範疇的。愛不可能說：「你太過份了，我不能再愛你了。」「凡事」是包括每件事。如基督一樣的愛，會讓他人毫不懷疑你堅定不變的愛。你周遭的人是否知道：即使他們失敗或做愚蠢的事，也不會減低你對他們的愛？你周遭的人是否確信：即使他們傷害你，你仍舊愛他們，不會報復他們？

愛總是往好處想。如果有人不小心冒犯你，你選擇相信他不是故意冒犯你。如果有人想要傷害你，你「凡事包容」，無條件地原諒對方。如果處於困境，你看到一絲希望的微光，於是你抓住它。如果有人不斷地觸怒你，你「凡事忍耐」。你對你所愛的，永遠不放棄希望。你不斷地將神給你的無條件的愛，施與他人。

保羅說，如果他有全備的信叫他可以移山，能說天使的話語，擁有先知講道之能，也明白各樣的奧秘和各樣的知識，卻沒有愛，他就算不得甚麼。如果你說：「嗯，我只是沒辦法那樣愛人！」這是不被接受的說法。當神藉著你去愛人，這是祂惟一的一種愛！以一顆感恩的心來讀哥林多前書十三章，神已經向你表達了這完全無私之愛。讓我們禱告，求神藉著我們向他人表明祂那完全無私之愛。

摯　愛

耶和華對我說：「你再去愛一個淫婦，
就是她情人所愛的；好像以色列人，
雖然偏向別神，喜愛葡萄餅，
耶和華還是愛他們。」

（何西阿書三章1節）

沒有一個人能夠理解神對祂兒女的愛！人類有限的愛阻礙我們瞭解神無條件的愛。我們可以由何西阿的一生，大致瞭解這種愛。

何西阿是義人，但是神要他去愛一個淫婦。何西阿順服神，娶了歌篾為妻。他珍惜她、尊重她。歌篾從未體驗過這種愛，不久她愈來愈不滿足，開始迷上其他男人。最後，她整個人沉溺於淫亂，甚至拋棄了何西阿。然而，其他男人根本是利用她。當情夫厭倦她，就把她賣掉作奴隸。此時，神給何西阿一個意想不到的命令，就是「去把她贖回」。何西阿承受歌篾加諸於他身上的傷害，雖然如此痛切，神仍要何西阿寬恕她，付任何代價贖回她。

神的信息十分清楚：當我們拒絕祂、移情別戀，我們的拒絕所帶來的痛苦，和淫亂背棄所帶來的痛苦，是一樣的。在神為我們付出一切之後，我們對祂的背棄是很難令人理解的。但即使我們拒絕、忽視、悖逆祂，神仍然愛我們，這種愛更難令人瞭解。神的愛完全與我們不同。祂的愛伴隨著我們，直到我們從邪惡的淵藪中被拯救出來。當我們遠離祂，祂的愛仍然毫不減少，祂緊緊地跟著我們。祂的愛是何等長闊高深！

學習去愛

又願主叫你們彼此相愛的心，並愛眾人的心
都能增長，充足，如同我們愛你們一樣。⋯⋯
論到弟兄們相愛，不用人寫信給你們；因為你們
自己蒙了神的教訓，叫你們彼此相愛。

(帖撒羅尼迦前書三章 12 節，四章 9 節)

神是愛（約翰一書四：16），祂全然的本性是完全的愛。然而，因為罪的緣故，愛不總能自由且自然地臨到祂的兒女。你自小生長的環境，可能缺乏愛的表達。也許你曾被所愛的人傷害，於是你的心變得剛硬，好保護自己不再繼續受傷害。你可能心裏有愛，卻不知該如何用言語和行動，表達自己的情感。你可能心灰意冷，因為你被呼召去愛，卻不瞭解該如何去愛。

保羅寫信給帖撒羅尼迦的基督徒，鼓勵他們在學習彼此相愛時，不要氣餒（帖撒羅尼迦前書三：7）。他們不需要保羅教他們如何去愛，因為神自己會教他們如何愛別人。神會賜給他們祂的大愛，當他們跟隨祂時，祂會倍增他們的愛。如果他們發現有些人難以去愛，神會使他們靠著聖靈去愛。

神的恩典夠我們用，祂的恩典在人的軟弱上顯得完全。祂已經預備好要教導我們如何去愛。沒有人是例外的、不能愛的。神能教導，即使是去愛那些最難相處的人。是否有誰讓你覺得難以付出愛心？神會幫助你。祂將賜下你從未經歷且從未擁有過的愛，去愛你的父母、配偶、小孩、朋友，甚或敵人。如果不知道如何以對方能接受的方式，來表達你的愛，神會教導你怎麼做。神是愛的權威。當你與人相交，求神使祂的愛藉著你湧流出來。

赦免人，也被赦免

免我們的債，如同我們免了人的債。

（馬太福音六章12節）

很少有事物比接受赦免更為寶貴。在背負罪的重擔時，若是被所得罪的人完全赦免，是多麼令人心情舒暢的事！耶穌告訴祂的門徒，每次禱告都要求神赦免自己的罪，因為耶穌知道我們不可避免地會做出不合神尺度的事，所以我們每日得罪神。我們不能匆匆錯過一天，而不需要求神免了我們的債。

耶穌警告我們，若不饒恕人的過犯，神也不饒恕我們的過犯（馬太福音六：15）。饒恕是神的天性（出埃及記卅四：6～7）。如果要作祂的門徒，一定要效法祂的榜樣。神能饒恕最冷酷的敵人，我們也當如此行。耶穌並沒有說某些侮辱是不值得饒恕的，聖經中也無任何根據允許我們心懷怨恨及不饒恕人。

若對某人懷怨在心，你的敬拜與禱告都是徒勞無益的（馬太福音五：23～24）。禱告求神讓你明白生命中的黑暗處，以及你是否對人心懷憎恨。敏銳地洞察自己有被饒恕的需要，會使我們合宜地處理別人所加諸的侮辱。求神使你像基督，即使被迫害時，你也能說：「父啊！赦免他們。」

捨己

於是耶穌對門徒說：「若有人要跟從我，
就當捨己，背起他的十字架來跟從我。」

（馬太福音十六章24節）

罪使我們自我中心，將我們的心由以神為中心，轉變成以自我為中心。救恩的本質是以自我為中心一百八十度地轉到以神為中心。基督徒一定得終生捨己。我們跟隨耶穌最大的試探是肯定自己的地位。雅各與約翰跟隨耶穌的時候就是如此，他們要求耶穌國度中最顯赫的兩個位子（馬可福音十：35～37）。雅各與約翰想要的，是一個不會妨礙他們個人慾望和宏願的門徒身分。就像他們一樣，我們也說：「主啊！我是想要討祢的歡喜，但是我想要生活一切保持原狀。」

自我中心的人想要保持生活平靜、不受攪擾、安全沒有危險。我們的試探是把時間與精力投資在這個世界的目標。然而，得到了屬世的成功，把自己的成功歸功於神，把神帶進自己的世界，我們說：「現在，我已經得到事業（或運動、政治、家庭，甚至是基督教事工）的成功，我要歸所有榮耀給神！」神卻沒興趣從我們的活動中接受二手的榮耀。神藉著我們的生活，以祂自己的作為彰顯祂自己的榮耀。

這個世界會引誘你接受它的目標，並且將時間及精力投資於短暫的事物。與其抵擋這些追求自我目標、求神祝福個人志向的試探，倒不如捨己、加入神向你啟示的工作。

背起你的十字架

於是耶穌對門徒說：「若有人要跟從我，
就當捨己，背起他的十字架來跟從我。」

（馬太福音十六章24節）

不管代價如何，你的「十字架」是神的旨意。背起你的十字架是個抉擇，你絕不會被迫背起十字架。你可能有身體上的問題、有一個悖逆的孩子、或面對經濟的壓力，然而千萬不要將這些當作是你要「背負的十字架」。你的十字架不是你所面對的環境，也不是你自己錯誤行為的後果。你的十字架乃是自願一同與祂受苦，如同祂為我們死而達成救贖的目的一樣（腓立比書三：10）。保羅說自己受苦倒覺得喜樂，因為他知道藉著這些痛苦，可以幫助其他人得到靈性的成熟（歌羅西書一：24）。

我們傾向於想立即由「捨己」跳到「跟隨耶穌」。然而，除非先背起自己的十字架，否則永遠不可能跟隨耶穌。在某些方面，神的救贖大工惟有藉著苦難才能達成。誠如基督要忍受苦痛才能帶來救恩，你也必須經歷一些苦難，好讓神把救恩帶給你周遭的人。直到門徒知道耶穌是基督，耶穌才與門徒談及十字架（馬太福音十六：21）。若不先確信耶穌是基督，你將永遠不可能忍受十字架的苦楚。一旦與基督的關係穩固，祂會讓你知道你的十字架是甚麼。

基督教不可能沒有十字架。如果你期待與神的關係，是永遠不需要忍受苦難或不招惹麻煩的，那麼你絕不能以基督為榜樣。十字架是神的旨意。首先，你得先背起自己的十字架，然後才能跟隨基督。

跟從我

於是耶穌對門徒說：「若有人要跟從我，
就當捨己，背起他的十字架來跟從我。」

（馬太福音十六章24節）

我們可以視神的同在為理所當然，也可能以為耶穌會跟隨我們到任何所去之處，因為耶穌曾經說過，祂會常與我們同在，直到世界的末了（馬太福音廿八：20）。但問題在於：不是耶穌跟隨我們，乃是我們跟隨耶穌；不是我們邀請耶穌加入事工，而是耶穌邀請我們加入祂的事工。耶穌說：「不是你們揀選了我，是我揀選了你們。」（約翰福音十五：16）跟隨耶穌需要完全順服。祂並不要找我們商量未來合適的方向，祂早已知道甚麼對我們最好，祂根本不需要找我們商量。

跟隨基督會領你體驗超過你能想像的經歷！當耶穌為陷入罪惡泥沼中的人們悲傷哭泣時，你與耶穌在一起，你會感受到耶穌的痛苦，也會看到那些靈性失明的人第一次眼見神的喜樂；你會看到生命破碎的人，生命重整得以完全，也會看見有人婚姻重建，被綁的得釋放，哀傷者得安慰。有時候，跟隨耶穌是容易的，但有時候你會被試探，離祂遠去。跟隨耶穌意謂經歷風暴，或是站立在山頂之上。

你可能已經停止跟隨耶穌，但現在你願意再跟隨祂。當你停止跟隨耶穌，你就以自己作主。當你跟隨耶穌，你是全然由祂作主。祂是神，而你不是。你是否無論何時何地、任何情況，都願意跟隨耶穌？那是你跟隨祂惟獨的一條路。

你們是鹽

你們是世上的鹽。鹽若失了味，怎能叫它再鹹呢？
以後無用，不過丟在外面，被人踐踏了。

（馬太福音五章13節）

神的百姓是祂的當然代理人，管理這個被罪腐化的墮落世界。神的計畫是委託你造福人群，並且持守正直。當今的時代，參與社會是敬虔生活中非常重要的一環。神與你同在，使得其他人也能得著祂。祂的救恩可以釋放有不良癖好的人、恢復破碎的家庭、醫治過去的傷痛、重建剛愎任性的孩子，以及安慰絕望的人。只要願意讓基督藉著你彰顯祂的生命，這所有的一切都可能發生在你周圍朋友的身上。

如果我們與主沒有正確的關係，耶穌說我們就像失了味的鹽，一點用處也沒有。如此一來，神給予的恩典與大能，就不能藉著我們傳播給其他的人。我們如何檢驗自己的生命「鹹性」仍在？看看我們的家庭。我們是否保護家庭不受外界有害的影響？檢驗我們工作場所。工作環境是否因我們的緣故，而遏止一些罪惡的影響？觀察我們的社區。是否因為我們的參與，使社區變得更好？我們的教會又是如何？我們被神使用，以至於周遭的屬靈事物變得更好。這就是我們作鹽的證據。如果周遭的人靈性墮落或退步，我們就該到神面前尋求，容許神調整我們的生活，好叫我們能「有味」，成為他人的幫助。

你們是光

你們的光也當這樣照在人前，
叫他們看見你們的好行為，
便將榮耀歸給你們在天上的父。

（馬太福音五章16節）

光照在黑暗中的果效，是絕對不會被看錯的。光是清清楚楚、毫不害羞地宣佈自己的存在。並且，光有力地驅散黑暗。神渴望以祂的光充滿你，祂要你在生活中閃耀出祂的同在與祂的大能的見證，好叫你周遭人們的黑暗，能被神榮耀的大光取代。

然而，如果你注意到自己周圍的世界愈來愈黯淡，不要歸咎於黑暗！黑暗只是忠實地盡它的本分。光是惟一矯正黑暗的辦法。如果世界愈來愈黯淡，問題絕對不是黑暗的本身，而是沒有光。耶穌說，祂的門徒應該作「世界的光」（馬太福音五：14）。讓神的光藉著你閃耀，驅散黑暗。這是何等威嚴的責任！在宣告祂自己的到來，耶穌說：「那坐在黑暗裏的百姓看見了大光；坐在死蔭之地的人有光發現照著他們。」（馬太福音四：16）

耶穌降臨地上是不容忽視的，黑暗被驅散！耶穌所到之處，神的真理大膽地被宣告，人們得醫治，假冒為善的人被揭發，罪人得赦免。一旦天父藉著祂的兒子閃耀出祂的榮光，這世界不再相同了。這世界是否也因為你而不再相同？你的家是否發射出耶穌同在的光芒，照耀你的社區？當神的光毫無阻礙地藉著你的生命閃耀，你周圍的黑暗將被驅散。

神要差遣你去服事誰？

「……我帶他到你門徒那裏，他們卻不能醫治他。」
耶穌說：「噯！這又不信又悖謬的世代啊，
我在你們這裏要到幾時呢？我忍耐你們要到幾時呢？
把他帶到我這裏來吧！」

(馬太福音十七章16～17節)

耶穌給予門徒趕鬼、行醫治神蹟的能力（馬太福音十：8）。祂賜給他們服事人的權柄，然而，他們卻變得自我中心，以致失去能力去行神的大工。一位父親帶著患癲癇病的孩子前來求醫治，門徒們束手無策，他們不瞭解自己為何趕不出這一類的鬼。門徒們當時非常在乎自己的身分地位（馬可福音九：32～35），以至於轉移了注意力，忘卻原本神所託付的目標。

耶穌對祂門徒的反應是相當嚴厲的。耶穌很少說那麼嚴峻的話，祂責備自己的門徒是「不信」又「悖謬」的，同時質問他們，自己得忍耐他們到幾時！祂為甚麼說這種話呢？因為門徒照理說應該與祂同工，傳達救恩給人，但此時他們卻迷失了方向，沒有定睛在耶穌的身上，因而失去屬靈的能力，缺乏信心。在這種情況之下，他們無法在肉體與靈性上幫助那些神要他們服事的人。

神應該能將需要幫助的人送到任何一個祂兒女的身邊，並且預期那些人可以得到幫助。我們也可能像那些門徒一樣，一心想著自己的雄心抱負，被自己每天忙碌的時間表分散注意力。結果，我們對那些需要幫助者的服事，變得毫無果效。我們甚至可能太專注於宗教活動，而無法幫助他人。要定期檢討你的生活，看看自己是否是忠實的僕人，服事那些神送來、有需要幫助的人。

被替換的生命

我已經與基督同釘十字架，現在活著的不再是我，
乃是基督在我裏面活著；並且我如今在肉身活著，
是因信神的兒子而活；祂是愛我，為我捨己。

（加拉太書二章20節）

基督徒的生命是被替換的生命；以耶穌的生命換你原本的生命。當基督掌管你的生命，你會經歷一些過於人所能測度的事，這些事惟有與神同行才可能發生。當你軟弱的時候，基督的大能會覆庇你（哥林多後書十二：9～10）。當你處於困境、張皇不知所措的時候，只要禱告，那擁有無限智慧之神就會賜你智慧（雅各書一：5）。當你面對人所不能的處境時，在神卻能（路加福音十八：27）。當你碰見一些不可愛的人，神能藉著你湧流出祂無限的愛（約翰一書四：7）。當你茫然不知如何為某人禱告時，聖靈會在你禱告時引導你（羅馬書八：16）。當基督掌管信徒生命的時候，「神一切所充滿的」會充滿那個信徒（以弗所書三：19）。

知道神掌管你的生命，並且確知會有最好的結局，這自由實在太不可思議了！與其常常憂慮未來，倒不如不斷地將生活每個層面交給神。將生活每個層面交給神，是你最大的挑戰。我們所面對的試探，是想要插手做只有神能做的事。我們的任務是「常在葡萄樹上」，並且讓神藉著我們去做只有祂能做的事（約翰福音十五：5）。惟有神是神。容許祂藉著你活出祂神聖的生命，祂是獨一真神。

「這是我的愛子⋯你們要聽祂。」

說話之間，忽然有一朵光明的雲彩遮蓋他們，

且有聲音從雲彩裏出來，說：

「這是我的愛子，我所喜悅的。你們要聽祂！」

（馬太福音十七章 5 節）

彼得和其他門徒老是分心，沒注視神。每當耶穌專注一件事，門徒似乎總是被其他事情吸引，分散了注意力。為了要幫助祂三位最親密的門徒，更深瞭解那即將來臨、被釘死於十字架的犧牲，耶穌帶他們登上變像山。在那裏，耶穌變成榮耀的形像。並且，歷史上最偉大的兩位神人——摩西和以利亞——也加入他們。然而，門徒們卻睡著了！在歷史上最深奧的其中一刻，門徒居然選擇睡覺，卻不與神子一同祈禱。

當門徒睡醒，他們居然又分心。這回，彼得宣佈了自己的計畫，他要搭三座棚子。門徒比較關心自己能夠為神做甚麼，卻不關心神就要藉著祂的愛子成就的救贖大工。最後，神挪走摩西和以利亞，只留下耶穌。神說：「這是我的愛子，我所喜悅的。你們要聽祂！」

我們在靈性的追求上很容易分心。你是否發覺自己關注每一件事物，就是不專注基督和祂的工？你是否急切地「做工」，卻根本未搞清楚神的心意？天父是否需要挪去那些使你分心的人事物？你是否需要轉眼定睛仰望耶穌？

不要禁止他！

約翰對耶穌說：

「夫子，我們看見一個人奉祢的名趕鬼，

我們就禁止他，因為他不跟從我們。」

(馬可福音九章38節)

乍看之下，門徒致力維護耶穌事工的正統性，是值得讚賞的。他們發現有人不屬於自己一夥的，也奉主名趕鬼，就禁止他。然而，耶穌看透門徒假冒為善的真面目。那些門徒也被賜予趕鬼的能力（馬太福音十：8），但是他們卻失敗了（馬可福音九：28）。

門徒在公眾面前無法趕出那害癲癇病孩子身上的鬼，一定覺得很丟臉。現在居然有人奉耶穌的名驅逐惡鬼，不但如此，這人根本不像他們一樣常常與耶穌在一起。他們原本應當關切自己為何缺乏屬靈的能力與生命力，他們應要為耶穌斥責他們小信而扎心自責（馬太福音十七：20）。然而，他們反倒是盯著別人看。他們不但不為自己的罪悔改，為自己靈性無力悲傷，反而想阻礙那些享受屬靈成功果實的人。

有時候，小看他人屬靈的勝利，比誠實地正視自己的失敗，要來得容易。耶穌的反應一定令門徒很吃驚，祂說：「不要禁止他！」（馬可福音九：39）祂肯定地告訴他們：「不敵擋我們的，就是幫助我們的。」（40節）你是否學了這極重要的功課？你是否衷心地為他人的屬靈勝利而歡欣？對於那些以不同方式事奉主、或在其他基督教機構服事的弟兄姊妹，你是否予以鼓勵？

與牧者同行

耶和華是我的牧者，我必不致缺乏。

祂使我躺臥在青草地上，領我在可安歇的水邊。

（詩篇廿三篇1～2節）

像隻羊一般過活，可為你帶來難以置信的心靈平靜！聖經中的牧人對他的羊瞭解透徹，他知道甚麼食物對牠們最好、甚麼東西會傷害牠們，也知道牠們甚麼時候該吃、甚麼時候該喝。牧羊人是所處自然地域的專家，他知道最佳水泉與食物的地點。只要羊群信任並跟隨牠們的牧羊人，牠們的需要總在最恰當的時刻被滿足，牠們的牧羊人一定把自己手上最好的東西給牠們。

你是否完全相信你的好牧人？你是否比較看重祂賜予的滋養品，還是由世界來的養料？你是否擔心神可能會扣留不給你所需用的東西？詩人確信自己必不致缺乏，因為好牧人的本性是照顧他的羊，並且為羊捨命（約翰福音十：11）。

你是否已經分心？不全心專注於牧人的身上，而關心牧人給你的東西？如果你發現自己的需要沒被滿足，不是你的牧人沒有能力，也不是你的牧人不願意給你，問題可能是你缺乏信心去接受神的賜予。你是否對神的供應不滿意？你是否已經失去擁有被牧人照顧的喜樂？回轉到祂的面前，相信惟有祂能滿足你生命一切所需。

牧者的安慰

我雖然行過死蔭的幽谷，也不怕遭害，
因為祢與我同在；祢的杖，祢的竿，都安慰我。

（詩篇廿三篇4節）

作神的兒女永遠不會孤單！你的牧人永遠與你同在。你永遠不需要找祂來看看自己的處境，你永遠不需要質疑祂在何方，你永遠不需要害怕事情變得無法收拾，最後祂離棄你而去。祂走在你的前頭，祂與你同行，祂在你的背後，祂在你前後環繞保護你。正如同祂看顧每隻麻雀一樣，你每根頭髮都被祂數過，祂對你的看顧是永不間斷的（路加福音十二：6～7）。即使你覺得看不見祂，祂總是看顧你。當你憂傷痛苦時，祂會安慰你，讓你強烈感受到祂的同在。祂領你經過死蔭幽谷。然而，祂可能不會照你的希望，帶領你繞道而行。有時候，你的牧人知道死蔭幽谷是惟一的道路，能領你到達祂要你去的地方。在這些人生死蔭幽谷中，祂會緊緊地與你同行，一路不斷向你保證祂的同在與同行。這是你更深地體驗祂大愛的時刻。

你永遠不需要懼怕邪惡。邪惡可能會威脅你，但你所面對的事沒有一件能威脅你的牧人。祂早已知道所有邪惡的事，並且已經大大戰勝一切的邪惡。邪惡的勢力不會令祂驚恐。你的牧人總是預備妥當，祂清楚知道你在哪個時候、在甚麼地方會遭遇困境。把你的信心完全建立在你的好牧人身上。祂會保護你，在你行過死蔭幽谷之時，祂以大愛環繞你。

靈魂甦醒

祂使我的靈魂甦醒，為自己的名引導我走義路。

（詩篇廿三篇3節）

你的牧人知道你每個需要。在與祂同行的一生中，祂知道你有時身心疲憊不堪，也知道你甚麼時候該休息。你的牧人清楚知道你真正的需要，祂使你的靈魂甦醒。有時候，你需要躺在青草地上，或安靜的溪水旁。有時候，你需要你的牧人擁抱著你。其他時候，你需要享受牧人賜給你的歡樂。你的牧人不總是以同樣的方法滿足你，然而祂對你目前處境的安排，一定是最完美的。

在跟隨牧人的路上，也許因為面對的試探與試煉，有時你覺得精疲力竭。在你所面對的迫害，及為他人所扛的負擔，也許你愁苦難當，或者你因牧人的訓練而疲憊沮喪。有時候，你會覺得自己無法走完這條基督徒之旅。你的牧人知道你甚麼時候會到這個地步，祂總有解決之道！祂有許多堅固你的方法：藉著祂的話語、藉著別人或藉著環境，祂比你更清楚知道你真正的需要。

你的身心是否愈來愈疲憊？你的靈魂是否需要被甦醒？不要想自行解決。只有神知道如何醫治你，並且恢復你疲憊的身心（以賽亞書四十：28～31；馬太福音十一：28～30）。祂的作為是最完美的。有時候，祂的作為出乎你的意料。求祂恢復你疲憊的身心，並且預備自己能回應祂下一步的作為。

敬虔的追求

所以，我們務要追求和睦的事與彼此建立德行的事。

（羅馬書十四章 19 節）

為了堅立其他信徒而犧牲自己的舒適與方便，是靈性成熟的標記。保羅激勵基督徒追求和睦的事與建立他人德行的事。

「追求」意謂一心一意熱切地朝向目標努力，這可不是隨隨便便的態度。我們要使用神賜予的所有資源，務求其他基督徒能成長，且能與他們和睦相處。保羅對歌羅西的教會說明自己勞苦，並盡心竭力地「要把各人在基督裏完完全全地引到神面前」（歌羅西書一：28～29）的心志。這是需要專心致志、全力以赴的！

對保羅而言，選擇去教導基督徒意味著犧牲自己的自由，免得絆倒別人。他不在意自己的權利及方便與否。他視造就信徒比個人自由重要得多（哥林多前書十四：12、26）。這也是耶穌對待門徒的態度。祂教導他們，人的愛心沒有比為朋友捨命更大的（約翰福音十五：13）。身為基督徒，我們要致力擴展他人的信心，就是付上生命的代價，也在所不惜。這是早期教會的特徵（使徒行傳二：40～47）。這也是信徒相愛的表彰（加拉太書六：9～10）。

要是神透露你周圍的某位朋友需要信心成長，你要預備好在必要時犧牲自己，好建立其他的信徒（歌羅西書一：29）。

眼能見，耳能聽

但你們的眼睛是有福的，因為看見了；
你們的耳朵也是有福的，因為聽見了。

(馬太福音十三章16節)

當你成為基督徒的那一刻，神賜給你屬靈的眼睛和耳朵，好叫你開始經歷祂的同在與祂的作為。當你與祂同行，聖靈會幫助你使用這些屬靈的感官。在靈裏面對神的敏銳是恩賜，需要我們願意接受，並且操練它。聖經上告訴我們，靈性死亡的人無法看見及瞭解屬靈的事物（馬太福音十三：14～15）。如果沒有屬靈的眼睛，你可能會處於祂大能作為之中，卻毫無所覺。

在根本上，以人類的眼光來看所處的環境，與以屬靈的眼光來透視生命，兩者是截然不同的。非基督徒困惑不解世事的發生。但是身為基督徒的你，看見了同一件事，會認出神的作為，並調整自己的生活，好配合神的心意。當你遇見一位尋求上帝的人，你會認出聖靈的作為是此人信服神的存在，於是調整自己的生活配合神的工作（羅馬書三：11）。一些沒有屬靈知覺的人同樣遇此人，卻不能理解其人生遭遇的永恆重要性。其他人會受新的哲學思想與社會潮流走向所影響，不能分辨真理。然而在世界嘈雜聲中，你仍能聽到神的聲音，且在這令人困惑的環境中，繼續向著標竿直跑。

罪會使你感覺遲鈍，最後會讓你成為屬靈的瞎子和聾子。不要只滿足於有肉眼能看、有耳朵能聽，但對神的作為卻毫無所感。禱告求神藉著聖靈大能，使你能敏銳地感覺神的作為。

現在是回應的時刻

主耶和華的靈在我身上；因為耶和華用膏膏我，

叫我傳好信息給謙卑的人，差遣我醫好傷心的人，

報告被擄的得釋放，被囚的出監牢；報告耶和華的恩年，

和我們神報仇的日子；安慰一切悲哀的人。

（以賽亞書六十一章 1～2 節）

神對時間的安排總是最好的！當祂向你啓口，就是你以順服回應的時刻。通常我們的言行舉止，總好像自己掌握世界所有的時間，任我們選擇去順服祂！然而，歷史並不等待我們的參與。根本沒有所謂的向神延遲一個決定。我們不是選擇順服，就是選擇不順服。信與不信、順服與不順服，兩者不可能共立。

當神宣告現在是祂的恩年時，你的下一步行動是極重要的。當神向人們開口時，人們常常自覺尚未預備好。神說：「現在是你回應我的時候。」人們的反應卻是：「我還沒預備好。有些事我得先處理。我太忙啦！」（馬太福音八：21）神對時間的拿捏總是最完美的！祂知道你，祂完全清楚你的環境。祂知道到目前爲止，祂在你身上所有的造就。祂向你提出邀請，要知道祂的資源遠遠超過祂所交給你的任務所需。

這就是爲甚麼聖經告訴我們，神在乎的是我們的心。如果沒有全心全意愛主，不順服神的邀請，就會影響其他人的生命。神總是以永恆的角度，邀請我們參與祂的事工。我們不需要知道祂邀約的前因後果，只要確定這是全能神口中所發出的話語。「現在」永遠是你回應神的最佳時刻！

信心得神喜悅

人非有信，就不能得神的喜悅；
因為到神面前來的人必須信有神，
且信祂賞賜那尋求祂的人。

（希伯來書十一章6節）

你與神的關係，主要取決於你對神的信心。當你來到祂的跟前，必須相信祂的存在，且相信祂就是那位在聖經中啓示祂自己的神。你一定也要相信，當你懇切地尋求祂，祂會回答你。如果沒有這種信心，你不可能討神的歡喜。無論你的道德水準多麼高超、做了多少好事、爲祂說了多少話、爲祂作了多少犧牲，倘若沒有信心，你不可能討神的喜悅。有時我們想以宗教活動替代仰望神的信心。基督徒可能自認是神的「好管家」。事實上，卻是憑眼見而活，不是憑信心行事（希伯來書十一：1）。除非能掌握所有資源，否則他們可能會拒絕去行神的旨意。

你可能會說：「我愛神，但我很難全心相信祂。」這麼一來，你根本不能夠討神的歡喜。你不可能在內心深處質疑神，卻又同時享受與神相交的悸動！信心不會爲你除掉現有的問題，但信心能夠使你在困境中，仍然相信神。信心是基於你與神的關係，不是基於你的周遭環境。有些人可能會說：「我不是那種有信心的人，我這人比較實際！」然而，把信心建立在神的身上，是再實際不過的！再也沒有比把自己交在神手中更安全、有把握的了！

這些事你們都要思念

弟兄們，我還有未盡的話：凡是真實的、可敬的、

公義的、清潔的、可愛的、有美名的，

若有甚麼德行，若有甚麼稱讚，這些事你們都要思念。

（腓立比書四章8節）

你毫無戒心時的思想，反映出你真正的心之所嚮。只有在沒有戒心時所說出的話，是你心靈最好的評估（馬太福音十二：34）。你的心思意念就像你的身體一樣需要操練。想要身體健康，一定得留心吃進去的食物養分，並且一定要有固定的運動。要思想清潔，務要留心任何進入心靈的資訊。要操練心思，務要注意並思念那些真實、可敬的人事物。

有些基督徒讓屬世的不敬虔思想，充滿他們的心思意念。有些人似乎很消極，老是悲觀地看待每件事。有些人滿足於世俗的想法，有些人寧願靠人類理性去判斷行事，而不願意把神的話語放在心中，照神的旨意行事。然而，有一些人則選擇銘記神的真理在心裏——凡是真實的、可敬的、公義的、清潔的、可愛的、有美名的事，都會思念。

你的生活方式透露你真正的心思意念。如果你專注於負面事物，自然就變成消極的人。如果滿心不敬虔的思想，不敬虔自然成為你生活的一部分。如果以基督思想充滿心思意念，你會愈來愈有基督的形像。

要拿甚麼填滿你的心思意念，是你自己的選擇。要選擇專注於神崇高的真理，這些真理將使你建立榮耀神的高貴品格。

認識神

認識祢—獨一的真神，
並且認識祢所差來的耶穌基督，這就是永生。

（約翰福音十七章3節）

由生活經驗中認識神，與由神學教科書認識神，根本上是兩碼事。根據聖經，除非你曾經歷神，你不能夠說自己認識神（腓立比書三：8、10）。聖經知識總是離不開經驗之談。你可能愈來愈氣餒，因為你所讀到的聖經真理，比你的經歷要豐盛太多了。

　　如果你的生命從未經歷神大能的作為，不要安於神權能的二手經驗，也就是單單慶賀神在別人身上的作為就心滿意足。耶穌的禱告是要你能夠在生活中認識祂，並經歷祂的存在。不要只因為自己不曾經歷，就對聖經上所有關於神大能的記載大打折扣。要將你的經驗提高到聖經的標準，而不是降低聖經標準，來遷就你的經驗。不要以擁有頭腦知識來理解神的大愛，就心滿意足。耶穌為你能夠經歷祂長闊高深的大愛祈禱。祂要你在每日生活中，經歷祂豐盛無盡的大愛。

　　如果你覺得自己尚未經歷某些聖經真理，你要持守這些真理，並且求神讓你每日經歷它們。求問神，你的生活有哪些地方需要調整，好能經歷祂的應許。不要放棄神任何的應許，緊緊握住這些應許，直到你經歷它們。

在平凡中見非凡

耶和華的使者從荊棘裏火焰中向摩西顯現。摩西
觀看，不料，荊棘被火燒著，卻沒有燒毀。摩西
說：「我要過去看這大異象，這荊棘為何沒有壞
呢？」耶和華神見他過去要看，就從荊棘裏呼叫
說：「摩西！摩西！」他說：「我在這裏。」

（出埃及記三章2～4節）

當摩西正要辦完當天的例行公事時，他看見一株著火的荊棘。在當地，這是很普通的景象，但摩西注意到一些古怪的現象。雖然荊棘被火燒著，卻沒有燒毀。摩西想要走過去瞧個仔細。當神看到摩西擱置當天的例行公事時，祂開口對他說話。神在摩西身上過去四十個年頭的帶領，在此時此刻達到高潮。神的救贖計畫等待摩西在平凡中去發覺它的非凡。

有時當你埋首於日常生活瑣事時，你可能會忽略身邊不平凡的事物。你可能正處於一個稀鬆平常的時刻，然而，就在此時你被神的同在所充滿。也許你在繁忙的日程中，注意到非常特殊的事物。你第一個反應可能是：「我太累了，實在不想去搞清楚怎麼一回事！」或者是：「我不想被它攪亂我平靜的生活。」但也許此時此刻就是你遇見神的一次獨特機會。

神通常在你生活中一個司空見慣的場合對你說話，這往往不是你在教會敬拜神的時候。許多遇見神改變歷史的際遇，是發生在生命中一段平凡的時刻。如果你在世俗平凡之處看到不平凡，千萬不要繼續埋首於日常生活的例行公事。也許這就是神計畫好，要改變你和旁人生命的時刻！

聖靈將你安置在何處？

聖靈顯在各人身上，是叫人得益處。

（哥林多前書十二章7節）

當你重生的那一刻，你接受了聖靈。聖靈是個禮物。神沒有給你一些東西，神把自己給了你。聖靈就是神自己。當祂藉著你活出祂自己的生命，你有全能的神在你的心裏，完成祂自己的計畫。聖靈會藉著祂的生命顯明祂自己，不只是爲了你個人的好處，更是爲了你周遭人的好處。

聖靈可能領你參加一個教會，祂可以藉著你幫助這教會的每個人（哥林多前書十二：18）。神並沒有要你在教會作個旁觀者。聖靈在教會身體中交給你一個使命，祂會以自己的同在裝備你，來完成這個任務。

在舊約時代，神交給祂的僕人一些特別的使命，並且把聖靈放到他們心中，好讓他們能夠完成使命。在新約時代，神使每位信徒都成爲教會肢體的重要部分。祂將聖靈安置於每位信徒的心裏，藉著信徒彰顯祂自己，鼓勵及裝備其他的教會肢體。這由神而來的託付，是多麼令人興奮！今日聖靈裝備信徒，因爲祂對每個僕人都賦予一項使命。

聖靈如何彰顯在你的生活中，使你周遭的人因你得福？神已經給予你足夠的裝備，去教化教會的肢體。如果你讓聖靈在你身上自由運行，其他人將因你得福。

確信神的供應

我的神必照祂榮耀的豐富，在基督耶穌裏，
使你們一切所需用的都充足。

（腓立比書四章19節）

這段經文是聖經中最實用的經文之一。我們每個人都面對自己生活的需要，有些需要有時超過能力所及。然而，這不是我們變得憂慮及驚惶的時刻。我們也不應該遇有挫折，就灰心喪志。這是神要從祂無盡豐富的寶庫中提取物資，來滿足我們需求的時刻！也惟有祂能夠滿足我們的需求。

你是否相信神可以滿足你經濟上的需求、健康的需求、子女的需求、父母的需求，以及教會的需求？聖經上告訴我們，你永遠不會面對神無法供應的需要。這個應許一再地出現於聖經中（詩篇一一六：6；希伯來書四：16；馬太福音六：8；詩篇六十九：33）。如果沒有經歷到神豐盛的供應，問題出在哪裏？是否這件事對神太困難？或是你根本不相信神能夠供應你每一個需要？

神的每項資源是任何一個信祂的兒女，都可以取得的。從來沒有一個人曾經用盡神的供應，更沒有一個信祂的人，會因貨源不足而苦惱。不幸的是，有些基督徒的生活好像得不到神的資源似的。他們是王的兒女，卻過著乞丐的生活！你身邊的親友是否由你的生活中，看到你對神的信實有毫不動搖的信心？

崇　敬

弟兄們，我們既因耶穌的血得以坦然進入至聖所，
是藉著祂給我們開了一條又新又活的路，
從幔子經過，這幔子就是祂的身體。

（希伯來書十章19～20節）

我們這個世代，缺乏對神的讚嘆感與崇敬感。我們把神降到我們的水平，視神為平凡無奇。祂是神！雖然身為祂的子女，我們可以直接與祂相交，但我們永遠不能忘記，我們能夠與祂相交，乃是因祂獨生子的寶血重價買贖而來。一個真正瞭解救贖真理的人，決不會進入神的同在，卻沒有敬畏感。人若理解救主在髑髏地付上重價，就不會把自己與神的關係，視為理所當然。

除非先領悟神的聖潔和祂對祂子民聖潔的要求，就永遠不能瞭解神和祂親近我們的方式。如果與神同在，我們就是站在聖地！我們的行動決不能以「我們成功是神的目的」，作為我們的指標。一旦神沒有照著我們所期望的方式及時間回答，我們就不耐煩，這種態度真是荒唐！祂是神，我們不是！

如果你默想耶穌在十字架所付的代價，讓你能夠直接親近天父，你會珍惜自己的禱告時間。崇拜會變成你的特權——你會心懷感激地把握這個特權。當你在一切事上追求聖潔時，聖經對你會變得特別寶貴（哥林多後書七：1；彼得前書一：15）。

如果你不再讚嘆神的救恩，你一定要重訪髑髏地，目擊救主為你捨命的一幕。神所賜的救恩，真是無價之寶啊！

試煉顯露你的內心

你也要記念耶和華—你的神在曠野引導你這四十年，
是要苦煉你，試驗你，要知道你心內如何，肯守
祂的誡命不肯。祂苦煉你，任你饑餓，將你和你列祖
所不認識的嗎哪賜給你吃，使你知道，人活著不是
單靠食物，乃是靠耶和華口裏所出一的切話。

(申命記八章2～3節)

神允許我們面對困境是有原因的。神讓祂的以色列兒女在曠野漂流四十年，是為了試煉他們，使他們謙卑。以色列百姓當年拒絕順服地進入迦南地，他們暴露出自己並不是真的認識祂。如果以色列百姓真的認識祂，他們的信心會大得多。神花了四十年去試煉祂百姓的心，看看他們是否能勝任下一個任務。

試煉顯露出你內心的實際情況，並且熬煉出不屈不撓的信心（雅各書一：3、12）。神允許祂的百姓面對饑餓，好叫他們能經歷祂的供應，建立更深的信心。當人們與神同行，他們漸漸地瞭解自己是靠祂的話語而活，他們知道神的話是他們擁有最重要的資產。當他們靠著神在沙漠生活四十年之後，他們聽從神的話，並且相信神。當他們終於進入神的應許之地，與敵人交戰，以色列百姓清楚知道，神的話意味著生與死。他們預備好要聆聽，結果神帶領他們得到盛大的勝利。

神正試煉你生命的哪一部分？祂的測試顯露出甚麼？你是否因為所處的環境，而對神滿懷苦毒？還是你因而更信任祂？

燃起我們的期望

你求告我，我就應允你，

並將你所不知道、又大又難的事指示你。

（耶利米書卅三章3節）

我們往往還沒有完成神要我們做的事，就停下來。當我們讀到耶利米書卅二章27節：「我是耶和華，是凡有血氣者的神，豈有我難成的事嗎？」我們回應：「是的，主啊！在祢沒有難成的事。」然而，一旦遭遇困難，我們卻開始修正自己對神的信心，降低對神能力的期盼。相信神能夠行聖經中的神蹟、在一千年前行奇事，或在朋友身上施展大能，那是一碼事；而全心全意相信神完全掌控我們的生命，又是另一碼事！

當全能神對我們說話，不管我們口中的回應是甚麼，我們接下去的行為已證實了信心的多寡。神向摩西透露自己的計畫，要編寫人類歷史中最偉大的出埃及記，祂要使用摩西完成這個計畫。摩西的第一個反應，竟是向神討價還價！摩西無法置信自己剛剛聽見的信息，並且開始找藉口，不願參與神的行動。摩西可能早就相信神的大能，只是無法相信神可以藉著自己行奇事。摩西與神討價還價的結果，限制了他一生的事奉（出埃及記四：13～16）。

你是否感覺到，神給你的使命比你現在的經歷要大的多？求神光照祂到底要你做甚麼，然後以信心回應神的呼召，順服祂的旨意。

我的道路非同你們的道路

耶和華說：我的意念非同你們的意念；我的道路
非同你們的道路。天怎樣高過地，照樣，我的道
路高過你們的道路；我的意念高過你們的意念。

（以賽亞書五十五章8～9節）

神很少照著我們心裏認為應該怎麼做的方式去行事。我們的問題是喜歡猜測神的心意，然後下結論說：「喔！現在我知道神要怎麼做！」當摩西知道神要救希伯來百姓脫離埃及的控制，他犯了同樣的錯誤。神告訴摩西祂會使法老的心剛硬。然而，結果卻出乎摩西的預料。法老王不但沒有放希伯來人走，反而增加他們的苦工。在希伯來人當中，摩西不但沒有變成英雄，反而因為帶來更多苦難被人厭惡。摩西回到耶和華那裏，說：「主啊！祢為甚麼苦待這百姓？為甚麼打發我去呢？」（出埃及記五：22）基督徒許多的受挫與神的作為毫不相干，乃是我們預設神的作法，導致自己的沮喪。

你是否曾經順服神的旨意行事，而事情卻每況愈下？摩西完全誤解了順服神之後的結果。當事情不照他的預計進行時，他變得很沮喪。神告訴摩西該怎麼做，並沒有告訴摩西後果會如何。

想要用自己的常識去完成神的工作，是愚昧的。神不是要你把常識棄之不用，祂會聖化你的常識，賜給你祂的智慧，讓你瞭解祂的道路。

當你回頭檢視自己生命中神的作為，你會在神的帶領中看見祂至高的智慧。當你往前觀看神可能的作為，小心避免預測祂的下一步行動。你可能會發現自己完全失算！

耶穌必要重新調整你

耶穌稍往前走，又見西庇太的兒子雅各和雅各的兄弟
約翰在船上補網。耶穌隨即招呼他們，他們就把父親
西庇太和雇工人留在船上，跟從耶穌去了。

(馬可福音一章19～20節)

我們有個傾向就是找尋自己的「安全地帶」，然後，定住不再移動。如果你完全掌控自己目前的處境或生活的形式，你已經停止瞭解神的作為。神盼望把你由現狀挪到祂要你去的地方。你與順服總有一步之遙，以致不能領受下一個神要你學習關於祂自己的真理。你可能感到自己有太多該學的，及需要更深經歷天父之處，因而心情煩躁。有時候，這種感覺意味著你該搬家或換工作。這可能是個指標，要你的禱告進入更深的層面。也許你對神的信賴必須到一個你從未經歷的地步。

漁夫不可能一面待在船上，一面變成耶穌基督的門徒。神在亞伯拉罕七十五歲那年，交給他一生最主要的使命。以上這些人都需要中斷自己日常的工作，好達到自己與神關係的更高峰。同樣地，為了讓你能夠更進一步經歷祂，祂會要求你作些調整。你是否預備好讓基督更深地向你開啟祂自己，改變你的生命？你願意放棄你個人的安適嗎？

要經歷真理

講完了，對西門說：

「把船開到水深之處，下網打魚。」

（路加福音五章4節）

當神要教導你關於祂自己的真理時，祂會讓你在生活中體驗這個真理。當群眾聚集的時候，耶穌登上彼得的船，由那兒講道。彼得坐在船上，一整天聽耶穌教導群眾。耶穌結束講道之後，讓彼得親身經歷祂剛剛對群眾的教導。群眾剛剛聽到真理，而彼得是體驗真理。

耶穌把他的教導變成漁夫所能理解的語言。祂叫彼得撒網到水深之處。彼得回答說：「夫子，我們整夜勞力，並沒有打著甚麼。」彼得已經捕了一整夜的魚，早晨的時候也洗好並補好網，又聽了耶穌一整天的講道。他很累，心裏可能沒有半點期盼會戲劇化地經歷神的作為。然而，彼得順服耶穌，他下了網，於是圈住一網奇蹟，捕獲的魚多得讓魚網險些裂開！彼得大吃一驚，認出自己才剛經歷到神的大能（路加福音五：4～11）。

彼得發現只要耶穌開口發令，他可以做任何事。因此，耶穌可以改變彼得人生目標的優先順序，由捕魚的漁夫變成得人漁夫（路加福音五：10）。彼得的順服使他更深地認識耶穌。與耶穌更親密、更強有力的同行，是祂的邀請。

神不要你僅在知識上瞭解真理，祂要你去體驗祂的真理。有些關於耶穌的事，非要你順服才能學到。你的順服會讓你看到更大的啟示，及更多服事的機會。

聖潔是沒有特例的

摩西在路上住宿的地方，

耶和華遇見他，想要殺他。

（出埃及記四章24節）

摩西剛剛才收到歷史上最偉大的委任書。他要作神的器皿，拯救以色列民，且要領他們到應許之地。他要去領導他們，使他們成為祭司的國度，作聖潔的國民（出埃及記十九：6）。然而，摩西自己並沒有順服神所有的命令，他從未為自己的兒子行割禮。摩西忽視神這條命令為時已久，神的反應是預備要擊殺摩西。在這裏，這歷史上最偉大的人將要被處死刑，然而，他尚未執行神給他的任務呢！摩西不能厚顏地忽視神的命令，同時又被神使用，執行祂的聖工。如果摩西沒有馬上順服，他一定會喪命的。

摩西學習到，對神而言，聖潔是沒有特例的。當神定規給祂的百姓，祂對那些領袖們肯定有同樣的要求。神要摩西達到更高層次的聖潔，好使用他去拯救幾百萬的百姓。神必須在使用摩西帶領祂的百姓之前，大大地調整摩西的生命。

你是否一面事奉神，卻同時忽視神某個命令？你的生活方式是否猶如神對你的不順服視而不見？你在生活中是否嚴格地應用神的標準，如同你要求其他人應用在生活中一樣？

站在你的守望所！

我要站在守望所，立在望樓上觀看，
看耶和華對我說甚麼話，我可用甚麼話向祂訴冤。

(哈巴谷書二章1節)

守望者的工作十分重要。敵軍正漸漸迫近，古老城市的居民只剩下一點寶貴的時間，可以逃命或預備戰事。每一個人的生命繫於守望者的警覺心，他凝視遠方水平線上，要儘早瞥見迫近的威脅。在這危急的局勢，儘快告知人們戰事的來臨，是非常重要的。

身為一個基督徒，神給你一個守望者的使命，就是為你自己、你的朋友、你的家人和你的教會肢體守望。留心傾聽神的話是非常重要的。也許有個朋友正面臨危機，需要神的話語。當你讀經時，神也許選擇給你一些鼓勵的話，分享給你的朋友。也許你的孩子正面臨艱難的挑戰，神會在你禱告的時候對你說話，光照你該如何幫助他。如果靈性儆醒，你可能會收到神的警告，指示你周圍的朋友正面對何種危險。

相反地，倘若粗心大意，你的家人可能陷入困境，而聽不到神的解答。如果你不把神的信息放在心裏，你周圍的人可能就失去機會，聽到神要你分享、鼓勵他們的應許。神要守望者為自己的儆醒負責任（以西結書卅三：6）。竭力留心聆聽神每一句的話語。當你留心聽神的警告，並順服祂的旨意，你的儆醒不懈將會使你與你周圍的人得益。

神對饒恕的衡量

你們饒恕人的過犯，你們的天父也必饒恕
你們的過犯；你們不饒恕人的過犯，
你們的天父也必不饒恕你們的過犯。

(馬太福音六章14～15節)

你也許自認是能饒恕的人，不過，你現在面臨對某位仁兄有心結，你很難饒恕他。當你正為難以饒恕苦惱時，你必須再回到當初神赦免你的情景。以弗所書二章指出，你原本是「外人」及「可怒之子」，但神赦免你的重罪與你對祂的悖逆。當你還作罪人的時候，基督就為你死（羅馬書五：8）。既然如此，你怎能拒絕饒恕那些得罪你的人呢？饒恕不是屬靈禮物，也不是一種技巧或遺傳特質，饒恕是個選擇。耶穌在十字架上，俯視那些冷酷嘲弄祂的人群，說：「父啊！赦免他們；因為他們所做的，他們不曉得。」（路加福音廿三：34）如此一來，我們怎能排拒那些侮辱冒犯我們的人呢？

耶穌告訴我們，我們饒恕人的量器與神赦免我們的量器是一樣的。神的行事作法與我們的行事方法大大不同。神的赦免並非取決我們所定的標準，而是取決於祂在自己話語上所設立的標準。神的赦免是沒有任何特例的。

若能真正瞭解神在我們生命中恩慈的赦免，我們自然願以恩慈與憐憫的心饒恕他人（以弗所書四：32；歌羅西書三：13）。在你懇求神的赦免之前，花點時間檢查自己的人際關係。你是否願意神饒恕你，正如你現在饒恕其他人一樣？

神的供應帶來榮耀

並要在患難之日求告我；

我必搭救你，你也要榮耀我。

(詩篇五十章15節)

知道嗎？當你面臨苦難，求告神會為神帶來榮耀。神應許，若是你轉向祂，祂必拯救你。每回遭遇困難，你不求神的幫助，就是拒絕榮耀神。有時候，神允許讓你有某種需求，所以非得求告神不可。如此一來，世人可以看到神在祂兒女身上的作為，是何等不同。如果神從未讓你有需求的經驗，那麼你周遭的人可能永遠沒有機會，親眼看到神是如何豐盛供應基督徒的生活所需。如果從未面對短缺，你可能會自以為能自給自足，不需要神每日供應你的需要。

驕傲使你自以為不需要神的幫助，自尊使你以為靠著自己的聰明才智、資產及努力，就可以處理任何困境。驕傲也會奪取神的榮耀，並且把榮耀歸於自己。不要讓你的驕傲竊取神的榮耀。求告你的主，單單等候祂的拯救，然後，歸所有祂應得的榮耀給祂。

自給自足的觀念可能會大大地阻擋你經歷神的能力，並把榮耀歸給神。下回面臨苦難時，要求告神！

生活中神豐富的供應

神能將各樣的恩惠多多地加給你們，
使你們凡事常常充足，能多行各樣善事。

（哥林多後書九章8節）

當你與神相交，你會不斷經歷神豐富的供應，因為神絕不會只供應一半！根據祂的恩慈，這絕對是真實的！主是好施予恩典的神，祂決不吝惜將一切寶藏賞賜祂的僕人。當你竭盡全力做好神給你的工作時，你會發現神的恩典豐富地供應你的需要。如果你正為自己的事奉灰心失望，神的恩典會支持你，加添你對祂的愛和對祂百姓的愛，好叫你能繼續手上的工。當你被批評誤解時，神的恩典使你能夠饒恕那些非難者，並且在他人不理解你的事奉時，仍能享受由神而來的喜樂。當你在事奉中犯錯，神的恩典會饒恕你，幫助你再站立起來，並給你足夠的力量繼續事奉。當你完成神指定的工作，沒有人表達謝意時，天父的恩典會環繞你，祂會提醒你已經得到天上的獎賞，神記念你對祂所有的事奉。

神並沒有答應滿足你所有的夢想與計畫的需要。然而，祂向你保證，在你行的所有善事上，你永遠不會缺乏祂的恩惠，好叫你能成功地完成祂所託付你的工作。

你爲甚麼懷疑？

門徒來叫醒了祂，説：「主啊，救我們，
我們喪命啦！」耶穌説：「你們這小信的人哪，
爲甚麼膽怯呢？」於是起來，
斥責風和海，風和海就大大地平靜了。

(馬太福音八章25～26節)

著信，神的能力被釋放在基督徒的生活中（希伯來書十一：33～35）。事實上，你的懷疑是你不夠認識神的指標。如果你使禱告生活滲入了懷疑，你就放棄了神所給最偉大的惟一解決之道。人非有信，不能得神的喜悦（希伯來書十一：6）。神從未安慰懷疑中的你。耶穌對不相信祂的人，一律是斥責。祂向祂的門徒清楚啓示自己，好叫他們在有所需求時，能夠相信祂。

神要建立你的信心，直到你的信心能在任何情況，都能相信及順服祂（馬可福音九：23～25）。當你決定除去自己的懷疑，衷心轉向祂的那一刻，神會針對你的懷疑啓示祂自己，使你確信祂的信實。當多馬懷疑的時候，耶穌向他啓示的方式是何等奇妙，讓多馬的懷疑消失得無影無蹤（約翰福音二十：27）。只有神的同在，才能解決你缺乏信心的問題。祂會清楚地啓示自己，除去你所有的懷疑。耶穌曾是如此幫助祂的門徒，祂使他們與自己建立不斷成長的關係。耶穌以言行教導，帶領他們經歷許多小奇蹟、大奇蹟與自己的復活。耶穌知道整個世界的救贖，取決於門徒對祂的信心。在你周圍觀看你如何因信神而挪去懷疑的人，神要爲他們成就甚麼大事呢？

當基督下達命令時

耶穌就打發兩個門徒，

對他們說：「你們進城去……」

（馬可福音十四章13節）

這兩個門徒得到極詳細的指示，去某個城市、見某個人、做一件特定的事。這個人擁有一座擺設整齊的大樓，預備好要守逾越節。他們的主所給的指示似乎很不尋常，然而，這兩個門徒順服了，於是他們發現每件事的發生，就像耶穌所說的一模一樣。耶穌清楚地知道他們會發現甚麼，祂精確地指示他們。門徒能夠享受與老師同在的難忘、重要及珍貴的時刻，乃是取決於那兩個門徒的順服。

順服基督的命令總是會看到事情的成就。當神賜下指示，你要立即順服。不要等自己搞清楚整件事的來龍去脈，你才動手。神領你所做的事，有時你不完全瞭解，直到做了之後才明白。當祂第一次給你指示，通常很少完全透露祂旨意的細節。祂會給你足夠的資訊，叫你能開始執行祂的旨意，但祂也扣留一些資訊，好讓你能繼續倚靠祂的指引。你的反應會影響神在你生命中下一步的作為。你的順服也會影響你周圍的人去經歷基督。如果你的生命中有任何神的指示，是你尚未遵循的，要立即順服，你會看到自己的生命中展現出神完美的計畫。

難以想像

他們坐席正吃的時候，耶穌說：「我實在告訴你們，
你們中間有一個與我同吃的人要賣我了。」

（馬可福音十四章18節）

我當然永遠不會背叛神！每位門徒都誠摯為自己對耶穌的忠誠辯護。當他們一起安舒地斜臥在樓上的房間，在他們的主面前，他們很難想像自己會對基督的忠誠搖擺不定。然而，耶穌看著他們說：「我實在告訴你們，你們中間有一個與我同吃的人要賣我了。」一個人怎麼可能享受這與救主同在的親密、心靈契合的時刻，爾後在很短的時間內，輕率地背叛及落入靈性的失敗？

在客西馬尼園和十字架環境的壓力下，門徒做出自己從未想到的事。他們沒想到自己周遭的人是如此殘酷地仇視他們的主。耶穌曾經警告過他們，世人會憎恨他們，因為恨他們以先，已經恨祂（約翰福音十五：18～21，十六：33）。只有基督知道他們所面對的試探程度。在面對壓力的時候，我們的心往往做出令人不能置信的事。聖經中預言猶大儘管與耶穌同行三年，他仍會背叛耶穌。不僅如此，彼得也否認耶穌，所有門徒都背棄了耶穌。

你的生活是何等迅速地由樓上安全寧靜的房間，轉變成客西馬尼和十字架現實苦毒的環境？保守你的心，傾聽神溫柔的聲音：第一代使徒所犯的錯誤，你也可能犯，你也可能背叛耶穌，如同第一代使徒所做的一樣。如果耶穌警告你，你生命中某個地方可能會離棄神，今天就留意祂的話語！

靈魂的憂傷

於是帶著彼得、雅各、約翰同去，就驚恐起來，

極其難過，對他們說：「我心裏甚是憂傷，

幾乎要死；你們在這裏等候，儆醒。」

（馬可福音十四章33～34節）

有誰能夠瞭解神激動的心情？沒有人能夠衡量祂為不肯悔改者的悲痛，也沒有人能測度祂為靈性願悔改的叛逆者，是何等地喜悅。除非神分享祂的心情，我們才能開始瞭解神的心（阿摩司書三：7）。

你瞭解你的主扛負著世人的重擔時，祂那份熾熱的情感嗎？雖然門徒並不瞭解耶穌內心深處的憂傷，祂還是向他們分享自己的情感。門徒的感受經常與耶穌的情感背道而馳。祂喜愛小孩子到自己那裏去，祂的門徒卻想要把小孩子趕走（路加福音十八：15～16）。門徒看到耶穌憐憫一個陷於罪中的婦人，他們十分困惑（約翰福音四：27）。當耶穌為那些面對死亡、無望的人憂傷哭泣時，祂最親密的朋友們憂傷，如同耶穌沒有能力使死人復活（約翰福音十一：1～44）。

你可以儆醒體會神的心情。當你尋求神的感受，祂可能會向你分享祂強烈的情感。當你被人群環繞時，神可能使你敏銳地感受到祂對他們的愛。當你看到有些人遭受苦痛，你可能會感受耶穌對他們的憐憫。當罪人回轉向神、認罪悔改時，你也能夠分享天父的喜樂。不但如此，你對待邪惡的態度，也會與耶穌一樣。如果你在禱告中儆醒不懈，耶穌會分享祂的心給你。

與神稍往前走

祂就稍往前走，俯伏在地，

禱告説：「倘若可行，便叫那時候過去。」

（馬可福音十四章35節）

有些基督徒僅以能與神維持膚淺的表面關係，就心滿意足。有些人卻企望與祂同在，享受聖潔的時光。耶穌在客西馬尼園神聖祈禱的那一夜，人們對祂的反應各有不同。有些人對耶穌漠不關心，甚至沒有察覺耶穌就在園裡。猶大知道耶穌在那裏，然而，他正處心積慮地要落實自己的計謀，帶人捉拿耶穌。剩餘的門徒雖然與耶穌同在園中，卻分心睡著了。耶穌告訴他們時間的急迫性，但他們不能理解耶穌的話。彼得、雅各及約翰是耶穌最親密的核心門徒。他們剛開始時與耶穌一同祈禱，只不過也沒能把握住這重要的時刻。最後，耶穌孤零零地一人獨自禱告。祂稍往前走，離開門徒一段距離，繼續禱告。在這人類歷史中最偉大的代禱時刻，居然沒有人願意與耶穌同去，與祂一起守望禱告。

在整個人類歷史中，神找尋那些願意奉獻全部所有給祂和祂救贖世人計畫的人。有時候，祂詫異居然沒人願意與祂同行（以賽亞書六十三：5，五十九：16）。先知們好像較能捉住問題的命脈，然而，當時的社會卻繼續前行，好像沒啥問題一樣。先知們為了神下一步行動而煩悶、哀哭。

神呼召你與祂進入更深的禱告生活。如果你願意讓耶穌帶領你進入那最神聖的時刻，你將嚐到的經驗，是那一夜在客西馬尼園只有天使與耶穌分享的經歷。

致命關鍵時刻

總要儆醒禱告，免得入了迷惑。

你們心靈固然願意，肉體卻軟弱了。

(馬可福音十四章38節)

有時候，你應當讓自己的心靈掌控肉體。你的心靈知道神要你做甚麼，你的肉體卻為了滿足自己而大聲抗議。即使有時疲憊不堪，我們也得放棄睡眠、振作起來，因為若在此時此刻休息，可是損失慘重。當神命令你「守望禱告」，你的順服是決定性的關鍵。

當耶穌在客西馬尼園祈禱的時候，祂知道將要達到自己整個事奉的高峰。祂知道地獄大軍正整軍待發，集中武力要擊敗祂。如果曾有一段時刻，耶穌需要門徒的禱告支撐祂，那就是這個時刻。耶穌告訴門徒，自己心裏甚是憂傷，幾乎要死。他們當然能夠感受到耶穌情詞急迫，他們也能夠找到力量順服祂的要求。然而，祂發現他們睡著了。沒有藉口！他們居然在人類歷史上最重要的一刻睡著了，而且不是一次，是三次！

耶穌邀請你與祂同工。祂可能要求你守望禱告一小時。你可能得克制自己肉體的需要與渴求，好與祂一同禱告。你可能必須離開溫暖的被窩或得離開家，甚至可能得犧牲自己的安全，好去耶穌要你去的地方。要讓聖靈掌管你肉體所有的渴求，如此一來，沒有任何人事物能阻礙你完成耶穌的託付。

面對失敗

耶穌對他們說：「你們都要跌倒了，

因為經上記著說：我要擊打牧人，羊就分散了。」

（馬可福音十四章27節）

當你跟隨耶穌，你會面對許多心靈劇痛的時刻。有時，每件事情的發生都好像同謀整你，破壞你與祂的關係。你不是肇事者，但環境中興起許多反對勢力。無論如何，失敗是最終的結果。在耶穌被捕、釘十字架的那個夜晚，門徒在主面對如此凶暴的反對勢力時，他們全都拋棄了耶穌。

彼得自誇決不背棄耶穌（馬可福音十四：29～31）。然而，耶穌甚至在事前就向門徒擔保整件事是不可避免的。聖經早已預言，神老早知道門徒會拋棄祂的愛子，祂一點也不詫異。祂已為他們的弱點作好準備，知道祂終究會培育他們成為使徒，敢放膽傳福音、行神蹟，並且教導他人。後來，當復活的主在海邊遇見彼得時，祂沒有要求彼得認罪悔改，祂要他對祂表白對祂的愛（約翰福音廿一：15～17）。

你可能會害怕自己的罪令神大吃一驚。也許你曾像彼得保證自己與神站在同一邊，卻是失敗了。神知道你會背棄祂，就像當初知道第一代使徒會背棄自己。當你失敗時，祂的恩典夠你用。不要以為自己的失敗比較大或是過於複雜，以致神不能處理。如果你所面對的挑戰，似乎過於自己能擔當，不要喪膽，神早已預見你的困難，也為你預備了出路（哥林多前書十：13）。

太遲啦！

第三次來，對他們説：

「現在你們仍然睡覺安歇嗎？夠了，時候到了。」

（馬可福音十四章41節上）

「**夠**了。」主這句話刺痛了門徒！在這個神聖的時刻，他們被給予機會分擔耶穌的重擔，他們卻令耶穌失望。這回連彼得也沒有話能夠回答耶穌。

耶穌原諒他們，並使他們的生命一再經歷神的大能，只不過這段與主同在的獨特時刻，已然逝去。在這寂寞預備上十字架的夜晚，天使已經安慰救主，門徒卻錯失了機會。聖經記載門徒後來變得殷勤禱告，但那一夜的記憶將永遠伴隨他們的餘生。

就像使徒，你得到事奉主的特殊機會。有時候，當耶穌要在你的朋友、家人、同工的身上彰顯祂的作為，祂會邀請你同工。如果你一心想著自己的需要，將錯失分享祂神聖作為的祝福。

神是充滿恩慈的，祂樂意赦免人，也會給你其他的機會。祂甚至會讓我們的失敗成為祝福。立即順服神的指示，是很重要的。神不需要我們的順服，神有眾多服役的天使，預備好在我們失敗時，履行祂的命令。這是我們自己的損失，失去經歷神在我們身上有所作為的機會。

當神向你說話，要立即回應祂。祂對你的旨意是完美的，祂的旨意將領你得到豐盛的生命。

以聖經為定位

「但這事成就，為要應驗經上的話。」
門徒都離開祂，逃走了。

（馬可福音十四章49下～50節）

有時候，在你生命最黑暗的日子，你惟一的安慰可能來自神的一句話。當耶穌面對冷酷、不公平、充滿敵意的世界，祂最深的痛苦也許是親密朋友的背叛和離棄。在如此黑暗的時刻，是甚麼力量支撐著祂？耶穌在經文中得到安慰（馬太福音廿六：20～25、31）。聖經對救世主有全盤性的記載，這記載堅定祂的經歷是依照天父的計畫。耶穌滿懷信心繼續進行手上的工，因為聖經保證祂天父絕對掌權。

神的話語會以同樣的方式指引你。有時候，也許周遭環境令你困惑，你所信任的人背叛你，其他人拋棄你，你可能被誤解或被挑毛病。這些悲痛的時刻，是你的奉獻和順服所面對的最大考驗，在這些時候，你一定要讓聖經引導你及安慰你。千萬不要讓其他人的不忠誠，影響你手中的工。回到聖經，讓經文指引你對準神與神的工作。

耶穌在年少的時候，早就熟讀經文。發生任何事件都不會讓祂措手不及，祂滿懷信心，因為聖經已使祂預備好面對將來的每一件事。

如果你每天埋首研究神的話語，當危機來臨時，你不會因疏失而怠忽職守。你已經專注在神的身上，祂會保守、引導你經歷這段困難時期。

被試探卻安全穩妥

主又說：「西門！西門！撒但想要得著你們，好
篩你們像篩麥子一樣；但我已經為你祈求，叫你
不至於失了信心。你回頭以後，要堅固你的弟兄。」

(路加福音廿二章31～32節)

耶穌深愛彼得。耶穌清楚地對他說：「西門！西門！撒但想要得著你們，好篩你們像篩麥子一樣；但我已經為你祈求，叫你不至於失了信心。你回頭以後，要堅固你的弟兄。」即使耶穌正面對迫在眉睫的拘捕與十字架的酷刑，祂仍然因為彼得將要跌倒，而花時間堅固彼得！祂保證撒但的影響力受神的限制。祂表達自己對彼得的信心，縱然彼得的信心會減少，但是他會克服，並且回頭堅固其他的弟兄。由於耶穌親自為彼得代禱，彼得可能會有短暫的失敗，但他最終是得勝的。

耶穌清楚知道你所面對的每一個試探與試煉，祂已經為你預備了一條出路（哥林多前書十：13）。祂正在為你代求，誠如當年祂為彼得代求一樣（羅馬書八：34；希伯來書七：25）。試探可能在你毫無準備之下擄取你，但耶穌已經在天父面前為你的行為代求。別忘了！試探不是罪。當你遇見試探，當立即轉向耶穌。祂會把你帶到天父面前，你會勝過試探，因為耶穌已經勝了你在世界所面對的一切（約翰一書四：4）。當你的試探因耶穌的代禱得堅固，你也能去堅固其他人。

如果你正在與試探搏鬥，耶穌現在正為你向天父代求。要堅定，振作起來！

在勝利之前讚美

他們唱了詩，就出來，往橄欖山去。

（馬可福音十四章26節）

讚美將榮耀大大歸給神！舊約記載，約沙法王面對似乎不可能勝過的敵軍，對方非置他們於死地不可。然而，神向他們保證，要他們「擺陣站著，看耶和華為你們施行拯救」（歷代志下二十：17）。猶太百姓相信神，歌唱者走在軍隊的前頭，為神應許的勝利獻上讚美。勝利的確到來！當大衛王領著迎約櫃的行列進入耶路撒冷，他在神面前極力跳舞讚美（撒母耳記下六：12～23）。大衛對神的讚美討神的喜悅，祂大能的同在遍及大衛的王國，使大衛戰勝所有仇敵。

耶穌正朝著客西馬尼園與十字架前去，在那裏神將得到最大的勝利。祂帶領著門徒唱詩。雖然門徒們不久將離棄祂，並且耶穌自己也快要被殘酷地處死，但耶穌卻強調要讚美神。讚美是超越十字架，看到神至終的勝利。讚美不是植根於當時的環境，而是植根於神的本性及祂的信實。

當神要你參與祂神國的事工，你應該要歡喜，因為你知道勝券在握。不要專注於問題本身及他人的失敗，要定睛於神勝利的保證。當你事奉時，如果無法開口以詩歌讚美神，可能是因為你沒有定睛在神的身上，而是在看環境。

主行在你前面

「但我復活以後，要在你們以先往加利利去。」

（馬可福音十四章28節）

耶穌永遠不會把你孤孤單單地丟在某個處境不管你。祂總是比祂的孩子先行一步，誠如當年祂白日以雲柱、夜晚以火柱帶領以色列的兒女一樣。你不會作祂的先鋒部隊，置身於陌生的逆境中。祂總是在你所遇的任何環境先行一步。你的遭遇不會使神大驚小怪，因為祂早已先到達那兒。祂早已預備好要滿足你每個需要，因為祂早就走在你的前面，祂知道你人生所有需求（申命記卅一：8）。

　　神不但走在你的前面，祂也在你的四周環繞你、保護你、安慰你（詩篇一三九：7～12）。耶穌知道門徒會因自己的十字架受難、而張皇失措，所以，祂先向他們保證自己會比他們先行一步，無論發生甚麼事、去任何地方，門徒都可以放心前進。保羅也曾親身經歷這個保證（使徒行傳十八：9，廿三：11）。無論你處在任何慌亂的處境，你的主在那裏！

　　如果你正經歷困惑的逆境，要知道你的主已經走在你的前頭，祂與你同在。祂完全瞭解你所面對的苦境，祂主動地回應你的需要。不可能有個地方是你能去，而基督不走在你前頭等待你加入祂。即使當你面對死亡，你可以確信祂已先你戰勝死亡。作為神的兒女，要安息，因為你的救主已經走在你的前面，祂會與你同行一生。

這就是你的智慧

所以你們要謹守遵行；這就是你們在萬民眼前的
智慧、聰明。他們聽見這一切律例，必說：
「這大國的人真是有智慧，有聰明！」

(申命記四章6節)

智慧不是你對世界認識的多寡，而是你對神的認識有多少。人類的理性不能使你有智慧，它反而可能使你拒絕神的法則（哥林多前書一：18～25）。神的目的是要設立一個屬於祂的國度，好藉著祂百姓的順服，展現出祂的智慧（撒迦利亞書八：23）。當以色列的百姓跟隨神，祂就祝福他們。所以，順服神的智慧就是真智慧。

神也給予你同樣的機會，讓你的生命建立在祂智慧的基礎上。當非信徒作重要決定時，他們一定得倚靠自己的知識與判斷力。而身為基督徒的你可以使用神的智慧。神的靈在你心中指引你（約翰福音十六：13）。聖靈會打開你的眼睛看到聖經的真理，好叫你能以神的觀點來透視問題。只有神能夠預知將來，所以也只有祂能領你今日作正確的決定。

當你允許神指引你的一生，你周圍的人會看到真智慧，不是世界的智慧，乃是神的智慧。其他人生活在這複雜的世界，困惑不知該如何行，但是神會指引你作正確且可靠的決定。由於你作了正確的決定，你的家人會蒙福，你的朋友們也有了智慧的顧問。你順服的生活會表露出容許聖靈作你指引的智慧。

死亡結出更多子粒

我實實在在地告訴你們，一粒麥子不落在地裏死了，

仍舊是一粒，若是死了，就結出許多子粒來。

（約翰福音十二章24節）

有些東西一定要先死去，才能結實。有些種子除非經過嚴寒冬季的冷凍，就不會發芽長成植物。耶穌知道自己的死亡，會為世人帶來救恩。

在成為基督徒的那一刻，你罪惡的天性死去（羅馬書六：6），然而，你性格上仍有許多方面不肯甘願進入墳塋。在你成為基督徒之前，你是否自我中心？你可能發現，自私在你的生命滯留不去，以致你不能奉基督的名，自由地分享自己所蒙受的恩典（馬太福音十：8）。你是否脾氣暴躁？現在你已經是信徒，你的憤怒有時仍然如泉源般由心中湧出。你在神國中苦幹，為要爭一席之地，或贏得人的賞識與認可，你發現自己的動機仍與屬世時沒有不同。

如果那些罪惡的態度仍舊活著，它們會扼殺聖靈的果子。你暴躁的脾氣會絆倒一些人認識耶穌。你的自私會妨礙你成為周圍人們的祝福。你的野心會使你利用其他人完成自己的目標。你的生命某些方面沒有讓耶穌治死，以至於你的家人在精神及肉體上正忍受痛苦。單單說：「唉！我就是這個樣子」，這是無益的。那是過去的你，但那個人已經與基督同釘十字架了，你現在是新造的人（哥林多後書五：17）。容許神在你身上完成祂的工作，並且看見自己的生命結出甚麼樣的果子。

復活的主

祂的頭與髮皆白，如白羊毛，如雪；

眼目如同火焰；腳好像在爐中鍛鍊光明的銅；

聲音如同眾水的聲音。

（啟示錄一章14～15節）

有時候我們忍不住想：要是我能夠像十二使徒一樣與主同行，作基督徒就會簡單多了！這種想法暴露出我們尚不瞭解，今日我們所事奉的復活主有多麼偉大。福音書中的耶穌通常被描繪成在海岸邊行走、愛孩子們、仁慈赦免罪人的主，而在新約最末一卷書中所描寫耶穌的形像，卻是充滿榮耀光輝！祂以威榮的權能統治所有的受造物。祂的外觀是那麼的宏偉，以至於祂所愛的門徒見到祂的時候，仆倒在地，好像死了一樣（啟示錄一：17）。

我們低估了自己所事奉的主！不理會神的話語，或是違抗神直接的命令，就是忽視神宏偉的天性。對人的懼怕，證明我們不瞭解那位與我們同行的可敬可畏之主。今日我們所事奉的基督，是所有被造物的主。祂比我們所想像那位溫和猶太教師更有威嚴、更有權能。

如果你正猶豫不決、難以順服基督，仔細看清楚啟示錄如何描繪祂。如果你被試探壓垮，祈求你心中那位權能的主。如果你已經忘記主的偉大與權能，以那位被愛使徒相同的眼光與主相遇。這次的相遇會戲劇般地改變你的生命！

常與主相交

我們將所看見、所聽見的傳給你們，
使你們與我們相交。
我們乃是與父並祂兒子耶穌基督相交的。
我們將這些話寫給你們，使你們的喜樂充足。

(約翰一書一章3～4節)

使徒約翰從未停止讚嘆自己與主的相交關係，他享受這份生命改造的關係。對他來說真是難以置信，在歷史某一段特別的時間，創造宇宙的真神居然選擇與他一個平凡的漁夫相交！他欣喜若狂，誠摯地想要分享自己的喜樂，好叫其他人也能享有相同的喜樂。那些與基督有個別關係的信徒，他們彼此之間有特別的情誼，也同為神的善良及仁慈而歡喜。

你身邊的人極度渴望由你最近與基督相遇的經驗，得到激勵。有些人已經失去真實經歷神同在的盼望，他們不需要你的哲理或神學推論，也不需要聽你告訴他們該怎麼做。他們需要聽的，是一個剛與活著的基督相交、且改變個人生命者的分享。當你親身經歷神，你也會像使徒約翰一樣難以自己，忍不住衝出去把遇見神的驚奇經驗，分享給其他人。你的責任不是去說服他人基督的存在，而是去見證主對你說的話及為你做的事。在世人注目的焦點下，再也沒有比親身經歷耶穌者的見證，更能打動人、說服人。

祂不愛惜自己的兒子

神既不愛惜自己的兒子，為我們眾人捨了，
豈不也把萬物和祂一同白白地賜給我們嗎？

(羅馬書八章32節)

如果你覺得自己無足輕重，所以神不在乎你，或者祂根本不聽你的禱告，那麼羅馬書八章32節能夠激勵你，這段經文向你保證天父對你無條件的愛。對天父來說，沒有任何人、事、物是太珍貴，以至於不能放棄來換取你的救恩。當祂賜下祂的獨生愛子來拯救你，祂再度證明自己無限的愛。

使徒保羅認為神為了我們的救恩，願意犧牲自己的愛子，豈不也把萬物白白地賜下，好照顧我們嗎？祂為了我們的永生，付上極重的代價，犧牲自己的獨生愛子，所以我們可以毫無所懼地相信，祂要賜給我們豐盛的生命（約翰福音十：10）。

神為我們在十字架付上極重的代價，我們豈不應該滿懷信心地朝見那恩典的君王？神對我們禱告的回應，不是基於我們的價值，乃是基於祂的愛與恩慈。我們對禱告的信心，不是建立於我們是誰，而是建立於祂是誰。我們向祂懇求的每件事中，沒有一件事比得上祂在十字架為我們付上的代價。

能夠確知神對我們的大愛，是多麼棒！我們可以滿懷信心與盼望，確信神不僅要賜給我們永生，也要幫助我們完全徹底地經歷祂！

神使祂負罪

神使那無罪的，替我們成為罪，
好叫我們在祂裏面成為神的義。

（哥林多後書五章21節）

這句經文應該使我們顫驚。身為基督徒，我們為自己的救恩心存感激，也為被收養成為神的兒女感恩。然而，我們卻永遠不能理解，耶穌為我們的罪付上何等可怕的代價，叫我們的罪得赦免，並且將祂的公義賜給我們。讓神無罪的愛子，背負全人類所有的罪惡，是多麼令人憎惡的事？這是甚麼樣的愛，使天父眼睜睜地看著自己的獨子，在十字架上忍受極度的痛苦？

先知以賽亞概述人類的情況：「我們都像不潔淨的人；所有的義都像污穢的衣服。」（以賽亞書六十四：6上）就算是大祭司約書亞在神的百姓中被高舉，他在神面前仍是穿著污穢的衣服（撒迦利亞書三：3）。使徒保羅在神面前竭盡全力追求公義，最後發覺自己費力討神歡喜的結果，只不過是一堆廢物（腓立比書三：4～10）。無論甚麼事，都不可能達到神對公義的標準，這是人類的困境。然而，恩典的奇蹟是神脫去我們污穢的衣服，給我們換上華美的義袍（撒迦利亞書三：4）。在這令人敬畏的調換中，神把人類眾罪放在自己公義愛子的身上。耶穌被視為與我們的罪同等，聖經上說神使祂替我們成為罪。神的聖子所付出的，不可能比這更多了！承受天父對祂所背負之罪的憤怒，比任何人類對祂的厭棄與肉體的痛苦，要來得更難忍受。

永遠不要把天父所賜的公義視為理所當然，永遠不要輕看你罪得赦免的恩典。要以配得祂公義的態度行事為人。

藉著默想改變

惟喜愛耶和華的律法，畫夜思想，這人便為有福！

（詩篇一篇2節）

默想是「不斷地深入思考某一件事」。對基督徒而言，默想代表持續地在神面前思索祂向我們啟示的真理，直到這真理成為生命中真實的個人經驗。這是需要花時間的。在山上，耶穌曾訓誡一些自稱是信徒的人，他們口中稱呼祂：「主啊，主啊」，卻不遵循祂的話（路加福音六：46）。他們頭腦空有正確的真理，卻沒有化知識為順服的行動。當你默想經文，真理會從你的頭腦流入你的心裏，然後產生了順服。正如同詩人所說：「我將祢的話藏在心裏，免得我得罪祢。」（詩篇一一九：11）

當你腦中知道神的話，卻不把那些話放在你的心裏，你只是學會一些關於神的原則、觀念與神學教義，你根本尚未親身認識耶穌。你能夠拒絕一條神學教義、漠視一個觀念，或是對一個原則有異議，然而，對一個人漠不關心則更困難得多。你可以有滿腦子的經文，卻仍做出得罪神的事。有些人可以背誦長篇的經文，卻仍然過著不聖潔的生活。你無論如何絕對不可能讓經文充滿你的心，卻又繼續得罪神。當神的真理觸及你靈魂的深處，聖靈會改變你，使你有耶穌基督的形像。不要只是讀聖經，要默想神的話，求祂改變你的心。

無盡的寶藏

我們有這寶貝放在瓦器裏，要顯明
這莫大的能力是出於神，不是出於我們。

（哥林多後書四章7節）

認識神並且讓神住在你心裏，是無價之寶。耶穌將這個價值比喻成完美的珍珠。收藏者要去變賣自己一切所有的，好去買這顆舉世無雙的珍珠（馬太福音十三：45～46）。在你的生命中，你與神的關係是無法衡量的價值。你可以經由基督，輕易得著神一切的智慧與知識的寶藏（歌羅西書二：2～3）。祂的愛現在充滿你。祂所賜出人意外的平安，必保守你的心懷意念（腓立比書四：7）。當耶穌住在你裏面，所有基督的豐富也都住在你裏面（以弗所書三：19）。

保羅把我們的生命與他那時代常用的瓦器，作一比較。不是瓦器本身有價值，而是瓦器裏的寶貝有價值。瓦器會出現缺口或是破裂，且會隨著時間的流逝毀損。但是沒有人對瓦器本身有興趣，大家在乎的是瓦器裏面裝的東西。保羅認為，我們最大的個人財產，是神放在我們心裏的寶貝。當人們看到我們，他們看到的是一個脆弱的、不完美的，且漸漸變壞的器皿。我們的肉體沒有一點值得稱頌讚美的，我們的外體漸漸朽壞（哥林多後書四：16）。惟有讓神充滿我們、更新我們的內心，人們才能看到那不能測度的寶藏。

不要在乎外貌與肉體的力量，因為那些都會漸漸朽壞。更確切地說，讓聖靈使你信服一個真理，就是：因著神與你同在，你心裏擁有無價之寶。

在最小的事上忠心

人在最小的事上忠心，在大事上也忠心；
在最小的事上不義，在大事上也不義。

(路加福音十六章10節)

嘉勉忠心的人。在你的一生，神會嘗試使你的信心成長。祂會不斷地領你走到你非信靠祂不可的境地。祂會領你到一個需要「微小」信心的處境。如果你能夠在微小的事上忠心，祂會領你到需要更大信心的處境。每一回你能夠更上一層樓地相信祂，祂會更多地向你啓示祂自己。你的信心與經歷神，是緊緊相連的。

分辨自己是否預備好，以便更多領受神啓示的最佳方法，是檢查你是否在神所交付的事上忠心。我們與神的關係有項基本原則：如果你在祂所交付給你的小事上忠心，你已經被交託更大的責任。如果你在小事上不忠心，祂不會交給你更多的重責。神給你的責任不會超越你目前對祂的信心與順服的程度。祂會把你帶回當初不忠心的事情上，直到你預備好要信任祂。以色列百姓不信任神能領他們進入應許之地，因此那世代的人不能與祂前往應許之地。

每回你相信祂，你就站在新機會的門檻，能夠更親密地認識神。信心的每一步將更加堅定你對祂的信心。更深、更親密地認識神，是祂公開的邀請。

死亡的毒鉤在哪裏？

死啊！你得勝的權勢在哪裏？

死啊！你的毒鉤在哪裏？

（哥林多前書十五章55節）

 世紀以來，死亡一直是我們殘酷、無情且頑強的敵人。不管你今世的身分地位多麼高、能力多麼強，或財富多麼豐碩，你仍然免不了一死。我們一旦出生，死亡就等著我們。許多人試圖研製長生不老的藥，但從來沒有一個人成功。

復活的事實為我們帶來一個真理，就是死亡已經被擊敗了！死亡不再是堅不可摧的敵人，因為基督已經進入地獄之門，徹底戰勝死亡。祂已經完全征服死亡，而現在祂保證祂的跟隨者，也就是我們，也能分享祂的勝利。基督徒不用懼怕死亡，基督已經先我們一步到天堂，並且祂也將接我們上天堂，與祂會合。死亡不能再控制我們，我們能夠自由地體驗神榮耀、神聖的同在。沒有任何疾病能擊敗我們，沒有任何災難可以剝奪我們的永生。死亡可能會暫時取走我們所愛的，然而，它也帶我們進入那最愛我們的主的同在。神的榮耀就是祂的同在。死亡──我們最大的敵人──已經變成工具，使信徒能夠體驗神的榮耀！

不要讓任何一絲對死亡的懼怕，妨礙你體驗豐盛的生命。死亡不能奪取你的永生，因為永生是神兒女的當然產業。耶穌在天堂已為你預備一個超過你所能理解的地方（約翰福音十四：1～4）。死亡只是一扇門，你有一天將經過此門通往天堂，領取天堂的獎賞。

抉　擇

那少年人聽見這話，就憂憂愁愁地走了，

因為他的產業很多。

（馬太福音十九章22節）

你的生命是你對神回應的總體表現。一旦神讓你認識祂，你所要做的下一步，是你自己的選擇。你的反應表現出你的信心。那個年輕的少年官品性端正，遵守經上所有的誡命。然而，由他對耶穌邀請的反應顯示出，他雖然擁有滿腦子關於神的教訓，卻從未親身經歷神自己，以信心回應神的邀請（馬太福音十九：16～22）。

不管主甚麼時候對你說話，你需要調整自己的生活。這個真理會使你的禱告生活充滿熱情。每回你禱告，務要察覺神是否回答禱告，祂是否向你指示祂的旨意。知道神的指示後，你一定要立即調整自己的生活。每回讀經，你心裏一定要願意遵行神的指示。

神為甚麼重用彼得、雅各、約翰，使他們的世界天翻地覆？為甚麼其他人，像那富有的少年官就不再被提起呢？抉擇！門徒選擇相信，他們以行動證明自己的順服。那富有的少年官並沒有順服，聖經上記載著他就「憂憂愁愁地走了」。你與那富有的少年官面對一樣的問題，你願意調整自己，好能夠積極地回應基督嗎？

眞理是祂

門徒來叫醒了祂，說：「夫子！夫子！我們喪命啦！」
耶穌醒了，斥責那狂風大浪；風浪就止住，平靜了。
耶穌對他們說：「你們的信心在哪裏呢？」

(路加福音八章24～25節上)

真理是有位格的，它不是一種觀念。耶穌說祂是眞理(約翰福音十四：6)。也就是說，除非能先聽從耶穌，你永遠不會瞭解自己的眞實處境。門徒以爲自己快要喪命在暴風雨之中。他們是漁夫，所以瞭解海洋，也清楚自己的處境。他們觀看四周的環境，相信自己快要喪命的「眞理」。但是他們錯了，眞理就睡在他們的船尾！

因爲門徒中有些人是漁夫，他們寧願相信自己專業知識的判斷與智慧，卻沒有認清只有耶穌知道他們眞正的處境。有時候，人類在生活某方面的知識使我們盲目，對自己極度渴望聽到眞理的需要，竟然視而不見。

當耶穌開口，門徒就看到自己眞實的處境。風浪平靜了！門徒曾經眼見耶穌行過許多神蹟，但是從未見識過祂的大能居然戰勝大自然。我們的反應常常很像門徒們。我們可能最近才經歷神大能的作爲，過去也可能經歷過無數次的屬靈勝利。然而，當一個新的驚恐情況出現時，我們照樣極度恐慌地大叫：「主啊！救我！我受不了，要喪命啦！」這時，神會提醒我們祂的供應，說：「我照樣能控制整個情況，經過這件事，你將會更認識我。」

你是否以懼怕取代信心？如果你是如此，要有被神斥責的準備。

神的道路非同於你的道路

你們要謹慎，恐怕有人用他的理學和虛空的妄言，不照
著基督，乃照人間的遺傳和世上的小學就把你們擄去。

（歌羅西書二章8節）

鼓勵基督徒要「現實點」，是個狡猾的試探。也就是，他們以人的方式來做神的工。「要有果效」變成事奉的主要重點。我們看起來好像相信自己可以不擇手段，只要能夠達到目的就好！不要迷失在世俗的道理之中。我們仔細查考神的話，發現方法有時比結果來得重要。世界想要說服你，只要你能夠為神國完成某一事業，其他都無關緊要。舉例來說，亞拿尼亞和撒非喇奉獻一大筆錢。這本是一件美事，然而，他們卻以欺詐的方式奉獻。神立即判決他們，不是為了他們做了甚麼，而是為了他們是怎麼做，而審判他們（使徒行傳五：1～11）。

撒但想要以同樣的方式陷害耶穌。撒但沒有質問耶穌工作的價值，牠僅提供了一些「實際」的解決方法，以更有效率、更有經濟效益的方式，來達到耶穌的目標。然而，神的方法非同於人們的方法。「效率」是人類的觀點，卻不是神所重視的。讓以色列百姓繞耶利哥城十三圈，再吹號角，然後城牆才倒塌（約書亞記六章），這可是一點也沒有效率！選擇耶西最小的兒子作下一任的國王，似乎不太有智慧，但神看的是人的內心（撒母耳記上十六：11）。乍看之下，耶穌挑選那十二門徒似乎不合邏輯，然而神藉著他們戲劇化地影響了他們的世界。

企圖以人的方法做神的工，是沒有智慧的。這是長久以來的試探，外表看起來似乎很有道理，卻往往與神的目標對立。

吩咐火從天降

祂的門徒雅各、約翰看見了，就說：
「主啊，祢要我們吩咐火從天上降下來燒滅他們，
像以利亞所做的嗎？」

（路加福音九章54節）

雅各和約翰被稱為「雷子」。當他們發現撒馬利亞的一個村莊不願接待耶穌，他們準備要吩咐火從天上降下來滅盡他們！也許他們認為藉著這大能的展現，福音能夠被廣傳。他們兄弟倆願意犧牲整個村民的性命，來換取福音的傳播。結果，耶穌斥責他們。

後來，使徒們聽說撒馬利亞人領受了神的道（使徒行傳八：14）。誰被差遣去幫助他們領受聖靈？不就是彼得和約翰！神的目的不是要摧毀那些人，而是要拯救他們。神選擇不從天上降火，而由天上降下聖靈的甘霖給那些村民。當約翰看到這些他原想滅命的村民時，腦海中在想甚麼？當初他想燒滅這些村民，現在卻為他們的得救而歡欣。他一定很感激耶穌當初禁止執行他的計畫。

人類的思想與神的思想，有何等大的分野啊！人類的想法會毀滅整個村莊，神的計畫卻是帶來救恩。人類由神那裏得來的好處，遠比你的最佳計畫要豐盛多了。人們求助時，你是否只是單單提供自己的對策，以暫時滿足他們，卻沒有提供他們神的計畫？

你爲甚麼哭？

天使對她說：「婦人，你為甚麼哭？」

（約翰福音二十章 13 節）

抹大拉的馬利亞還清楚記得耶穌拯救她脫離魔鬼捆綁那天的情景。從那天起，她成爲耶穌忠心的跟隨者（路加福音八：2）。她親眼看祂醫治病人和教導人們神的愛。當她經歷與耶穌同在的喜樂，她的生命改變了。

後來，她的世界似乎整個瓦解了！她的主被拘捕，且被粗暴地處死。在這星期開始的時候，那些呼叫「和散那」的群眾，在週末時卻喊著：「釘祂十字架！」最後，更令她受不了的是，當她前去膏墳墓中耶穌的身體時，她看到墳墓居然是空的。很明顯地，有人偷了耶穌的屍體。當她沮喪地大聲哭泣時，天使一針見血地問她：「你爲甚麼哭泣？」她正站在空墳墓的前面！耶穌已經復活了，誠如祂當初所應許的！知道耶穌復活，使她對整件事有全盤的認識，馬利亞喜樂地跑去分享這大好的消息。

基督徒的生活不總是輕鬆如意的，我們有與耶穌快樂同行的時刻，也有面對環境看來很不合理的時候，也許你的世界似乎快要崩潰。世人嘲弄你的主，可能使你愈來愈沒勇氣。在那些時候，你需要凝視那空墳墓。這個被拋棄的空墳墓帶給你希望，因爲那空墳墓就是你的生命，是由復活主而來的記號。那空墳墓應許你，沒有一件事能夠擊敗主的目標，就算是死亡也不能夠勝過主。你是否仍在空墳墓旁哭泣呢？

我信不足，求主幫助！

孩子的父親立時喊著說：

「我信！但我信不足，求主幫助。」

（馬可福音九章24節）

無知不可能產生信心，信心乃是建立於我們的認識。在我們相信他人會送給我們寶貝時，先要搞清楚他是否值得信任。這位父親要求能更深認識神，好叫他相信主能夠拯救自己的孩子。

他的兒子從童年就被魔鬼附身。這位父親不夠認識耶穌，但是他曾經聽聞過，也親眼見過，他知道如果自己的兒子還有救，除了耶穌以外，沒有任何人有辦法。他拚命地求耶穌幫助。結果，耶穌醫治了他的兒子。這位絕望的父親雖然信心不足，他仍然正確地把問題帶到耶穌的面前。

當你自覺很難有信心的時候，這不是你迴避耶穌，或者為自己的掙扎羞愧的時候。若不靠耶穌，你的信心永遠不可能增加！耶穌願意幫助你、增加你的信心。祂不僅能夠滿足你的需要，也能夠賜給你信心，要相信祂的供應。

如果你正在掙扎，不確定神是否能夠供應你所需，這是因為你不瞭解祂。祂願意你去認識祂、尋求祂，讓祂使你信服，祂能滿足你一切的需求。

沒人能禁止你

其中惟有嫩的兒子約書亞和
耶孚尼的兒子迦勒仍然存活。

（民數記十四章38節）

他人的決定與不順服，不會廢除神在你身上的旨意。其他人的行為會影響你，但沒有人能夠阻止神在你身上的作為。約書亞和迦勒相信神，然而，因著其他人的懼怕與悖逆的連累，他們被迫在曠野漂流四十年。

你是否曾經覺得某人阻撓了神在你身上的旨意？也許是某人阻擋你得到一份新工作，或擋住你升遷的機會。也許政府不批准你的申請，或委員會不同意你的建議。你是否相信人真的可以阻撓神成就在你身上的計畫？

神的旨意行在約書亞和迦勒的身上。祂給他們主要的任務，不是進入應許之地，而是作屬靈的領袖，來事奉那些百姓。約書亞和迦勒不可能自己置身於應許之地，而同時又帶領那些漂流曠野的百姓。神把領袖們放在一個位置，好叫他們在自己國家的百姓中，可以發揮屬靈的影響力。結果他們成為後世後代屬靈領袖的榜樣。就算如此，神最後還是把約書亞和迦勒帶入應許之地，誠如當初祂自己所應許的。他們的確延遲了進入應許之地的時間，但是他們沒有受到阻撓。要記住：沒有人能夠阻撓神成就在你身上的計畫。凡神所謀定，必作成，沒人可以阻擋祂的計畫（以賽亞書四十六：11）。

給第二次機會的神

你們可以去告訴祂的門徒和彼得，說：
「祂在你們以先往加利利去。在那裏你們要見祂，
正如祂從前所告訴你們的。」

（馬可福音十六章7節）

神是否給失敗者第二次機會呢？祂就是這樣對待彼得的。彼得當初驕傲地告白自己是耶穌最忠實的信徒（馬太福音廿六：33）。然而，彼得不僅在那危急存亡的一刻，與門徒四散逃跑，也厚顏無恥地否認自己認識耶穌（馬太福音廿六：69～75）。彼得失敗了，他悲慘地跑到外面痛哭（路加福音廿二：62）。

復活的主是多麼地憐憫彼得！在墳墓旁的天使給那幾個婦人特別的指示，好叫彼得知道耶穌已經復活了。耶穌還特意把彼得帶到一旁，讓彼得再次肯定自己的愛與獻身（約翰福音廿一：15～17）。復活主也選擇彼得作五旬節的主要發言人，那天門徒的數目約添了三千人。

神想要領你由現在的地方，到祂要你去的地方。當祂找到祂受挫的門徒時，耶穌第一句話是：「願你們平安！」（約翰福音二十：19）當你失敗，令耶穌失望時，祂對你說的第一句話也是：「願你們平安！」耶穌會在你沮喪時帶給你平安。然後，祂會讓你再次兩眼朝向祂，你會相信祂並跟隨祂。如果你使你的主失望，不要灰心，牢記在彼得身上所發生的事。神尚未把你訓練成門徒呢！

認識神

你們查考聖經，因你們以為內中有永生；

給我作見證的就是這經。

然而，你們不肯到我這裏來得生命。

（約翰福音五章39～40節）

查經不會給你永生。你可以背誦整本聖經，及討論聖經學者的研討課題，卻從未經歷聖經的真理。人喜歡書過於書的原作者，實在令人不可思議。書不會當面質詢你的罪，但作者會。你能漠視書，卻很難拒絕那位想要與你溝通的作者。

耶穌時代的法利賽人以為神喜悅他們對聖經的知識，他們能夠引用又長又複雜的經文，且喜愛背誦經文，常一連好幾個小時地研究神的律法。然而，耶穌強烈譴責他們，因為他們雖知律法，卻不認識神。他們以自己的聖經知識為傲，卻拒絕邀請去認識神的兒子。

你能夠想像自己明知神對你此生所有的應許，卻埋頭做其他的事？你可能正要轉向追求那些替代品。那些替代品也不見得是壞事，它們可能包括在教會事奉、做好事，或者讀幾本屬靈書籍。沒有任何基督教活動，可以替代你與耶穌的關係。當使徒保羅把自己所做的每一件「好事」與認識耶穌比較，他把那些好事當作「廢物」（腓立比書三：8）。永遠不要為了有宗教活動就心滿意足，要以建立與耶穌基督個人心靈悸動的成長關係為至寶。

膏耶穌的腳

馬利亞就拿著一斤極貴的真哪噠香膏，抹耶穌的腳，
又用自己頭髮去擦，屋裏就滿了膏的香氣。

(約翰福音十二章3節)

馬利亞似乎被吸引到耶穌的跟前。在所有耶穌的跟隨者中，馬利亞是那一位去膏抹耶穌腳的人，這並不令人訝異。門徒們似乎也有同樣的機會，可以表達自己的愛，但他們的驕傲阻擋他們向耶穌表達愛意（約翰福音十三：12～13）。馬大也願意服事，可是她與耶穌的關係卻異於馬利亞的。當馬大為了伺候耶穌，在廚房忙碌時，馬利亞正喜樂地坐在耶穌跟前，聆聽祂的道（路加福音十：38～42）。因為馬利亞是如此認識及愛上耶穌，她自然能夠謙卑自己，強烈地向耶穌表達愛意。如此深刻與誠摯的愛，只有從與耶穌親密的關係，才能培養出來。

我們向耶穌表達愛意的方式，取決於我們與神的關係。除非花時間與祂在一起、傾聽祂的聲音、體驗祂的愛，我們對祂的愛不可能成長。如果發現自己對耶穌的愛減退，或者心裏有掙扎不想服事祂，這對我們是一個清楚的指標，告訴我們應該要多花時間到耶穌跟前。我們可能十分活躍於基督教的活動，卻忽略了與祂的關係。在花時間與主親密地相交、聆聽祂的聲音、接受祂的大愛之後，我們自然預備好要事奉祂。只要是祂的旨意，即使是付上生命的代價，也在所不辭。

提防亞瑪力人！

又說：「耶和華已經起了誓，
必世世代代和亞瑪力人爭戰。」

（出埃及記十七章16節）

亞瑪力人是以色列人最頑強、最冷酷無情的敵人。當以色列人要進入應許之地，亞瑪力人擋住他們的去路（出埃及記十七：8～16）。在以色列人進入應許之地，正享受神的賜予時，亞瑪力人聯合米甸人，在基甸的時代前來攻打以色列人，令以色列人痛苦萬分（士師記六：3）。是亞瑪力人造成掃羅王的衰敗（撒母耳記上十五：9、28），亞瑪力人一直阻撓以色列人長進，劫掠神對以色列人的祝福。因此，神立誓要世世代代和亞瑪力人為敵。

當你與神同行天路的時候，會有「亞瑪力人」使你分心，並且要擊敗你。神決意挪走任何阻撓你體驗祂的完全之攔阻。如果你對工作的投注使你不順服神，祂會向你的工作宣戰。如果任何一種關係、物質或破壞性的行為，使你不順服神，祂會無情地與它為敵。世上沒有一件事對神來說是太寶貴，以致讓它攔阻祂在你身上的旨意。神會與它公開為敵。掃羅王以為自己可以憐惜亞瑪力人，又同時能滿足神的旨意（撒母耳記上十五：8～9）。你可能猶豫不決，不想除去任何使你妥協及不順從神的人事物。不要與掃羅王犯同樣的錯誤，他沒有認真看重亞瑪力人這件事，以至於損失慘重。

屬靈的持續力

以利亞對亞哈說：「你現在可以上去吃喝，
因為有多雨的響聲了。」

（列王紀上十八章41節）

當你尋求遵循神的旨意的時候，「成功」會轉移你的注意力。以利亞主要的任務是預告旱荒的開始與結束（列王紀上十七：1）。神要以利亞向亞哈王宣告旱荒的原因，是百姓不敬拜眞神，反而拜偶像。在以利亞執行任務期中，有一件場面壯觀、戲劇化的事情發生。以利亞與巴力的先知們對決，吩咐火從天上降下來，並且殺了幾百名巴力的先知。這是聖經記載有關神施展的大能中，最令人肅然起敬的事蹟之一。以利亞可以單單專注於這件事。火從天降要比下大雨來得神奇多了！

當一些神奇的事發生時，我們很容易被引入歧途。如果以利亞活在今日，他可能開始一個「火從天降」事工！戲劇化的事物遠比平凡的事物，來得有吸引力。消滅幾百位巴力先知，是任何先知最高的勝利。然而，以利亞繼續持守他的任務，他宣告將來的大雨。這是他主要宣告的信息。

如果不注意，你可能會被勝利沖昏了頭，沒有完成神原來指定你的任務。你今日的成功，是否變成你明日的不順服？

活　水

因為我的百姓做了兩件惡事，

就是離棄我這活水的泉源，

為自己鑿出池子，是破裂不能存水的池子。

（耶利米書二章13節）

基督徒的生活應該沒有「靈性枯竭」的時刻。神說祂在信徒的生命中，像一口自流源泉。自流源泉是由地底深處湧出的水泉，是清涼、解渴、新鮮、永不停止、永不再渴。這是一個擁有聖靈內住、靈性更新者的寫照。

你是否曾聽過有人說自己正面臨靈性枯竭的基督徒生命？他們是怎麼說的？他們是否說，神缺水不能解決他們的靈性問題？你不應有這種念頭，就算你心中的活水泉源變成了涓涓細流，也不需找遍全國，企求靈性更新的泉源。研討會、退修會和書籍，的確可以激勵人，但你若是一個基督徒，活水泉源就在你的心裏。

你是否把活水泉源換成破裂、不能儲水的人工池子？你為甚麼把自流源泉換成貯水池呢？自流源泉永遠不會枯竭，破裂的池子會枯竭。如果你現在正面對靈性枯竭，是否因為你正試著在人工池子中，找尋屬靈精力的泉源？每回這個人工池子都叫你失望。耶穌邀請你：「人若渴了，可以到我這裏來喝。」（約翰福音七：37）你是否被活水更新？這活水只有耶穌能夠給你。

屬靈的糧食

耶穌說：「我就是生命的糧。
到我這裏來的，必定不餓；信我的，永遠不渴。」

(約翰福音六章35節)

找們知道如何以糧食滿足自己的肉體。肚子餓了，我們就去吃。你是否也是如此對待你的靈性？耶穌說，如果相信祂，我們永遠不會有靈性的飢餓與營養不良，因為祂說自己是「生命之糧」。每當有靈性的需要，我們就單純地來到耶穌面前，讓祂滿足我們。

我們的問題是有時以自己的經驗解釋聖經。我們說：「是的，我們曾經靈性飢渴過。」如果真是如此，不是神沒告訴我們真理，就是我們誤解自己的經驗。我們是否可能以人為的辦法，來滿足靈性的飢渴？我們是否太倚靠朋友與他人的經驗，卻從未學習來到耶穌面前，讓祂供應屬靈食物？我們是否多年前曾享用屬靈豐盛的筵席，以為飽嚐了基督就不需再吃？我們愈來愈瘦、愈來愈餓，因為我們還靠著多年前朝見神時的供應。靈性若有缺乏，不是因為神沒有為你預備豐盛的資源，乃是因為你沒有以信心回應神的邀請(約翰福音十：10)。

當神在曠野賜下嗎哪時，以色列兒女需要每天出去拾取神每日的供應。耶穌教導祂的門徒如此禱告：「我們日用的飲食，今日賜給我們。」屬靈的營養需要你日日追求，你今天是否已經找到屬靈的糧食呢？

常在葡萄樹裏

我是葡萄樹，你們是枝子。

常在我裏面的，我也常在他裏面，這人就多結果子；

因為離了我，你們就不能做甚麼。

（約翰福音十五章5節）

有些人以為一定要不斷努力事奉主，才能夠滿足神的高標準。耶穌清楚地說明，我們跟祂之間應該是甚麼關係：祂是葡萄樹，是我們生命的源頭；我們是枝子，是結果子的地方。當我們得到耶穌的生命，我們的生命自然結出果子。

當我們熱誠地為主結果的時候，我們急切地要結果子，而忽略了住在基督裏。然而，耶穌說，不是我們的活動結果子，乃是我們與祂的關係結果子。

耶穌慎重地警告門徒，祂要他們小心自己遠離與祂的親密關係。若是如此，他們會發現自己停止結有意義的果子。他們可能為了神的國度卯足全力，卻停止與神建立親密的關係，他們發現自己不過是不結果子的枝子。耶穌行過最引人注目的一件事，是咒詛一棵不結實的無花果樹（馬可福音十一：14）。你是舒適地住在基督裏，還是沒耐性、馬不停蹄地參與許多活動？如果你與耶穌維持穩固的關係，大豐收是自然的結果。

知　足

我並不是因缺乏說這話；
我無論在甚麼景況都可以知足，
這是我已經學會了。

（腓立比書四章11節）

世界鼓勵我們不要以目前的生活為滿足，我們不斷被砲轟、被說服要擁有更新、更好的生活，彷彿只要擁有它們就不枉此生！如果我們聽從世界的聲音，我們會不斷地與人比較生活時尚與財產多寡，並且我們總是不滿足。倘若我們的滿足建立在財產、活動和世人之上，這些人事物都可能被改變或挪去。然而，如果我們的滿足是建立在自己與基督的關係之上，我們的滿足是絕對不會被奪走的。

保羅曾享受人群的權力和地位，也曾被關進牢房、被拘禁及鞭打。他曾經站在王的面前，也曾經險遭暴民用石頭打死。保羅曾經享受生活的好處與樂趣，但他放棄一切所有，單單被神的喜樂所充滿。他的知足不是取決於環境，而是倚靠與基督的關係。

知足能使你自由地享受神賜予的所有美好事物。知足表露出你對神的信任，你相信神愛你，祂總為你的好處著想。不知足是由於不知感恩的罪，以及缺乏信心，相信神的大愛足以滿足一切所需。要為神所賜的一切心存感謝，感恩的心是沒有嫉妒的餘地。

道 路

耶穌說：「我就是道路、真理、生命；
若不藉著我，沒有人能到父那裏去。」

(約翰福音十四章6節)

如果每日與神同行，你不需要尋求神的旨意，因為你已行在其中。如果每日謹守順服、與神同行，你總會行在神的旨意中。聖靈的職責是一步一步地引導你走在神的旨意之中。每日緊密地與神同行，保證你會正確地走在神要你走的路上。若完全拒絕聖靈的能力在你身上運行，你可能會離開神的旨意。

門徒從來不需要問耶穌自己接下來要往哪裏去。他們只要看耶穌往那兒去，跟著走就對了！耶穌是他們的「道路」。只要擁有耶穌，他們不需要地圖。我們常常寧願自己擁有一份將來的地圖，而不要依靠與「道路」的關係。執行一個計畫，似乎比培養一份情誼，要容易得多。我們可能會十分關心自己的未來，而忽視今日與神同行。

耶穌永遠不會給你一個代替品來替代祂。祂是到達天父那兒惟一的道路。這就是清楚明白神對你說的話，是那麼重要的原因了（以賽亞書三十：21）。如果已經迷失方向，你不會瞭解神所啟示的新作為。如果想要知道神的旨意，花時間培養與耶穌的關係，並且學習分辨祂的聲音。祂十分樂意指引你前面的道路。

耶穌是你的門

我就是門；凡從我進來的，必然得救，

並且出入得草吃。

（約翰福音十章9節）

身為基督徒，我們認為神「打開門」是顯明祂旨意的其中一個方式。我們要求神巧妙地策劃我們的環境，好得著自己認為最好的情況。問題是我們誤解門的意義。耶穌說祂是門，與環境毫不相關，因為沒有一個人能夠關掉耶穌所開的門（啟示錄三：8）。如果你已經以活動代替與神的關係，環境會使你的活動陷入混亂。當你的活動受阻，你可能會以為這道門被關閉。然而，基督是你生命之門，祂會指引你去體驗祂要你經歷的事。沒有任何人可以阻止祂。

當保羅與西拉在腓立比被打下監獄，他們在希臘事工的門，似乎會在暴力中被緊緊關閉（使徒行傳十六：22～24）。然而，他們真實的處境是主為他們開了一扇門，向過去難以接觸的監獄囚犯傳福音。這位腓立比獄卒和他的全家，成為腓立比新教會的重要核心份子。從人類的角度來看，一扇門關了；從神的角度來看，卻是保羅與西拉正確地在神要他們去的地方傳福音。

當人們敵對我們，我們可能會變得失去勇氣，或者是擔心其他人會怎麼對付我們。我們可能想要靠自己的雙手，去完成自己認為神所交付的使命。這顯露出我們並不是真的相信耶穌是生命的門。如果真的相信，我們會確信自己藉著基督，可以完成所有祂交付的使命。

基督徒的門徒訓練

我們傳揚祂，是用諸般的智慧，

勸戒各人，教導各人，

要把各人在基督裏完完全全地引到神面前。

（歌羅西書一章28節）

門徒訓練是將你與基督所有的關係，轉換成你與周遭人的關係。門徒訓練不是屬靈訓練的授與，而是使人去熟悉那位你所愛的人。保羅說，他要全力教導並鼓勵神在他生命中所帶來的人，都能完完全全地經歷基督（歌羅西書一：29）。他不以人們部分像耶穌就心滿意足。直到周圍的人能夠完完全全、完美地在基督裏，他才肯罷休。也就是，聖靈的果子能夠全然彰顯在每個生命中，使每個人的生命都反映出基督的特質（加拉太書五：22）。

我們可能把參加基督教的宗教活動，誤以為擁有基督榮美的因素。基督教宗教活動與像基督是兩碼事。我們決不可因為朋友去教會和讀聖經，就假設他們是成長中的基督徒。

基督宗教活動是你與基督關係的重要表達。它們可以領你進入一種關係，然而，這裏的危機是：你會假設自己的宗教活動就是那個關係。如果你只是鼓勵周圍的人參加基督教宗教活動，那麼你並沒有像保羅一樣「門訓」他們。如此一來，你會使你的基督徒伙伴，誤以為基督教宗教活動等於基督徒的成熟。除非你周圍的人變成「完美」的基督徒，你才能罷休。如果神將一些新基督徒交付你照顧，你有義務「與他們在一起」，直到他們變為成熟的基督徒。

為他人受苦

現在我為你們受苦，倒覺歡樂；
並且為基督的身體，就是為教會，
要在我肉身上補滿基督患難的缺欠。

(歌羅西書一章24節)

事工必得付上昂貴的代價。當天父要由罪中拯救祂所創造的人類，祂發現除非犧牲自己的兒子，別無他法(羅馬書五：8)。聖經赤裸裸地描寫救主為我們的救恩所付上的代價：「祂被藐視，被人厭棄；多受痛苦，常經憂患……。」(以賽亞書五十三：3)如果基督是你事奉的榜樣，為了他人的利益，你不能拒絕上十字架。我們的主付上昂貴的代價，才換取救恩。如果「背上自己的十字架」跟隨耶穌，是要把救恩帶給你周圍的人所付的代價，那麼我們一定要預備與祂一同邁入受難之地。

如果要把人帶到基督的面前，一定要甘冒被人拒絕之險，就像我們的恩主從前一樣。人們可能會令我們失望，誤解我們的動機，甚至藐視與迫害我們。祂並沒有讓痛苦阻止自己完成神救恩的計畫，把救恩帶給那些神所愛的人。對天父的愛是祂願意付出代價的動力。你是否正在神所呼召你的事奉中，陷入苦境？你是否開始懷疑自己付的代價太高？花時間思考神為你的救恩所付出的代價。你是否因著為祂付這代價而高興呢？你難道不願意為了加入祂的事工，而付上必要的代價，把救恩帶給你周圍的人們嗎？

爲了主，不是爲了人

無論做甚麼，都要從心裏做，

像是給主做的，不是給人做的。

（歌羅西書三章23節）

爲神而做與爲人而做之間有很大的區別。神值得我們竭盡全力事奉祂。人會令我們失望、背叛我們、忽視我們，和苛待我們。有些人不斷地要求我們給予，卻吝於回報。以人的角度來看，這種人不值得投注時間與精力交往。除了愛神以外，服事人的動機是甚麼？神值得我們全心全意地愛祂，祂要求我們要愛其他人，像祂愛他們一樣。我們愛自己的配偶，不是因爲他值得我們愛，乃因爲這是神的命令（以弗所書五：22～33）。不是因爲朋友怎麼待我們，就怎麼回報他們；而是因爲神愛我們的緣故來待他們（約翰福音十三：14）。我們努力工作，不是根據雇主怎麼對待我們，乃是根據神如何待我們。神是我們事奉的對象（以弗所書六：5）。

平庸與懶惰不得在基督徒的生活佔一席之地。基督徒無論在家或在工作場所，一定要持守正直。在思考神爲我們所付出的前提之下，爲神作工改變了我們爲他人作工的看法。我們的勞苦乃是奉獻給神。不只是週日在教會敬拜神，我們一整個星期的勞苦，都是爲了向那厚賜我們一切的真神獻上感恩的敬拜。當人們沒有達到我們的期望，我們自認爲白費工夫時，要牢記自己是爲聖潔的神辛勞作工。祂配得我們全心全意地努力。

神完全的保護

我與他們同在的時候，

因祢所賜給我的名保守了他們，我也護衛了他們；

其中除了那滅亡之子，沒有一個滅亡的，

好叫經上的話得應驗。

(約翰福音十七章12節)

沒有一件撒但做的事能夠使你懼怕(提摩太後書一：7)。耶穌挑選出天父所賜給他的十二位門徒，並小心地護衛他們不受惡者的侵害。耶穌差遣祂的門徒進入危險的困境，然而，祂為他們禱告，祈求天父的大能完全保守他們脫離那惡者(約翰福音十七：15)。

同樣地，耶穌說我們是祂的羊，是牢牢地掌握在天父強壯的手中(約翰福音十：28)。沒有一個地方比在全能神的手中更安全，你相信嗎？還是你害怕撒但或別人怎麼對付自己？使徒約翰鼓勵我們不要懼怕：「因為那在你們裏面的，比那在世界上的更大。」(約翰一書四：4)這不只是神學上的觀念，更是一個讓你完全放心的事實。這不只是一個默想家人安全的真理，而是一個應許，讓你在面對逆境或世人威脅時，能緊緊握住的應許。

你的作為透露出你的信仰。如果你過的是懼怕、充滿憂慮的日子，不管你嘴巴怎麼說，你已經證明自己對神的護佑沒有信心。你要有信心，相信耶穌不斷地為你向天父代求。如果你完全相信祂，你不會有任何懼怕。

基督的喜樂

現在我往祢那裏去，我還在世上說這話，
是叫他們心裏充滿我的喜樂。

（約翰福音十七章13節）

倘若說基督徒的生活要有與眾不同之處，那應該是喜樂！耶穌屢次向門徒提及，祂自己的喜樂完全充滿他們。當門徒瞭解，自己是神的兒女及與基督同作後嗣的身分，他們充滿喜樂（羅馬書八：16～17）。他們原本是死在自己的過犯之中，現在在基督裏卻是活著（羅馬書六：4）。他們本來是無望的死囚，如今死亡已不能再威脅他們了（哥林多前書十五：55～58）。門徒擁有如此奇妙的基督救恩，怎能不喜樂呢？

不要拒絕自己是神兒女的身分。不要滿足於沒有喜樂的生活，每個基督徒都應該擁有基督內住的喜樂，這喜樂是任何生活環境不能奪去的。然而，惟有你允許聖靈在你的生活中彰顯祂自己時，你才能得著這種喜樂。聖靈果子的其中一個特質就是喜樂（加拉太書五：22）。喜樂不像快樂，快樂由世事而生，喜樂則洋溢在你做的每件事情上。

耶穌並沒有為你僅僅享有快樂、或是免除憂傷而禱告。祂為你祈禱，要讓你擁有天父所賜給祂的喜樂。這份喜樂是一種神聖的喜樂，是由你與天父深刻而穩固的關係，所培養出來的。這份喜樂是堅固地植根於你與天父的關係，沒有任何環境的改變可以動搖它。基督為你所禱告的是讓你擁有這種喜樂。

神帶你歸向祂

我向埃及人所行的事，你們都看見了，
且看見我如鷹將你們背在翅膀上，帶來歸我。

（出埃及記十九章4節）

神拯救以色列的兒女脫離埃及，並不是叫他們能夠享受應許之地。祂釋放他們的捆綁，好叫他們能夠認識神與敬拜神。在他們離開埃及三個月後，祂提醒他們，祂像鷹一樣將他們背在翅膀上、拯救他們的原因。祂的目的是爲了帶領他們歸向祂。也就是神拯救他們，爲了要讓他們享受與自己親密的關係。那些以色列人一直是奴隸，沒有敬拜神的自由。現在，在自己的土地上，他們可以自由地認識與敬拜上帝。神的呼召不是要毀滅迦南地那些拜偶像的國家，也不是要他們安居於自己所征服之地，更不是要建立一個新的國家——雖然這一切也都被成就了。更確切地說，神呼召他們成爲一個愛祂、敬拜祂的民族。因著祂的拯救，他們認識祂是全能且富憐憫的神。他們現在可以自由地回應祂。

我們往往是行動取向，常假設自己得救是爲了執行某項事工，而不是享受關係。祂使用我們的活動或環境，把我們帶到祂的面前。倘若神交付我們只有神能解決的重任，我們會脫離親近祂及倚靠祂的軌道。相反地，倘若神允許我們經歷危難，我們會更親近祂。

如果不小心，我們可能會不自覺地忽略與神的關係，好能夠繼續我們的活動。當你忙於神的事工時，要記得神要給你的是要領你更親近祂的體驗。

我　是

神對摩西說：「我是自有永有的」；
又說：「你要對以色列人這樣說：
『那自有的打發我到你們這裏來。』」

（出埃及記三章14節）

當摩西在燃燒的荊棘前面遇見神的時候，他還有許多地方需要更認識主。他眼前的神蹟令他驚嘆不已（出埃及記三：3）。然而，帶領以色列人掙脫當代最強盛的國家——埃及——的俘虜，其困難度可是比行燃燒荊棘的神蹟要困難得多。那位使荊棘燃燒卻不燒毀的神，是否有足夠的能力拯救這麼一大群群眾呢？

神的答案是：「我是。」也就是：「摩西，我能提供你所有的需要，好完成我給你的任務。倘若你需要神蹟使法老王信服，我就會以神蹟來彰顯我自己。倘若你要我中斷大自然的規律，分開紅海，我就如此行，來證明我自己。倘若你需要食物與水，我就是你的供應者。倘若你害怕，我就是你的力量。」

在摩西與神同行之初，摩西對自己需要神做甚麼，一點也沒有概念。但每回摩西有需要，他對神就有新的認識。摩西漸漸地瞭解，神的能力比起行荊棘燃燒卻不燒毀神蹟的能力，要強得多。要是當初摩西被燃燒荊棘的神蹟給迷住，在那個地方建立聖殿，叫「燃燒荊棘教會」，他將失去許多經歷神的機會！回想第一次與神同行時對祂的認識，如今你的經歷是否擴展你對祂的認識？

安於奴隸的現狀

就向他們說：「願耶和華鑒察你們，施行判斷；
因你們使我們在法老和他臣僕面前有了臭名，
把刀遞在他們手中殺我們。」

（出埃及記五章21節）

人可能安於奴隸的處境，一點也不想為自由付出任何努力。希伯來人作埃及人的奴隸，已有四百年之久。奴隸的身分代表他們沒有自由做神要他們做的事，也沒有行動自由。摩西已經告訴以色列人如何得到自由，但比起討神的歡喜，他們更關心工頭的反應。對他們來說，得到自由意味著激怒他們所事奉的法老王！也就是，他們一生所事奉的埃及人，可能會攻擊他們。由奴役中被釋放得到的自由，似乎不值得他們耐心忍受那不可避免的艱苦。

當神釋放我們得自由時，我們通常得付出代價。哀傷可以是捆綁的另一個形式，然而，我們可能愈來愈安於奴隸的現狀。我們可能安於恐懼的生活，卻不曉得如何安心度日。照著毀滅性的惡習與罪惡的生活方式，我們可能比較喜歡熟悉的環境，而不願去經歷被釋放後的未知。我們可能已明白地認出朋友的壞影響，卻情願拒絕神的心意，不願得罪我們的朋友。

這個情形實在令人難以相信，以色列人居然因為摩西改變他們從小的奴隸生活，而心生不滿。你是否安於被某項惡習捆綁？你是否懼怕改變多過懼怕神？你是否願意讓神在你身上動工，好能夠釋放你？

上去得那地爲業

看哪，耶和華——你的神已將那地擺在你面前，

你要照耶和華——你列祖的神所説的上去得那地為業；

不要懼怕，也不要驚惶。

(申命記一章21節)

基督徒的生活有一個看似矛盾的理論，就是得付出努力，才能得到神的禮物。神帶領以色列人到迦南地，告訴他們祂要把這地「賜給」他們（民數記十三：2）。對以色列人而言，應許之地的禮物聽起來很棒，直到他們理解到，伴隨這份禮物而來的，是與巨人和堅固城邑爲敵。他們也許以爲進入迦南地之前，神會先爲他們消滅那地的居民。對以色列人最理想的情況，是接收一片空曠的土地和房屋，讓他們馬上住進去。

但事情並非如他們所料，神說他們必須爭戰，才能奪取這地。然而，他們不用自己的力量打仗，神會出面爲他們爭戰。神會把城邑的高牆夷爲平地，並賜他們策略打敗敵人，給予戰士能力爭戰。以色列人比起他們的敵人佔了許多便宜，但是他們還是得爭戰。

要是在信主的那一刻，神賜給我們完全的聖經知識，又讓我們背誦所有的經句，該有多麼好啊！要是神每日灌入我們喜愛禱告的心，以及向人分享信心的勇氣，基督徒的生活就容易多了。可是，神不是這樣帶領我們。祂先賜給我們救恩這免費的禮物，然後要我們恐懼戰兢地「做」得救的工夫（腓立比書二：12下）。你是否灰心沮喪，因爲基督徒的生活比你預計的更困難及富有挑戰性？請不要如此想。神給你的禮物是最完美的，藉著這些禮物，你會變得更完全（馬太福音五：48；雅各書一：17）。

叫你們希奇

耶穌對他們說：「我實實在在地告訴你們，
子憑著自己不能做甚麼，惟有看見父所做的，
子才能做；父所做的事，子也照樣做。
父愛子，將自己所做的一切事指給祂看，
還要將比這更大的事指給祂看，叫你們希奇。」

（約翰福音五章19～20節）

耶穌瞭解自己僕人的角色，祂從來不主動為天父著手做任何事工（馬太福音二十：28）。僕人永遠不會擬作待辦之事的單子，這是主人的事。無論何時，僕人都得留意主人的意向。主人開始著手做事，僕人馬上參與。即使貴為神的兒子，祂也不假設自己知道在某個情況的最佳處理方式。相反地，祂觀察天父的工作，然後加入祂。耶穌非常瞭解自己的父親，祂敏銳地注意自己四周神聖的活動，馬上能夠認出天父的工作。

我們可能太忙於把神帶進我們的事工，卻沒有注意到祂在我們周圍的工作。祂想要改變我們的注意力，好使我們加入祂的工作。但我們傾向於自我中心，總先衡量可能遭遇到的影響。我們一定要學習以神的眼光來看周遭的事情。如此一來，我們會以完全不同的眼光，來看待事情。當神把某人帶進我們生活的軌道，要看看神是否要使此人自覺救恩的需要。也許神正要安慰某人的愁苦，或要在你的朋友面對挑戰時鼓勵他。我們要因而調整自己的生活，加入神在此人身上的工作。每天觀察神在我們周遭的作為，並且加入祂的事工。當我們張眼觀看神的作為，將會希奇祂偉大的工作。

把弟兄放置我們自己之前

無論何人，不要求自己的益處，

乃要求別人的益處。

（哥林多前書十章24節）

作為一個基督徒，我們有義務檢視自己的行為對其他基督徒的影響。當你考量神在其他人身上的作為時，你會發現神在你身上的旨意。這種想法與世人的想法，是完全相反的。世人鼓勵你要掌控自己的生活，優先考慮自己的需要和慾求。罪鼓吹獨立。它孤立你，隔開了你與那些你能夠幫助的人，或是那些能夠鼓勵你的人。神的本意是要你們彼此相顧。

每當你遇見其他基督徒，你就是與基督面對面相遇（約翰福音十三：20）。當你遇見那些被聖靈指引的人時，你應該懷有很深的敬意。不要過著與弟兄姊妹毫不相干的日子，神認為你對弟兄姊妹有責任。不要濫用你在「基督裏的自由」，而忽視你對他人的責任（羅馬書十四：15）。保羅頌讚自己在基督裏的自由，但也敏銳地注意那些可能造成他人傷害的事（哥林多前書八：13）。他瞭解一己之罪，會帶給眾人痛苦（哥林多前書五：6）。

你有責任讓自己的生活不傷害其他人。你一定要自制，讓聖靈治死你自我中心的天然人傾向。你若只埋首於自己的身上，就不會注意到他人的需要。求神把你從自私中釋放出來，好叫你的生命能夠自由地成為眾人的祝福。

沒有神的成功

摩西説：「你若不親自和我同去，
就不要把我們從這裏領上去。」
（出埃及記卅三章 15 節）

人可能經歷成功，卻沒有神的同在。如果成功對你很重要，你可能會選擇成功高過於你與神的關係。神要提供一位天使與以色列百姓同行，保證他們在進入迦南地後的每個戰役都成功。沒有一支軍隊可以抵抗他們的攻擊，沒有一道城牆可以阻止他們。應許之地的富饒唾手可得。每一件他們夢寐以求的東西，似乎緊緊在握。他們惟一的缺乏，是神的同在。神說他們是硬著頸項的百姓，祂不要與他們同行，因爲他們的心遠離祂。

以色列百姓的經驗說明，勝利與偉大的成就不見得是神同在的記號。不要以爲自己的健康、興隆的生意或事工的成長，是因爲神同在的緣故。你有可能在不知不覺之中，把神的同在視爲次要，而選擇了成功。

摩西很有智慧地判斷，無論多大的成功都不能代替與神之間的關係。摩西知道世界的成就很快會消失，他的安全感是來自他與神的關係。世人眼中的成功不表示有神的祝福。事實上，它可能是你選擇其他東西代替神的指標。你是否以成功、權力和財富爲滿足，而輕看你與神之間的關係？你是否重視神的同在，高過你在世界所能經歷的最偉大成就？

定睛在神的身上

摩西、亞倫就招聚會眾到磐石前。摩西説：
「你們這些背叛的人聽我説：
我為你們使水從這磐石中流出來嗎？」

（民數記二十章10節）

我們很容易看出，為甚麼摩西和以色列人在一起，會愈來愈洩氣。他們是那麼硬心，信心又軟弱，使摩西失去耐性，對他們發脾氣。每當摩西由神的身上挪開自己的注意力，都付上極大的代價。當他想要憑著一己之力，來幫助以色列百姓，他花了四十年在曠野牧羊（出埃及記二：11～15）。這次他魯莽行動的代價，是不得進入應許之地（民數記二十：12）。當他因為百姓的不敬虔而氣餒時，他也犯了同樣的罪，他公然違背神的命令。怎麼會發生這種事？因為摩西讓自己的注意力，由神的作為轉移到其他人的行為。

同樣的事情也可能發生在你的身上。神在你的周圍安置一些需要你輔導的人。除非你主要的注意力是在神的身上，否則永遠不能恰到好處地幫助他們。如果你的著重點在人的身上，他們的軟弱、悖逆、小信和頑固，很快地會使你氣餒。你可能也會像摩西一樣，犯了與自己所指責的人相同的罪。倘若你的雙眼定睛在神聖的主身上，你會愈來愈像祂——仁慈、寬容、堅忍和公義。當你朋友的行為令你失望時，直接來到主的面前。要分辨神希望你去幫助朋友的事，而不是專注於他的罪。如此才能得到你所需要的力量、智慧和耐心，以神要求的方式來幫助你的朋友。

忠誠的傷痕

朋友加的傷痕出於忠誠；仇敵連連親嘴卻是多餘。

（箴言廿七章6節）

耶穌從不為那些認罪的人減輕罪疚感。當撒該為自己的罪痛心疾首，要慷慨地賠償他以前對人的虧欠時，耶穌並沒有說：「撒該，現在最重要的是你為自己的罪痛心疾首。」在撒該面對自己的罪時，耶穌並沒有安慰他（路加福音十九：1～10）。耶穌也沒有為人的不信找藉口。我們從未聽耶穌說：「嗯，沒關係，我知道我對你要求的信心很多，這是不容易的。」相反地，當門徒不相信祂，祂立即斥責他們。耶穌深愛祂的朋友們，以至於不能苟同、接納他們的罪。

我們有可能過分溫和地對待朋友。當朋友被聖靈指責、迫切悔過時，你是否想要安慰他？倘若聖靈正使某人良心不安，不要試圖減輕某人對罪的不自在！小心不要讓你的朋友認為缺乏信心是可被接納的。倘若你寬容不順服，或以其他角度來看問題，那麼你並沒有付出真實的友誼。親吻總比傷痕令人愉悅，然而，如果你安慰朋友，讓他自在地與罪和平共處，親吻的破壞性會更大。

當我們嘗試撫慰朋友，卻不對他們分享神的話語，事實上，我們對朋友已造成很大的傷害。如果看到朋友在危難中，卻不提出警告，神會向我們討閉口不言的罪（以西結書卅三：6）。你是否是個忠誠的朋友，甘冒忠言逆耳之險，好阻止他們繼續犯罪？

在人生高潮後的祈禱

祂既辭別了他們，就往山上去禱告。

（馬可福音六章46節）

剛贏得一場屬靈的勝利時，你會做甚麼事？剛到達基督徒生活的高峰後，你會去哪裏？耶穌在以五個餅和兩條魚餵飽五千人之後，祂上山禱告（馬可福音六：34～44）。按常理來說，若有一段時刻是容許鬆懈及沉浸在神的大能中，除了此時，尚待何時？然而，耶穌卻上山禱告。當耶穌禱告時，天父清楚地向祂的愛子啟示自己的旨意和作為。最後，耶穌的門徒漸漸地瞭解，耶穌總是以一段禱告時刻，來預備自己面對艱難的挑戰，及作重大的決定（路加福音十一：1）。

當那天耶穌在山上禱告，天父知道祂的兒子將要面對一場猛烈的風暴（馬可福音六：48）。門徒正驚恐地面對出乎意料之外的暴風雨，耶穌在與天父親密相交之後，進入了這場風暴。天父已經預備好耶穌，以神的大能迎戰前面的危機。

在一場屬靈勝利之後，我們很容易想放鬆身心，但危機可能出現在任何時刻。你一定要緊緊守住你的最高峰。剛經歷了神的大能之後，你最好馬上獨自去禱告。如此一來，你就不會在試煉來臨時驚慌失措。你是否剛剛經歷一場屬靈勝利？學習主的榜樣，立即找個地方禱告，好叫天父能夠預備你，面對接下來的危機。

基督的僕人

> 這樣，你們做完了一切所吩咐的，只當說：
> 「我們是無用的僕人，所做的本是我們應分做的。」
>
> （路加福音十七章10節）

僕人的職責是執行主人的命令。僕人不會告訴主人該怎麼做才對、不會挑選主人所吩咐的工作，也不會建議甚麼日子或時間，比較方便自己服事主。僕人的工作是執行命令。相反地，主人是下達命令的。主人不會要求僕人有先見之明，好引導主人該怎麼行。有遠見的是主人，僕人的工作是輔助完成主人的心意。

我們是僕人，神是主人。然而，我們居然想反其道而行！神對於祂自己、祂的計畫、祂作為的啟示，有賴於我們的順服。祂不可能今天就啟示五年後的意向。但祂會告訴我們下一步應該如何行。當我們回應祂的啟示，祂會完成自己的心願。最後，祂將得到所有的榮耀。

我們的成就是來自事奉神。

世人鼓勵你要追求權力、地位和能力，但神要你作僕人。身為神的僕人，你不應該有其他的計畫表，你的工作是去實踐神所有的命令。神不需要你對自己的生命、你的家人、事業或教會有偉大的夢想，祂只要求你單純地順服。你的計畫比起神的計畫，只不過渺如侏儒罷了（以弗所書三：20）！

鐵磨鐵

鐵磨鐵，磨出刃來；朋友相感也是如此。

（箴言廿七章17節）

基督徒生活是一段朝聖之旅。道路偶然艱險又寂寞，我們有時可能變得灰心沮喪，甚至想要放棄。在這個時候，神往往會賜給我們一位朋友，與我們並肩前行。在神所賜的寶貴禮物中，其中一項就是鼓勵我們、親切地挑戰我們「繼續前行」的朋友。

根據聖經，朋友是能夠挑戰我們成為神所期望的人。約拿單本來可以繼承父親的王位，成為下一任以色列王，但他愛他的朋友大衛，鼓勵他的摯友遵從神的旨意，就算這意味著自己會被剝奪王位的繼承權（撒母耳記上十九：1～7）。

聖經記述朋友的特徵，是他們的友誼能使你更想親近神。他們「磨」你，並且鼓勵你行事正直。真正的朋友會告訴你實話，心裏總是顧念著你的利益（箴言廿七：6）。

小心選擇朋友！耶穌有智慧地選擇自己的密友，祂並沒有選擇完美的朋友，而是選擇願意衷心跟隨神的朋友。檢查自己是甚麼樣的朋友，也是同等重要的事。身為朋友，把朋友的需求看得高過自己的需要，是我們所當行的（箴言十七：17）。努力找尋能挑戰你成為敬虔的朋友。當你找到他們，要有受教的心，願照神使用他們的方式來接納他們，且幫助你靈性更成熟。同時，我們也要努力成為助人更像基督的朋友。

在不可能中仍然信實

耶和華觀看基甸，說：
「你靠著你這能力去從米甸人手裏拯救
以色列人，不是我差遣你去的嗎？」
（士師記六章14節）

在 基甸的心中，勝過米甸人是不可能的事。他的看法完全正確。米甸人與其聯軍的軍力，大大勝過軟弱的以色列人。然而，在神告訴基甸要迎戰米甸人時，勝利不再是遙不可及。

當耶穌命令祂自己那一小群跟隨者，要使萬民作耶穌的門徒（馬太福音廿八：19），當時的環境是可能的嗎？當然，耶穌說可行就必定可行！當耶穌告訴自己的門徒，要愛他們的敵人，祂的建議是否符合現實？當然，因為祂就是那位藉著他們達到與神和好的神（哥林多後書五：19～20）。

你是否認為神的命令難以置信？你是否修改神的話語，好讓自己能夠合理地解釋它？不要把神的大能打折扣，我們靠著神，凡事都能做（腓立比書四：13）。當神指定了一個任務，這個任務不再是不可行，相反地，它是絕對可行。當神賜下一個看似不可能完成的任務，惟一攔阻你達成任務的，是你的不順服。當神開口時，你可能嚇得半死！祂會帶領你做些事，是靠你自己絕對做不到的。當你順服祂的時候，祂會一步一步地帶領你，直到得著勝利。你是如何回應那些看似不可能的任務？你是否把那些任務視為難以達成，於是將它們一筆勾消？還是你為了神的啟示，立即調整生活，並且觀看神如何因著你的順服，達到祂的目標？神要在你的生活行出不可能的事。祂對你惟一的要求是順服。

有權柄地說話

眾人很希奇祂的教訓；因為祂教訓他們，

正像有權柄的人，不像文士。

（馬可福音一章22節）

耶穌不是惟一向門徒傳講聖經道理的人。在耶穌時代的人們，聽過其他教師傳講聖經。耶穌與他人的教導不同之處，是有權柄地傳講道理。對許多文士而言，經文沒有甚麼意義，經文本身只是一堆枯燥的神學臆測所堆砌的，而耶穌的教導是活潑的道。施洗約翰宣稱，若不是從天上賜下，人就不能得甚麼（約翰福音三：27）。當那些宗教領袖閱讀經文時，他們空手而歸。然而，耶穌讀同樣的經文，天父賜下祂自己完全的智慧和權柄。

從事宗教活動及分享由神直接的領受，是徹底不同的。以世人的推理及直接領受神的話語來處理問題，也是迥然互異。是否可能由聖經教導信息，而這信息卻不是從神而來？是的，這絕對是可能的。文士與法利賽人就常常如此，以至於他們的聽眾鬧屬靈饑荒。是否可能給人很合理、恰到好處的建議，而建議的本身卻與神的話語相反？當然可能！

無論你是教導、協談或分享鼓勵人的話語，要非常小心你的話是真的由神領受，不是你自己的想法，否則你就變成假先知（申命記十八：20～22）。神應許祂所說的每一句話必定成就（以賽亞書五十五：10～11），你可以滿懷信心地分享由神而來的話語！

他人的代價

站在耶穌十字架旁邊的，有祂母親與祂母親的姊妹，
並革羅罷的妻子馬利亞，和抹大拉的馬利亞。

(約翰福音十九章25節)

沒有十字架就沒有基督教。你不可能拒絕背起自己的十字架，而成為耶穌的門徒。十字架是痛苦，它會永遠改變你的一生。有時候，付上最大代價的不是你自己，而是你所愛的人。你可能已經預備好，無論付上任何代價都要遵循神的命令，因為你已經與神同行，知道神的道路永遠是最好的。然而，你所愛的尚未有同樣的經歷，也沒有像你一樣清楚聽到神的旨意。

耶穌瞭解天父要帶祂上十字架的旨意。十字架對耶穌來說，代表痛苦的死亡；同時，十字架也把痛苦帶給祂周圍的人。因為十字架，耶穌的母親痛苦地看著自己的兒子被公眾羞辱、刑求與謀殺。而耶穌其他的親友也親眼看見耶穌受肉體的折磨，祂的門徒驚慌地四散逃跑，他們在自己生命中最黑暗的夜晚，茫茫不知所措。因著耶穌的順服，祂每個門徒都有自己的十字架。

你對主的順服將影響其他人（路加福音十四：26）。不要因為怕家人所付的代價太高，而拒絕神對你的指示。要謹慎，以免你阻礙了自己心愛的人，去背起他們自己的十字架。絕對不要違背神的旨意，來保護你心所愛的人，因為違背神的代價太高。寧可仰望你的榜樣耶穌，觀察因為耶穌的順服，祂周圍的人付上甚麼代價。

有必要地調整自己

> 但願我的頭為水，我的眼為淚的泉源，
> 我好為我百姓中被殺的人晝夜哭泣。
>
> （耶利米書九章1節）

神呼召耶利米作哭泣的先知。他正處於一個動盪苦悶的時代，當時他所屬的社會普遍地靈性與道德低落。猶太國已經遠遠地離棄神，很快就要面對祂可懼的審判。這不是狂歡作樂的時候，是該悲哀哭泣的時候。在這個悽楚的時代，神在尋找某個人，願意讓祂磨塑成合用的先知。祂找到了耶利米。耶利米付出極重的代價，為了傳達神的信息，他犧牲年輕時代許多的自由。他的家庭與名譽被剝奪，忍受人們的誤解、辱罵與迫害。他被關進監獄，遭受人們的嘲笑，因為他向他們警告神將要來到的審判。

撒但會想盡辦法，令你相信順服的代價太高。然而，牠卻從不告訴你違背神的代價。倘若你想被神使用，你要心裏有數，得調整自己的生活。你能否衡量天堂宏偉的寶座，與伯利恆簡陋的馬槽之間有何差異？創造宇宙之主的身分與十字架的距離，有多麼遠呢？不要以為順服是不用付出代價的。

神要你作怎樣的自我調整呢？當你密切配合神的旨意時，是否會遇見反對勢力與艱難？耶利米深深滿足於成為神深愛忠誠的僕人。當你不管得付上多少代價，仍然願意完全順服神的時候，你的回報與耶利米是一樣的。

一步步地順服

這些事以後，神要試驗亞伯拉罕，就呼叫他說：「亞伯
拉罕！」他說：「我在這裏。」神說：「你帶著你的兒
子，就是你獨生的兒子，你所愛的以撒，往摩利亞地
去，在我所要指示你的山上，把他獻為燔祭。」

(創世記廿二章1～2節)

我們的困難不在於不曉得神的旨意，我們的苦惱是明白神的旨意，可是不想做！

當神第一次向亞伯拉罕說話時，袍的指示相當直截了當，袍說：「往我所要指示你的地去。」(創世記十二：1)接下來的許多年，神領亞伯拉罕經歷一些試驗。當亞伯拉罕等了廿五年，才等到神給自己兒子的應許，他學習到耐心。在與諸王的戰役和毀滅所多瑪、蛾摩拉這件事情上，亞伯拉罕學習到信任神。亞伯拉罕信心之旅的最頂峰，是神要他獻上自己最心愛的一樣東西。亞伯拉罕過去的順服，讓我們看到他願意立即獻上自己所有，而這回他是否預備好了？神並沒有在一開始，就要求亞伯拉罕作出偌大的犧牲，這是發生在亞伯拉罕與神同行三十年之後的事。

在你的基督徒之旅中，神會逐漸向你顯明袍自己的作為。你對神的信任會愈來愈深，就像亞伯拉罕一樣。當你剛成為基督徒，你主人可能給你相當基本的指示，像受洗及改變生活的方式等。當你更進一步相信神，袍會培育你的個性，好讓你面對更大的試驗。那最大的試驗會讓你明白神的大愛，並更清楚神的作為。你是否預備好遵循神下一個指示呢？

明顯的不同

他們見彼得、約翰的膽量，又看出他們原是
沒有學問的小民，就希奇，認明他們是跟過耶穌的。

(使徒行傳四章 13 節)

被神改變的生命，是絕對沒有失誤的！當耶穌選擇門徒時，他們心裏又敬畏、又自負虛榮。雅各和約翰想用詭計勝過其他使徒，能夠擁有僅次於耶穌的地位（馬可福音十：37）。使徒一次又一次顯示出，他們並不眞的瞭解耶穌是誰（約翰福音六：7～9；馬可福音六：49）。即使在跟隨耶穌三年之後，彼得仍然害怕，甚至在一個年輕的使女面前，否認與耶穌同夥的關係（馬太福音廿六：69～75）。任何知道這些使徒底細的人，都瞭解他們毫無本事去建立世界王國。然而，當他們與耶穌在一起之後，事情有所改觀。聖靈改變他們，賜給他們新的膽量與智慧。現在他們可以行神蹟、放膽講道和說服群眾，甚至他們的敵人也由他們爲耶穌作的見證中，注意到他們生命的改變。

有時候，我們渴望有人看到我們變得更聖潔、更委身、更聖靈充滿。但對那些眞正被基督改變生命的人來說，無須經由他人來辨認其不同之處，因爲他們的改變是非常明顯的。

不要過分批評自我，老是定睛在自己的身上，察看自己的小改變。當你每日與基督同行，讓別人見證你生命的改變，而不是你自己。如果你必須向某人證明神眞的已經改變你，事實是你還沒被改變。當你的生命因爲與基督的關係而改變時，你周圍的人自然會認出你的不同。

神赦免的法則

你既藐視我，娶了赫人烏利亞的妻為妻，

所以刀劍必永不離開你的家。

(撒母耳記下十二章10節)

神饒恕我們的罪，其必要的條件是甚麼？答案是悔改。但就算是悔改，也無法保證你能夠挪去罪。這些罪的後果常提醒我們那可怕、毀滅的罪性。

大衛的色慾、淫亂、劫奪和謀殺的重罪，得到神的赦免。神完全赦免他，並且完全挪去他的罪（詩篇一〇三：12）。然而，神並沒有挪走他的痛苦，他還是得承受罪惡的後果。大衛淫亂所生的孩子得重病死了（撒母耳記下十二：14）；大衛的兒子暗嫩玷污自己的妹子她瑪（撒母耳記下十三：14）；大衛的兒子押沙龍謀殺暗嫩（撒母耳記下十三：28～29）；押沙龍結民謀王位（撒母耳記下十五章）。在大衛的餘生，他的王國與家庭充滿了暴力，雖然大衛知道自己的罪已被赦免，但終其餘生，還是得擔負起自己所犯之罪的痛苦後果。

假設在你悔改的那一刻，神會除去你每個罪惡的後果，那你是太一廂情願了。別以為每次你一為自己的罪行痛悔，神就會讓所有的事情恢復原狀。祂不見得如此行。有些罪是根源於個性上的弱點，如淫亂罪等。因著你的悔改，神會立即赦免你的罪，但要建立一個人的德行，得花上更多的時間。你的品格是神對你下一步作為的決定因素，與饒恕無關。

我們既然清楚不順服的可怕下場，讓我們竭力避免犯罪，並且「存心忍耐，奔那擺在我們前頭的路程」（希伯來書十二：1下）。

與神一同傳道

聖靈對腓利說：「你去！貼近那車走。」

（使徒行傳八章29節）

傳道是神找到一些心向著祂的人，並且把他們放置在能夠使祂的王國有所不同的場所。歷史上許多偉大的宣教士並沒有長壽，但他們短暫的生命卻戲劇化地影響永恆。

神曾經使用腓利。使徒行傳記載了一段令人興奮的故事，就是神如何使用腓利的生命，傳福音到地極。腓利曾經大有權能地在撒馬利亞城傳福音（使徒行傳八：5）。神使用腓利行了許多神蹟和大異能，整個撒馬利亞城的人驚奇神的作為（使徒行傳八：6～8）。這是每位佈道家所渴望最大的成就，也就是能夠看到合城的人歡喜領受他的講道。然而，腓利並不是以活動為中心，而是以神為中心的基督徒，他並沒有一心一意擴展自己的名聲，成為偉大的佈道家或行神蹟者。他在乎自己的生活是否仍以神的作為為中心。當他被指示離開自己大有果效的事工，一點也不猶豫（使徒行傳八：27）。

神不斷找尋一些像腓利一樣，肯與自己同工傳福音的人。神沒有在各地掀起復興浪潮，不是因為祂不能，也不是因為祂不願意，而是祂要先尋找願意徹底調整自己生活的人，那些人願意由自我中心的活動，改變成以神在世界的活動為中心的生活。你是否看見神在你周圍的作為？神正邀請你參與甚麼事工呢？你如何回應祂的邀請？

忠誠的記念

> *我實在告訴你們，普天之下，*
> *無論在甚麼地方傳這福音，*
> *也要述說這女人所做的，以為記念。*
>
> （馬可福音十四章9節）

我們可能假設自己向神熱愛的表達，對神來說是微不足道的。但在神的眼中，你的奉獻可能比你所想像的，更有價值得多了。我們對基督的愛與奉獻，可能成為將來歷世歷代對神的記念。

這個女人發自內心深處向耶穌表達自己的愛。她如此做，不是要博得門徒或公眾的好印象，也不是要得到耶穌的讚許。她只是單純地想要向耶穌表達自己的愛。她沒有做甚麼引人注目的壯觀大事，她既沒有行神蹟，也沒有講深奧的道理。然而，耶穌為她無私的忠誠深深感動，祂認為這件事值得後世記念。

我們不瞭解做甚麼事最能討神喜悅，也不曉得神會向後世子孫特別稱許我們哪一個愛的行動。亞伯拉罕並不知道那天自己甘願獻上愛子，會被後世記念，且為聽見此順服事蹟的世代，帶來祝福。大衛也不曉得自己與神同行，能如此討神歡喜，並成為仿照其榜樣的後世之祝福。

神能夠將你的忠誠，變成一項屬靈的遺產，使它成為後人的祝福。除非到永恆的那一刻，你永遠不瞭解誰會由你公義生命的榜樣，而得到祝福。這就是每日向神表達熱愛及奉獻，為甚麼如此重要的原因了。

傷痛的禱告

耶穌極其傷痛，禱告更加懇切，

汗珠如大血點滴在地上。

（路加福音廿二章44節）

該如何禱告並不難瞭解，問題是很難動手去做。上回你整個人的身心靈陷入極大痛苦地為人代求，是甚麼時候的事了（希伯來書五：7）？

我們是一個竭盡全力避免痛苦的世代，這就是現今極其缺乏代禱者的原因。大部分基督徒停留在膚淺的禱告階段，然而，神要帶領我們進入更深刻的代禱生活，這種經驗只有少數人體驗過。深入且長時間的代求是痛苦的。當其他人已經走開或睡著了，你仍然侍立在神的面前（路加福音廿二：45）。為了一些不斷悖逆神的人，你會經歷到與神隔絕的痛苦。我們之間有哪些人曾經歷過這種熱切的代求呢？

我們渴慕自己的生命及教會能擁有五旬節的經歷，但沒有客西馬尼園和十字架，就沒有五旬節。我們如何擁有成熟的禱告生活？藉著禱告。當我們覺得不想禱告的時候，就是我們應該祈禱的時候。禱告沒有捷徑。讀有關禱告的書籍、參加禱告研討會，或背誦一些鼓舞人心的格言，都不能使我們變成代禱者。只有願意擺上自己的時間和精力禱告，才能使我們成為代禱者。

何不接受神的帶領，成為代禱者？不要讓自己滿足於膚淺及自我中心的禱告。安靜在神的面前禱告，直到進入祂要領你去的禱告深度。

最小的一個

我實在告訴你們，凡婦人所生的，
沒有一個興起來大過施洗約翰的；
然而天國裏最小的比他還大。

（馬太福音十一章11節）

施洗約翰的角色是在耶穌的事工興盛時，使自己的名聲衰微（約翰福音三：30）。約翰讓自己的門徒離開自己，去跟隨耶穌。在他被非法關入監獄，並且被殘暴的君王突發異想地處死之前，他的事工總共不過是六個月。然而，耶穌說在約翰之前，天國中沒有人高過約翰的。摩西曾經分開紅海；以利亞曾使死人復活及吩咐火從天降；以賽亞寫了聖經中令人崇敬的一卷書，而約翰短短六個月的事奉，居然能與天國中最偉大的人物相匹配！

更令人難以置信的是，耶穌說我們有機會成為天國中比施洗約翰更偉大的人物。施洗約翰宣告耶穌的來臨，而我們現在的基督徒，擁有基督內住我們的心中。我們一定要銘記在心，事奉神是一生中能夠得到的至大特權。即使以最卑賤的方式服事主，也遠比我們所應得的要榮耀得多！約翰只有半年不到的時光，來完成他的任務，他竭盡全力地事奉；而我們有機會讓耶穌藉著我們的生命，來執行祂的工作。我們若如此行，比施洗約翰所完成的工作還要偉大。我們的任務與施洗約翰一樣，就是高舉耶穌，否定自己。我們要以與施洗約翰相同的熱情，來事奉我們的神！

神的法則

袖使摩西知道袖的法則，
叫以色列人曉得袖的作為。

（詩篇一〇三篇7節）

你是否僅僅知道神的作為就心滿意足，或是你想要知道祂的法則？作為與法則，兩者之間有很大的分別。在以色列兒女的生命與摩西的生命中，這個區別表明得十分清楚。以色列人親眼看見神行的奇蹟，他們與摩西一同走過紅海乾地，與摩西一同吃由天而降的嗎哪與鵪鶉。他們滿足於神的供應，卻不認識神自己。摩西的視野則超越神的供應，他看到這位神。其他人像埃及術士也會行超自然的奇蹟，但是沒有一個人的作為能像神的法則（出埃及記七：11～12）。神作為的法則為我們開啟了一扇窗戶，認識神的本性。如果摩西以神的權能為滿足，他大可接受讓天使帶領的安排，反正他可以得到個人的勝利（出埃及記卅三：15）。然而，摩西要更深刻地經歷神自己，不僅是神的作為。

今日有些人也像以色列人一樣。他們滿足於經歷神的作為，卻不認識神自己。他們是禱告回應的接收者，卻從來沒有想要認識那位供應者。神護佑他們的家庭、財產、工作，他們很滿足，卻不想認識那賜福的源頭。他們享受神保護的恩澤，卻沒有逐漸認識他們的守護者。

你是否親身經歷神，更認識祂？當你觀看神的作為時，你是否更進一步看到祂個性的啟示（創世記廿二：14；約翰福音六：35）？

以神的話語爲樂

耶和華—萬軍之神啊，我得著祢的言語就當食物吃了；
祢的言語是我心中的歡喜快樂，
因我是稱為祢名下的人。

（耶利米書十五章16節）

倘若你收到國家領袖或名人的字條，你也許會存起來，當作紀念品。從神而來的信息，則更是珍貴！

有時候，我們發現自己沒法控制環境。當馬利亞與馬大面對自己兄弟拉撒路的死亡時，就是這種心境。在這些時候，耶穌的一句話會帶來許多喜樂（約翰福音十一：41～45）。其他的時候，耶穌的話則會更正我們。「撒但，退我後邊去吧！」（馬太福音十六：23）和「你這小信的人哪！」（馬太福音十四：31）這兩句話似乎不能帶來喜樂。然而，耶利米說神的話語是他心中的歡喜快樂。

那聖潔的全能神居然開口對我們說話，實在令人難以置信！我們是何等地榮幸，神居然關心我們，願意質問我們敗壞的思想與行為。無論祂是讚美或責備，我們仍舊要喜樂。因為由我們的主那兒領受到改變生命的話語！每回敬拜神，我們心裏一定要預備聆聽，全能神可能有話要對我們說。每當打開聖經，我們應當期待神在我們與祂相交時，有話對我們說。在禱告時，我們應該比自己想說甚麼話，更關心神要對我們說些甚麼話。

當你從神那兒領受到一句話，不管是讚美或責備，要以全能神向你說話爲樂。

每句閒話

我又告訴你們，凡人所說的閒話，
當審判的日子，必要句句供出來。

（馬太福音十二章36節）

耶穌坦率地告訴我們說閒話的後果，但祂的警告常被忽視。耶穌說，每句閒話在審判的日子，句句都要供出來。我們一點也不訝異耶穌指責褻瀆神或污穢的言語，然而，講幾句閒話又有甚麼關係呢？閒話是未考慮對他人有否影響的情況下，不小心說出的話。我們太快下定語，以為口舌的罪是微小、無關緊要的罪，神也不在乎這種罪。但耶穌完全瞭解話語的破壞性，口中的閒話可以顯示內心真正的狀態（馬太福音十五：17～20）。

箴言鼓勵我們要少言少語，免得語出不當（箴言十七：28）。當沒有重要的事可說時，我們容易說出誹謗中傷的話或是閒話。我們花愈多時間閒聊，就愈有可能說些無益有害的話。雅各要信徒「快快地聽，慢慢地說，慢慢地動怒」（雅各書一：19）。多聽少說，讓我們較不會說出唐突的話！

仔細想想自己口中吐出的言語。基督徒應該說一些造就人、叫人聽見得益處的話（以弗所書四：29）。你是否需要少說點話？在說那些自認為好笑的笑話時，是否應該更小心？求聖靈幫助你評估何為造就人、何為傷害人或中傷人的話。

不需要求神蹟的信心

> 「一個邪惡淫亂的世代求神蹟,除了約拿的神蹟以外,
> 再沒有神蹟給他看。」耶穌就離開他們去了。
>
> (馬太福音十六章4節)

要求神行神蹟可能代表你缺乏信心。有些人以為自己得不斷求神蹟,來顯示自己的信心。他們臆測,任何時候神都要作出驚人壯觀的事。他們認為,神要醫治每一個病人,並且提供超自然的奇蹟,讓我們脫離每個困境。耶穌責備那些硬要行神蹟的人,因為祂清楚瞭解他們的心。祂認清那些人若無神蹟奇事一直支持他們的信心,他們就沒辦法相信祂。他們的信心太小,以至於沒有常見到神蹟就開始懷疑。

有時候,我們喜歡神蹟甚於那位行神蹟者。神稱這種心態是拜偶像。祂反對這種想法,拒絕應他們的要求行神蹟(耶利米書二:11~13)。有時候,最偉大的信心行動並不是求神蹟。舊約其中一段最感人的信心詮述,是沙得拉、米煞、亞伯尼歌,他們為了順服神,將被推入大火熊熊燃燒的火窯中,但他們毫無所懼地對尼布甲尼撒王說:「即便如此,我們所事奉的神能將我們從烈火的窯中救出來。王啊!祂也必救我們脫離你的手;即或不然,王啊!你當知道我們決不事奉你的神,也不敬拜你所立的金像。」(但以理書三:17~18)他們對神拯救他們的能力有信心,他們全然相信祂,以至於一點也沒有求神免除他們的危難。

你需要神蹟來維繫你的信心嗎?或者,你全然地信任神,你能說:「倘若不成,我仍相信神!」

先信靠神

耶和華如此說：倚靠人血肉的膀臂，
心中離棄耶和華的，那人有禍了！

（耶利米書十七章5節）

耶利米時代的以色列人，認為可以相信自己的軍隊、國王的外交手腕及聯軍兵團，來保護他們免受強盛的巴比倫王國所侵犯。他們以嘴唇的事奉，來表達自己對神的信任，但是他們的行動透露出他們真正的信心：靠軍事武力和經濟勢力。神藉著耶利米警告百姓，祂不會祝福那些倚靠其他人事物，離棄耶和華的人。

把信心放置於神以外的任何人事物上，就是拜偶像。你怎能知道自己不是真的信任神？問你自己以下的問題：當我有危機時，我去哪裏尋求幫助？當我心裏受傷或害怕，我去找誰呢？當我有經濟問題，我先告訴誰？當我面對壓力或灰心沮喪時，我到哪裏尋找安慰？

你可不可能嘴巴說相信主，但做出來的又是另一回事？神通常使用其他人來供應你的需求。要謹慎，免得不小心地讓祂的供應取代了神自己，成為我們全心的注意力。神可能會藉著你的朋友滿足你的需求，然而，你最終應該相信的是神。

以色列人太頑固，他們寧可靠自己的能力，也不願意信靠神。就算巴比倫軍隊已經迫近耶路撒冷，他們仍然拚命地尋求個人、國家或其他軍隊的力量，好解救他們。當他們領悟到自己應該信任那惟一能拯救他們的真神，卻為時已晚。

不要犯與以色列人同樣的錯誤。有需要時，直接找神。祂是你惟一的供應。

神的朋友

以後我不再稱你們為僕人，

因僕人不知道主人所做的事。我乃稱你們為朋友；

因我從我父所聽見的，已經都告訴你們了。

（約翰福音十五章15節）

作神的朋友不是你的選擇，作神的朋友乃是出自神的邀請。舊約中清楚記載，有兩個人是「神的朋友」。亞伯拉罕與神親密同行，神稱他是祂的朋友（以賽亞書四十一：8）。摩西與神面對面像朋友一樣地談話（出埃及記卅三：11）。

　　神真正的本性是作我們的朋友。在我們無以為報的情況下，祂以完全的愛來愛我們，並賜下救恩給我們。不過當人願意把自己奉獻給神，因而神主動開始了一份特殊的友誼，這則是另一回事。大衛全心全意地將自己奉獻給神（列王紀上十一：4）。大衛雖然不是無罪，然而他愛神。大衛厭惡罪（詩篇一〇三：3），他熱愛敬拜神（詩篇一二二：1），他真心喜愛神的同在（撒母耳記下六：14），喜愛談論神（詩篇卅四：1），敏銳地知道自己所犯的過錯（詩篇五十一：3～4），他不求回報，喜愛獻上詩歌、感謝與讚美的禮物給神（詩篇一〇〇篇）。大衛與神是那麼親密同行，耶穌被釘十字架時，心裏想的就是他的話（馬太福音廿七：46）。

　　耶穌稱自己的門徒為朋友。祂說祂會將天父賜予自己的一切分享給他們，因為他們是祂的朋友。祂與門徒彼此關係親密，祂願意與自己的朋友分享心中的意念。

　　倘若你不認為自己是神的朋友，你當全心全意地定意尋求神。

畏懼主

我們既知道主是可畏的，所以勸人。

但我們在神面前是顯明的，

盼望在你們的良心裏也是顯明的。

（哥林多後書五章11節）

畏懼神最能遏止人犯罪（出埃及記二十：20；箴言十六：6）。那些把神當作仁慈溫和的老祖父的人，對罪的看法很膚淺。他們冷冷淡淡地敬拜神，任憑自己的喜好而行，不照著神的心意而行。而敬畏神，會出人想像地改變個人的生命。即使保羅身為耶穌基督的門徒，他敬畏神，並且知道有一天，他將要站在審判台前，為自己的所作所為交帳（哥林多後書五：10）。

我們的世界並不鼓勵畏懼。我們教導孩子愛神，但是不用畏懼神。我們向未信者傳福音時，為了讓基督教更吸引他們，我們以仁慈和不可懼來描述神的形像。我們這時代最大的審判，可能是我們自己失去敬畏神的心。我們向人傳述祂是我們「最好的朋友」，祂拯救我們，且「住在我們的心裏」，可是我們不畏懼祂。我們是神的兒女、神的後嗣，甚至是耶穌的朋友（羅馬書八：16～17；約翰福音十五：14～15），但我們與神並不同等。祂已經赦免我們，而我們仍是祂手所造之物。祂是神，我們不是。

倘若你對神的命令安心自得，對自己的罪無所謂，你已經與神的聖潔隔絕了。花時間默想神可畏的聖潔，並允許聖靈逐漸地教導我們，在生活中合宜地敬畏這位全能神（以賽亞書四十：12～26）。深深地敬畏神是不可缺的。

悔　改

約翰下監以後，耶穌來到加利利，

宣傳神的福音，說：「日期滿了，神的國近了。

你們當悔改，信福音！」

（馬可福音一章14～15節）

悔改是文字裏最富積極意義的其中一詞。施洗約翰的講道重心是悔改（馬太福音三：2；馬可福音一：4；路加福音三：3）。耶穌也傳講悔改，祂要自己的門徒同樣要悔改（馬可福音一：14～15；路加福音廿四：47）。天使預言彌賽亞會由罪中拯救祂的百姓（馬太福音一：21）。得到救恩的必要條件是悔改。

悔改的意義是停止往一個方向走，完全回轉到另一個方向。悔改需要定意全然地改變。當我們所做的事會導致滅亡時，神催促我們要悔改。悔改會把我們由悲慘的下場中拯救出來！這是多麼美好的一個詞，造物主居然那麼愛我們，願意警告我們那迫在眉睫的危險！

我們的問題是以為悔改是消極保守的。當察覺自己的罪時，我們喜歡「再次奉獻」生命給神。我們甚至會告訴其他人，我們比從前更有決心忠誠向主。然而，聖經從來沒有提過再次奉獻自己。它強調要悔改！悔改表示有決心地改變，而不是一種滿懷希望的決心。如果繼續犯罪，就代表我們尚未悔改！

悔改是徹頭徹尾地改變自己的心思意念，我們同意神對罪的評判，且願意以行動改變自己，好能夠合神的心意。想改變的慾望不等於是悔改，悔改一定會以行動回應神的話語。悔改的證據不是那些下決心的話語，一個被改變的生命才是。

心田的土質

那落在好土裏的，就是人聽了道，

持守在誠實善良的心裏，並且忍耐著結實。

(路加福音八章15節)

無論何時，你的心對神話語的領受程度，決定了你對神話語的回應（路加福音八：5～18）。倘若你的心田被苦毒與不饒恕的罪所踐踏摧殘，變成硬土，你將無法由神那裏接受任何信息。雖然你聽見信息的每一個字，你仍然不會改變。倘若你的心田像磐石上的淺土，你會領受神的話語，但真理卻無法刺透你的心，你的行為仍然與過去一樣不會改變。心田像荊棘的生命，則是被世界的思慮弄昏了頭，對屬世享樂的追求使得神的話語失去影響力，以致結不出公義的果子。心田像好土的生命，則會領受神的話且實踐它，在收成的時節結出成熟的果粒。這是耶穌希望我們能夠擁有的心田，結出的果子是似基督的生命。

任何時候，不管是讀經、禱告或敬拜，當你聽到神的話，你的反應取決於你如何開墾自己的心田（何西阿書十：12）。你如何開墾你的心田，讓它像塊好土呢？為那些使你硬心的任何苦毒、憤怒與不饒恕而悔改。默想神的話，直到它深深地進入你的內心，而不只是進入你的意志而已。當你讀到或聽見神的話語，要應用到你的生活上，讓神使祂的話語化為你生活的實際行動（加拉太書六：9）。謹守你的生活方式，不要把你的精力都放在追求屬世的思慮，卻不去追求你與神之間的關係。你的心田土質如何，取決於你如何去開墾它。如果它昨天領受神的話，並不保證今天它還會領受神的話。每日當預備好自己的心田，好接收神賜予你的話語！

神衡量你的動機

人一切所行的，在自己眼中看為清潔；
惟有耶和華衡量人心。

(箴言十六章2節)

我們很容易馬上質疑別人的動機，卻很遲鈍地質疑自己的動機！當別人傷害我們，我們可能假設對方居心不良。當我們得罪人，通常會找藉口，包括認為其他人太敏感了！不管我們如何監管自己的動機，神以祂公義的尺度來衡量。想以我們的敬虔自以為義來欺瞞神，是徒勞無益的，因為祂看到我們的內心深處。

人可不可能做好事，卻懷有不正確的動機呢？當然可能！你可能參加敬拜的儀式，你的心卻遠離神（以賽亞書一：10～17）。你是否可能看起來關心窮人，心卻悖逆神？猶大就是如此（約翰福音十二：4～8）。你是否可能豪放地表達自己對基督的愛，事實上是在幫撒但的忙？彼得曾經如此（馬太福音十六：21～23）。你是否可能向神獻祭，卻完全不順服神？掃羅王曾經如此行（撒母耳記上十三：8～9）。你可不可能為錯誤的動機祈求？雅各說你可能會如此（雅各書四：3）。

我們身旁許多事會影響我們的行為。我們可能被一些好事所推動，像：對神的愛、熱情、慷慨與信心。我們的行動也可能由不健康的動機所激發，如：驕傲、沒有安全感、野心、情慾、貪婪、憤怒、恐懼與傷害。我們甚至可能懷有最糟糕的動機，卻做出一件最美好的事。當主衡量我們的動機時，祂看一樣東西：愛。我們的所作所為應該是為了愛神與愛人（哥林多前書十三章）。花時間檢驗自己行為背後的動機，求神讓你看到祂是如何檢驗你的動機。

你的爲人當如何？

這一切既然都要如此銷化，

你們爲人該當怎樣聖潔，怎樣敬虔。

(彼得後書三章11節)

當神告訴亞伯拉罕自己準備摧毀所多瑪和蛾摩拉，亞伯拉罕的生命立即徹底地受到影響。當挪亞聽到神對自己世代的計畫時，他無法再繼續進行日常的生活秩序。知道神預備要審判基督徒的事實，會幫助我們分辨甚麼事情有永恆的重要性，及甚麼事情沒有永恆的重要性。

彼得警告我們，末日審判的時刻將要來到。當主來的日子，天必大有響聲，有形質的都要被烈火銷化。他警告在那天全地都要被燒盡。彼得向我們保證，這不是憑空臆測，這件事肯定會發生，並且即將快要發生。他隨後問了個很重要的問題，這個問題也可以被應用到後世後代。他的問題是：「你們爲人該當怎樣？」面對我們前面的審判與無數人面臨的毀滅，我們應當如何度過此生？

許多基督徒花了極多時間、精力追求短暫的事物。嗜好和財產銷化我們，使我們只投資一點點的時間與精力在永恆的事物。基督徒應該比其他人更敏銳地注意自己生活的時代。倘若神將要審判世人，我們應該要緊緊與神同行，好能夠警告人們那即將來到的審判。基督似乎遲延祂自己再來的日子，其實祂不是耽延，乃是寬容我們，不願有一人沉淪（彼得後書三：9）。我們豈不該將時間投資在建立神永恆國度的事工上嗎？我們豈不該完成神所交付的任務嗎？

慷慨地撒種

「少種的少收，多種的多收」，這話是真的。

(哥林多後書九章6節)

你被呼召成為基督徒是有原因的。你一定要定意自己在基督徒生活的每個方面，都經歷神的豐盛，並且永遠不要安於與全能神維繫一種膚淺及閒懶的關係。神會依著你對祂的回應祝福你。倘若神發現你有一顆慷慨的心，願意不計回報地與人分享，祂會以同樣的方式回報你。

當使徒保羅鼓勵哥林多的信徒，幫助耶路撒冷的基督徒時，他向他們保證，倘若他們慷慨撒種，神會以豐盛回報他們。

這項真理同樣也能改變我們今日的生命。如果我們投資所有一切與神相交，身為神兒女的我們，會在各個方面經歷神的豐盛。如果渴望更親密地認識神，並且花許多時間研讀祂的話語，神會加深我們與祂的關係。如果在很難祈禱的時候仍定意禱告，祂會以更深刻與更有能力的禱告生活回報我們。如果在彌補所有破敗的關係，以及在敬拜之前，預備我們自己的心，全人全心、虔誠地敬拜主，神應許我們將遇見祂，我們的生命將得著改變。

為甚麼有些人對基督的信心十分迅速地長進，而其他人卻年復一年毫無改變？我們在基督裏的成熟，與我們所栽種的東西，是息息相關的。讓我們選擇慷慨地栽種自己基督徒生命的一切，我們的收穫是擁有似基督的生命。

神多次多方地曉諭

神既在古時藉著眾先知多次多方地曉諭列祖，
就在這末世藉著祂兒子曉諭我們。

（希伯來書一章1～2節上）

我們這世代偏好方法論。在工作上，一發現某個程序有效果，我們就將它包裝分送出去，叫別人也能使用。這種態度也被運用到屬靈的生活。我們花了許多精力尋找「有用」的屬靈操練方法、閱讀屬靈書籍、參加「有效」的會議或大型聚會，好充實我們的基督徒生活。但神並沒有要我們相信方法，祂要我們相信祂。

相信方法而不相信祂，是我們個人的損失，如此做會限制我們經歷神。當我們只期待神以預言的方式曉諭我們，就是忘記神遠比我們所認識的祂要複雜得多了。過去，神以夢與異象曉諭人。祂也使用大自然、神蹟、先知、低沉微小的聲音、火、號角、羊毛、搖籤與天使。祂在深更半夜、在敬拜之中、在吃飯的時候、在葬禮中、在人行路時、藉著講道、在暴風雨中、藉著祂的兒子，來曉諭我們。

重要的不是祂怎樣與我們溝通，而是祂對我們說話的內容。倘若神總是藉著異夢向我們說話，我們要常常待在床上，等待祂神聖的啟示！也就是說，神用甚麼方式與我們溝通並不重要，祂所要告訴我們的事情才是重點。

不要把自己局限於某一個方法，也不要期待僅僅由預言的方式才能聽見神的話。要開放自己，願意接受神的任何溝通方式。容許聖靈在任何地方及任何環境，使你時時敏銳地聆聽神的信息。當你聽到祂的話語時，你對神會有全新的認識。

像我們一樣受試探

祂自己既然被試探而受苦，
就能搭救被試探的人。

（希伯來書二章18節）

你永遠不會遇見一個試探，是超過神所能幫助你克服的試探。即使在面臨試探的時候，神因著祂自己的愛，已經為你作了必要的準備，好叫你能夠得勝。祂在聖經中清楚地向你啟示祂的旨意，好叫你不會困惑前面所當行的路。祂將聖靈安置在你的心中，指引你作決定，並且當你作有害的決定時，會讓你知罪。在你受試探的時候，神必為你開一條出路，叫你能夠忍受得住，不致犯罪（哥林多前書十：13）。每件事早已安排妥當，讓你在每個試探中能夠經驗勝利。

然而，因著神自己無限的大愛，祂甚至付出更多代價，好叫你能夠安全地勝過試探。祂曾忍受各樣尖刻的試探。神的兒子謙卑自己，受所有人類軟弱肉體的限制，忍受每樣我們會遇見的試探。耶穌知道甚麼是疲憊不堪、甚麼是飢餓，祂也經歷人類所有的限制，但祂並沒有犯罪。當我們面對試探時，要轉向神。我們的神並不是一位沒有憐憫心、不在乎我們努力要過公義生活的神，我們跟隨的是一位瞭解我們抵禦罪及忍受試探種種困難的神。我們可以放心來到基督的面前，因為祂瞭解我們的苦境。當我們受試探時，祂知道如何幫助我們。

至於我和我家

若是你們以事奉耶和華為不好，今日就可以選擇
所要事奉的：是你們列祖在大河那邊所事奉的神
呢？是你們所住這地的亞摩利人的神呢？至於我
和我家，我們必定事奉耶和華。

(約書亞記廿四章15節)

事奉神不是約書亞惟一的選擇。他大可在埃及那異教的環境，
持有他自己的宗教信仰及承繼家族的遺產。他也大可接受
自己居住所在地的鄰居們，所擁有的偶像崇拜宗教信仰。這些選擇
看起來似乎比敬拜真神要來得容易多了。然而，約書亞已經親眼見
識到神的信實（約書亞記廿三：14）。他相信他的主是惟一真神，
事奉祂將帶來勝利與祝福。

約書亞決定要獨排眾議事奉神，也定意要教導自己全部的家人
尊榮主。在戰場上，他相信神必賜下勝利；而在自己家中，他知道
神也會給他屬靈的勝利。

你也是一樣，你必須決定自己到底要事奉誰。你身邊有各式各
樣受人歡迎的宗教，它們大聲叫囂引你重視，要你對它們忠誠。如
果你是在基督教家庭背景長大，你可能選擇接受你的父母及祖父母
的信仰。如果你不是在基督教家庭背景長大，你也可以選擇像約書
亞一樣，拒絕異教信仰，並且開始一個事奉神的家族。

倘若你全心全意要事奉神，你的榜樣會給家人帶來豐碩的祝
福。倘若你把信心建立在神的身上，你四周的人會親眼看見你的信
心，他們可能也會決定要相信祂。要像約書亞一樣，選擇全心全意
放膽地事奉神，你將會看到神如何祝福你的家庭。

聖靈的果子

聖靈所結的果子，就是仁愛、喜樂、和平、
忍耐、恩慈、良善、信實、溫柔、節制。
這樣的事沒有律法禁止。

（加拉太書五章22～23節）

查驗聖靈的果子實在令人心驚膽戰。想在生活中結出聖靈果子的九種特性，似乎是不可能的事；事實上也的確如此。然而，當你成為基督徒的那一剎那，聖靈開始在你身上動工，要塑造你擁有基督的個性。不管你是誰，聖靈會照著同一個榜樣——耶穌——來塑造你。聖靈會以耶穌為藍圖，來雕塑你的個性。聖靈會馬上幫助你體驗及實踐愛，也就是那份耶穌為祂的朋友流血捨命同樣的愛。祂曾經歷過的喜樂同樣會充滿。聖靈會徐徐地加給你平安，就是那份曾經保護耶穌的心，讓祂在被鞭打、遭恥笑時仍享有的平安。聖靈會開始培養你的耐性，讓你也擁有耶穌當初面對最難受教的門徒時，所持有的那份相同的耐性。耶穌施予兒童與罪人的恩慈，會柔軟你對他人的心。你會擁有良善，而你能夠擁有良善的惟一解釋，是神的靈與你同在。聖靈會建立你的信實，就是當年那份引領耶穌完全順服天父的信實。聖靈也會教導你節制，好叫你有力量作正確的事及抵抗試探。

這些特性的發展，就像樹結果子一樣自然。你不需要靠自己的力量調整自己，一切都在你成為信徒的那一剎那，就自動開始成長。至於成長的速度，則取決於你如何完全順服神的帶領。

天國的鑰匙

我要把天國的鑰匙給你，凡你在地上所捆綁的，

在天上也要捆綁；

凡你在地上所釋放的，在天上也要釋放。

（馬太福音十六章19節）

天國的鑰匙可以為你打開一條門徑，讓你藉著自己與耶穌基督的關係接近天父。因著這個關係，你可以得到任何透過基督而得著的東西。這把鑰匙不是毫無條件地任意供應；耶穌是在門徒認出自己是基督之後，才交給他們這把天國的鑰匙。門徒一旦確信耶穌是救主，他們與祂就進入一個獨特的個人關係。他們與耶穌的關係，讓他們可以直接朝見天父。同樣地，你與基督的關係，也為你打開天堂的大門，讓你能夠直接與天父相交。

彼得發現自己只要持有這把天國的鑰匙，就能在任何處境來到天父面前。在五旬節那天，他站在幾千人面前講道，這位身分地位不高的漁夫，為三千人打開了天國的大門（使徒行傳二：41）。當他遇見一位瘸腿的人，他使用神的醫治大能，使那瘸腿的人能行走（使徒行傳三：6）。被關進監獄時，他發現天國的鑰匙能夠為他打開那似乎堅不可摧的監獄大門（使徒行傳十二：6～10）。

如果你是基督徒，你也擁有天國鑰匙。你不需要仲介者，你可以毫不受阻地朝見神。這把鑰匙能讓你得到所有環境需要的資源。害怕時，你可以擁有神所賜出人意外的平安（腓立比書四：6）。當我們與神的關係破裂時，可以藉著基督與神和好（哥林多後書五：18～21）。當你遇到需要幫助的人，你可以為那個人汲取神的供應。被託管這把天國之鑰，是我們極大的榮幸！

你由口中吐出甚麼？

惟獨出口的，是從心裏發出來的，這才污穢人。

(馬太福音十五章18節)

聖經強調，你口中所吐出的話，會顯明你心裏的狀態。如果你的話語祝福及鼓勵他人，這些話證明你富有同情心。如果你常常分享有關基督的好消息，你表達出你為自己的救恩獻上感恩的心。當其他人在危難中，他們是否知道自己可以由你口中的話語，得到平安與慰藉？你是否常常自動自發地為人禱告？你對他們的話語及態度，是否顯出耐心？以上所有行為顯示出你的心是否像天父的心。

你是否經常為自己說的話後悔？目前是否有人因你所說的話，心中受傷及憤怒？你是否喜歡說閒話？還是你有批評人的傾向？你是否認為生氣時所說的話可以不算數？你的嘴巴是否常常喃喃抱怨？這些行為顯示出你的心不像天父的心。

你可能會說：「唉！我就是這個樣子嘛！常常有口無心說錯話！」然而，聖經上說得很清楚，惡言惡語的舌頭不在聖靈的管制之下（雅各書三：3～10）。一張成聖的嘴，是神可以使用的美妙器具。若擁有一顆像天父的心，此人口中只會吐出純潔及仁慈的言語。不要為自己所說的話找任何藉口，求神饒恕你說過所有傷人的話。然後，求聖靈管制你的口，讓你口中吐出的每一句話，能被神使用去幫助及造就人。

挪亞與神同行

惟有挪亞在耶和華眼前蒙恩。挪亞的後代記在下面。

挪亞是個義人，在當時的世代是個完全人。

挪亞與神同行。

（創世記六章8～9節）

無論你所處的環境是多麼不聖潔，神總會找到你，與你同行。挪亞也許是活在歷史上最邪惡的世代，沒有人敬拜神，所有的人都拜偶像，貪享宴樂。挪亞所有的街坊鄰居都是邪惡的。他在市場、街上、公眾聚集處所遇見的每個人都嘲笑他。所有你能想像到的試探，挪亞都碰見了。對一個公義的人來說，這是多麼大的壓制啊！

在挪亞時代的人十分邪惡，因此神計畫完全徹底地毀滅他們，這是聖經記載中，神最嚴厲的作為。然而，在一群罪人之中，神並沒有忽略了挪亞。神注意挪亞每個正直的行為。挪亞不管周遭人的行為如何，仍然選擇要在神面前過正直誠實的生活，這一切都看在神的眼裏。也許挪亞有時會質疑自己過正直誠實的生活，是否有其必要，因為其他人並不是這樣作，但他堅持下去。他對公義的持守，救了自己與全家人的性命。

你是否常被邪惡的事物所環繞？當周遭所有的人都對神漠不關心時，你是否為了持守正直公義的生活，有時也會掙扎不已？由挪亞的生活例子中，我們可以擁有十足的把握。神在看你，就像從前祂觀察挪亞一樣。每一回祂都會在眾人中找到你，祂要祝福你與你的家人，就像祂曾經祝福挪亞一樣。

敬虔的影響力

耶和華對挪亞說：「你和你的全家都要進入方舟；
因為在這世代中，我見你在我面前是義人。」

（創世記七章1節）

挪亞的孩子們面對一個重要的決定。他們活在一個眾人都漠視神的世界中，邪惡的行為是很普遍的事。如果挪亞的兒子們像社會其他人一樣過著邪惡生活，除了他們的父親以外，沒有人會定罪他們。處在一個罪惡及邪惡滿佈的世界，他們很幸運能作挪亞的孩子。當他們的父親邀請他們順服神的話，在未來一百年建一條方舟的時候，挪亞的兒子必須選擇信任自己的父親，還是相信周遭人們的話。他們選擇加入父親的行列。挪亞在自己家中聖潔的影響，是多麼美好的見證！閃、含、雅弗真是幸運！儘管他們周圍每個人都是如此行，他們的父親不願意與世界妥協自己的正直。

　　你的生活也會影響周圍其他的人，你的選擇深深影響你自己的配偶與兒女。不僅如此，你的同工、你的鄰居和你的朋友們，都會被你的生活影響。當世人同流合污的時候，你的生活則是赤裸裸地呈現在眾人面前，成為正直的榜樣。你的生活使你周圍的人確信要跟隨神的智慧，不要小看自己對神的順服，它會為周遭的人們帶來正面的影響。

聖靈同證

聖靈與我們的心同證我們是神的兒女；既是兒女，
便是後嗣，就是神的後嗣，和基督同作後嗣。
如果我們和祂一同受苦，也必和祂一同得榮耀。

（羅馬書八章16～17節）

剛重生的時候，我們不可能完全知道自己所承繼的是甚麼，也不可能完全瞭解何為天堂。我們怎能完全理解，成為神的後嗣是怎麼一回事呢？與基督同作後嗣的消息，令我們大吃一驚！靠著自己，我們甚至不能瞭解身為王的兒女所得的全部產業。聖靈使我們相信，我們真是神的兒女，並且幫助我們瞭解自己所繼承的豐碩產業。

也許你的生身父親並不慈愛，聖靈的角色是幫助你回應這位以完全的愛來愛你的天父，聖靈也會教導你如何過王的兒女的生活。也許你在貧窮困乏的環境中長大，聖靈會讓你看到，身為神的兒女擁有取之不竭、用之不盡的豐盛資源。

倘若你僅僅宣告自己是神的兒女，而做甚麼事都是靠自己的力量，你不可能開始使用你所繼承的產業。然而，天父已經賜下聖靈作你的導師。聖靈會引領你得到那宏大的應許和資源，這是當神收養你進入祂的家庭時，你所繼承的產業。花時間默想神美妙的應許，這些應許正等著你去汲取。讓聖靈使你信服自己真是神的兒女，與基督同作後嗣。

阿爸，父

你們既為兒子，神就差祂兒子的靈進入
你們的心，呼叫「阿爸！父！」

（加拉太書四章6節）

父親這個詞在每個人的心中有不同的形像。對某些人來說，它帶來一幅慈愛、歡樂、尊敬與接納的畫面。不幸地，有些人想到父親，則想到恐懼、拒絕與失望。這就是為甚麼不要由生身父親的體驗，來認識你們的天父，乃要從聖經中來認識祂。不容置疑地，你的生身父親是不完美的，甚至他曾深深地傷害你。在你整個基督徒生命中，不要以個人的經驗來解釋聖經，而要以聖經的亮光，來瞭解你個人的經驗。聖經上清楚地告訴我們，神是父親的榜樣。

你的天父願意為你的救贖付上任何代價（羅馬書八：32）。你天上的父親總是先預備妥當，好滿足你的需求（路加福音十一：11～13）。你天上的父親非常愛你，祂願意訓練你，使你能夠達到屬靈的成熟（箴言三：11～12；希伯來書十二：5～10）。即使你悖逆、拒絕祂的愛，祂仍然為你的好處著想（羅馬書五：8）。祂並不是根據你對祂的愛，有條件地愛你（約翰一書四：19）。祂使你成為祂的後嗣，為你在天上預備了一個家（羅馬書八：15～17）。

這是聖經上所記載父親的形像。如果你從未如此經驗過，它可以成為你現在的經歷。神就是那位收納你為兒女，並以你從未經歷過的大愛來愛你的天父。由祂——你的天父——身上支取力量，得到安慰吧！

一條看似正路的路

有一條路，人以為正，

至終成為死亡之路。

(箴言十六章25節)

事情不總是像它們的外表一樣。箴言警告，我們可能自以為走在正途，但實際卻走在敵對神的方向，朝著死亡而行。人們不會主動尋求神或追求公義（羅馬書三：10～18）。只有聖靈能喚醒我們向基督沉睡的心，使我們願意遵行神旨意。如果我們所作的決定已經遠離聖靈的教導，我們就像一條沒有指南針的船一樣。我們會以自己的智慧判斷，按著自己看起來是最合理的方法行事。然而，看似富有吸引力的事物，實際上卻可能將我們推入罪惡的深淵，最後會毀滅我們最寶貝的東西。人類最深奧的思想在神面前是愚拙的（哥林多前書一：18～20）。惟有神知道永生的道路，祂要引導我們行在其中（馬太福音七：13～14）。

不要假設每個機會都是從神而來的。撒但會假扮成「光明的天使」，牠的邀請對你似乎是最有好處（哥林多後書十一：14）。然而，牠的道路只有將人引入死亡（約翰福音八：44）。惟有神的話語如同路上的光，引導你走向正路（詩篇一一九：105）。

沒有先詢問聖靈的指引來行事，是非常危險的（約翰福音十六：13）。當你面對抉擇時，花時間尋求聖靈指引。祂對你各個選擇都一清二楚，祂會幫助你瞭解真理，並經驗豐盛的生命，要相信祂的帶領。

禱告卻不相信

聽得是彼得的聲音，就歡喜的顧不得開門，
跑進去告訴眾人說：「彼得站在門外。」
他們說：「你是瘋了！」
使女極力地說：「真是他！」
他們說：「必是他的天使！」

（使徒行傳十二章14～15節）

你可以用理智禱告，卻心裏懷疑。有時候在這種情況，神照樣會回答你的禱告，就像當初彼得被下監，等著被處刑一樣。耶路撒冷的信徒沒有能力去解救他，他們只能禱告。當神釋放彼得時，他們的反應顯露出他們懷疑的心態。即使彼得正站在門外敲門，他們仍極力爭辯，認為彼得決不可能被釋放的！

人是否可能作個沒有信心的「禱告者」呢？你是否活在一個假像，以為自己求告神就等於有信心，相信祂的能力會滿足你的需要？你的信心是否非常軟弱，以至於十分訝異神對自己禱告的回應？作為神的兒女，你一定要期盼神會回答你的禱告。你是否求神成全某事，卻不願為了你所禱告的內容，來調整自己的生活？如果你禱告求靈性復興，你是如何預備自己面對復興的來臨？如果你禱告求赦免，你是否仍然生活在罪惡感之中？如果你已經祈求神供應你的需要，你是否還擔心憂慮？

求神加添你的信心，然後開始讓自己的生活，反映出你對祂全然的信任。因著祂的恩典，即使你缺乏信心，神仍可能選擇要回應你的要求。但如此一來，你就錯失信心禱告的喜樂。

當神說不的時候

用刀殺了約翰的哥哥雅各。

他見猶太人喜歡這事,又去捉拿彼得。

(使徒行傳十二章2～3節上)

你是否在神回絕自己的祈求時,仍然能接受神的旨意呢?如果你在神的旨意中禱告,祂總是會回應你的禱告(耶利米書卅三:3)。然而,有時候祂會拒絕你的祈求。

希律王拘捕彼得,並且準備要辦他。就在那一夜,教會弟兄姊妹聚集禱告的時候,彼得被天使救出來,逃過一劫。神在那一夜,以神蹟回答祂百姓們的祈禱。然而,不久之前,雅各也被希律王拘捕,結果被殺了。當然,教會眾弟兄姊妹也曾熱切爲雅各禱告,就像他們爲彼得禱告一樣。但是,神那一次對他們的回答是:不。

神是否愛彼得多過雅各?當然不是。雅各曾經是耶穌的密友之一。然而,神讓雅各死,卻存留彼得的性命在世上繼續服事祂。耶路撒冷的教會並沒有變得苦毒,他們接受祂的回答,因爲他們相信祂的愛與智慧。

有時候神要我們恆切禱告,直到祂在我們身上成就祂的事工(路加福音十一:5～8,十八:1～6)。然而,如果神的答案是否定的,你再怎麼乞求神改變心意,也是徒勞無用。有些人無法接受神的拒絕,他們堅持如果禱告夠長、夠努力,神終究會照著你的心願成全一切。當神已經清楚拒絕你的祈求時,你仍然不斷地懇求,這對神是個侮辱。禱告的目的不是要神順著我們的心意成就,乃是調整我們的心意能合乎神的旨意。我們一定要學習相信神,當祂對我們說不的時候,要相信祂的旨意是最美好的。

靈性的饑荒

主耶和華說：日子將到，我必命饑荒降在地上。
人饑餓非因無餅，乾渴非因無水，
乃因不聽耶和華的話。

（阿摩司書八章11節）

神有時候對我們沉默不語。以色列人明目張膽地忽視和拒絕神對他們所說的話，於是，神命令饑荒降在地上，這個饑荒遠比食物及水的短缺還嚴重。他們被剝奪不得聽見神生命的話語。

神剛開始沉默的時候，你可能很難注意到祂的沉默。你可能依稀記得過去神對你所說的話，然而，你慢慢會領悟到，自己有一段很長的時間不再聽見神的聲音。倘若你發覺自己正處於「乾旱」，你要立即尋求神，求祂調整你的生活，好讓你再次享受與祂相交的喜樂。也許上回你曾不順服神的命令，因此祂在給你新方向以前，先等待你順服下來。也許是你生命中有尚未悔改的罪，或是你有破裂的人際關係（以賽亞書一：15；彼得前書三：7）。有可能你在禱告的時候，話說得太多，而祂要你去聆聽。神的沉默可以成為一段祂與你相交、大有能力的時光。

神就是神！因為祂是神，當祂開口發言的時候，祂期待你有能聽的耳，並且能熱切地回應。祂是輕慢不得的（加拉太書六：7）。當我們忽視祂，祂可能會閉口不言，直到我們悔改，並與祂的關係恢復正常。先知亞撒利雅向亞撒王保證：「你們若順從耶和華，耶和華必與你們同在；你們若尋求祂，就必尋見；你們若離棄祂，祂必離棄你們。」（歷代志下十五：2）

屬靈的標記

以色列人就照約書亞所吩咐的，按著以色列人支
派的數目，從約旦河中取了十二塊石頭，都遵耶
和華所吩咐約書亞的行了。他們把石頭帶過去，
到他們所住宿的地方，就放在那裏。

(約書亞記四章8節)

靈性的記憶在基督徒生活中，佔有重要的一席之地。每回神向你說話的情景，是否仍歷歷在目？倘若你急於超前自己基督徒的信心，卻忽略在生活中的十字路口，放下屬靈的標記，這是個悲劇。若沒有這些屬靈路標的幫助，你會迷失屬靈的方向。

以色列人曾經歷一段嘩譁漫長的旅行。由於懷疑神的大能是否帶來勝利，他們付上漂流曠野四十年的代價。後來，神行神蹟，分開約但河水，讓他們過河，好繼續他們的征戰。神知道以色列人遭遇敵人的脅迫時，有時需要一些提醒，好相信神的大能足以保護他們。以色列人可能會受試探，認為進入迦南地是個錯誤。為了這個原因，神要他們在約但河畔立標記。他們無論任何時候回到此地，這標記會提醒他們神偉大的能力。這標記會鼓舞他們面對新的挑戰。

靈性的標記指出我們面對神清楚帶領的一段抉擇時光。你還記得自己成為神兒女的那一刻嗎？你是否記得祂呼喚你照祂的方式而活的那一刻？你是否能清楚指出，祂明確引導你作決定的時刻？你還記得祂曾以大能呼召你，向祂獻身嗎？要記錄這些人生的重要時刻！要定期回想這些重要時刻，並且察覺自己在神的帶領之下穩定的成長。這會幫助你瞭解神在你生命中的作為，也幫助你明白自己未來的方向。

天國中最大的

是誰為大，是坐席的呢？是服事人的呢？

不是坐席的大嗎？

然而，我在你們中間如同服事人的。

（路加福音廿二章27節）

在神國裏，衡量偉大人物的方式與世人大大不同。我們的社會把財富、權勢、美貌、運動能力視為偶像，甚至把那些厚顏無恥、炫耀自己不道德行為的人，當作名流。世人認為服事人是低下的工作，但神的國度完全否定世人對尊敬的評價，神的國度是以服事人的坐首席。那些無私的、仁慈的、毫不埋怨的、隱藏自己事奉的人，在神國中是最被尊崇的。

當耶穌與門徒進入樓上的房間，門徒忙著找重要的席位坐下，耶穌卻在尋找服事的場所。門徒們很尷尬地等著耶穌拿毛巾、臉盆，洗他們的腳（約翰福音十三：1～15）。基督徒很喜歡自稱為僕人，卻很少會以僕人的待遇而心滿意足！我們往往採用世人所重視的評價。若以耶穌為自己的榜樣，我們會看到服事人比被服事的人，擁有更高貴的性情。

世人會以服事你的人數多寡，來衡量你的重要性，但神關心的是，有多少人正接受你的服事。如果以服事人為苦，你可能已經遠離神的心了。求神教導你無私，賜給你力量，能夠效法祂的榜樣。注意耶穌的邀請，好加入祂事奉的行列。

當憐恤！

你不應當憐恤你的同伴，

像我憐恤你嗎？

（馬太福音十八章33節）

憐恤是一項禮物，不是你應得的。受懲罰及承當自己行為的後果，是罪的公義代價，但憐恤人的人不應該向犯罪的人討公道。若不是神的憐憫，我們所有人早就面臨祂可怕的審判。若不是祂的憐憫，我們早在第一次犯罪後就被定罪。若不是祂的憐憫，祂會在我們每次犯罪後懲罰我們。然而，神沒有讓我們承受應受的懲罰，祂以自己作為我們罪的贖價。

你是否覺得自己很難懷有憐恤心？也許你並不理解神對你的憐恤心。耶穌命令自己的門徒，要以神憐恤自己的心來憐恤他人。當他們想到自己白白得來的憐恤，他們怎能拒絕將這無條件得來的憐恤，傳遞給其他人呢？比起神無罪之子所承受的謾罵、叫囂等不應得的待遇，任何對我們的冒犯，又算得了甚麼呢？我們是多麼快地忘卻神仁慈賜予的憐憫，只在意自己由他人身上所承受的不平待遇！

如果你發現自己很難饒恕人，你可能需要默想神的恩典，以免你承受神公義的憤怒。聖經曾描述神是「樂意饒恕人，有恩典，有憐憫，不輕易發怒，有豐盛慈愛的神」（尼希米記九：17下）。

福音更興旺

弟兄們，我願意你們知道，
我所遭遇的事更是叫福音興旺。

(腓立比書一章12節)

每件事的發生都能以兩個方式去看待：這件事情如何影響你？如何影響神的國度？使徒保羅總是關心如何使用環境來拓展福音。當他被不公平地關入監獄時，馬上觀察自己的入獄，是否成為傳播神救恩的機會(腓立比書一：13；使徒行傳十六：19～34)。當他被憤怒的暴徒攻擊時，他利用這機會傳福音(使徒行傳廿二：1～21)。當保羅因訴訟事件面謁亞基帕王時，他滿腦子是如何向國王分享自己的信心(使徒行傳廿六：1～32)！即使保羅遇見船難，擱淺在一個島上，他仍使用這個機會分享福音。不管環境如何，保羅最關心的是如何利用目前處境，告訴他人神救恩的好消息。

在面對一個新的處境時，我們最關心的通常不是神的國度。當面臨危機的時候，我們可能變得憤怒或擔憂個人的利益受損，而不去瞧瞧神要藉此施行何事。倘若一直以自我中心，我們會失去許多機會，經歷神在我們身上與周圍人們身上的作為。

祈求神讓你明白，祂要如何使用你的現況，成為他人的祝福。也許你身邊有人必須看到基督如何改變你的生命。你是否願意讓神使用你的環境，向你身旁的人見證祂拯救的大能？

無可指責

烏斯地有一個人名叫約伯；

那人完全正直，敬畏神，遠離惡事。

（約伯記一章1節）

過無可指責的生活，是何等大的自由！沒有任何人能控告他做錯事，連撒但也不能。即使經歷最嚴謹的檢視，約伯仍然可以不受任何指責。

使徒保羅說，他自己一直對人常存無虧的良心（使徒行傳廿四：16），我們也應有這種渴望才對。啓示錄指出，在天堂的人是無可指責的（啓示錄十四：5），這並不代表他們在世的時候，完全沒有犯罪，然而，神赦免他們的罪，並且賜祂的公義給他們。

無可指責並不代表完美，無可指責是指在每個處境中做對的事。倘若你得罪人，要承認自己的罪，並要求對方饒恕自己。倘若你得罪神，要悔改，且開始順服祂（箴言廿八：13）。你如何處理自己的罪，與罪行的本身是同樣重要的。當你開始知道自己所犯的過錯時，要以無可指責的方式，來處理自己罪的問題。倘若你想隱藏、否認你的罪，或爲自己的錯誤找藉口、怪罪人，你可能會加重自己原來的過犯。

你是否在與神相交或與人相交上無可指責呢？當你得罪人的時候，是否與他們和好？如果你是無可指責，你會竭力改正自己犯的過錯，並且修復任何破裂的關係。行事無可指責的人，會有大平安隨著他！

高傲必使你卑下

> 人的高傲必使他卑下；
> 心裏謙遜的，必得尊榮。

> *(箴言廿九章23節)*

驕傲是基督徒最大的敵人。驕傲是高看自己，它會使你明知故犯，做一些不像基督的行為，也會阻止你去做一些榮耀神的事。驕傲使得亞當與夏娃想要和神一樣（創世記三：5），驕傲促使該隱謀殺自己的弟弟（創世記四：5），驕傲激怒約瑟的哥哥們，把他賣了作奴隸（創世記卅七：8），驕傲使掃羅王極為憎惡大衛，甚至要謀殺他（撒母耳記上十八：8），驕傲使希西家王愚蠢地向敵人展現自己國家的財富（以賽亞書卅九：2），驕傲是法利賽人敵視耶穌的根源，驕傲也是門徒爭議天國地位的原因（路加福音九：46）。

驕傲是你無情的敵人。倘若屈服於它的影響力，你自然得承受驕傲的後果。你可能知道自己冒犯某人，然而，驕傲使你不願開口要求饒恕。你可能知道自己必須修復破裂的人際關係，但是驕傲使你否認這個需要。聖靈可能光照你正活在罪惡之中，驕傲卻使你不願意承認自己的問題。驕傲會使你確信自己應受更好的待遇。驕傲會阻礙你服事他人。驕傲會讓你努力出人頭地。驕傲會使你喜歡人的恭維及忽視誠實的建議。驕傲會使你孤立自己、為人不可靠。

相對地，謙卑會討神的歡喜，使你的生活得到神的稱許。如果驕傲已經慢慢侵入你生命的某些部分，趕緊在它奪取神在你身上的旨意之前，求神讓你克服它。

你的寶藏在哪裏？

因為，你們的財寶在哪裏，
你們的心也在那裏。

（路加福音十二章34節）

你最珍惜的東西，就是你的寶藏。你投資最多錢與時間的地方，是你的寶藏。你最關心的話題，是你的寶藏。其他人對你的認識，就是你的寶藏的最佳指標。

大部分的基督徒很快就自稱，神在他們心中是最重要的寶貝。然而，他們的行為往往透露出他們的寶藏不是神，而是一些屬世的東西。有些基督徒發現，他們很難討論自己與神的關係，卻能很輕易地閒聊，談自己的家人、朋友或嗜好。有些基督徒發現自己很難奉獻金錢，卻能花大把鈔票在休閒活動上。有些人能大膽地向陌生人推銷產品，卻非常羞於向人提及我們的救主。有些人花上百個小時做義工，卻覺得自己沒有時間服事神。

如果你不確定自己的寶藏在哪裏，檢討你的時間與金錢投資在哪裏，你的寶藏就在那裏。你的寶藏反映出你最喜愛的思想與話題。要你的朋友告訴你，他們認為甚麼東西對你最重要，問你的孩子，甚麼東西對你最重要。別人對你的寶藏的看法，也許會讓你驚訝不已。

互相擔當重擔

你們各人的重擔要互相擔當，

如此，就完全了基督的律法。

（加拉太書六章2節）

當神把一些生活困乏的人放在你周圍時，祂清楚知道他們的需要，並且祂也賜給你資源，去滿足他們的需要。你知道在神手中沒有意外的發生。當你的周遭有需要出現時，馬上到天父那兒，向祂說：「祢把我放在這兒，一定有祢的原因。祢知道事情會如何發生。祢要我做甚麼，好帶領這個人更親近祢？」

認出別人生活的需要，可說是神給你的所有經歷中，最偉大的邀請之一。人很容易為了其他人的問題而沮喪。當你看到他們一個接著一個的需要時，你可能覺得被壓得喘不過氣來。與其把每個新需要看成是更多的時間、精力或錢財外流，不妨來到神的面前，問祂為甚麼把你放在這裏。容許神幫助你，除了看到別人明顯的需要，更看到神在他們身上真正的心意。不要因為不甘願背負人的重擔，而錯失神的作為。

神是否在物質上大大祝福你？祂也許正建立一個「後勤補給中心」在你的生活當中，祂可以藉著這個中心，供應他人的需要。神是否賜給你一個健全的家庭生活？祂也許正需要一個健全的家庭，來幫助你周遭受傷的家庭。神是否把你由罪惡的習性中釋放出來？神的平安是否在你極傷心痛苦時安慰你？祂是否奇妙地供應你的需要？也許祂計畫要建造這些事在你的生命中，好叫你成為一個背負他人重擔的人。

看見許多人

耶穌看見這許多的人，就上了山，既已坐下，
門徒到祂跟前來，祂就開口教訓他們。

(馬太福音五章1～2節)

基督看人的角度與我們看人的角度很不一樣。從四部福音書的前後記載，我們可以看到耶穌教導門徒有個模式。每回祂看到群眾，祂會將自己對這些人的心意透露給祂的門徒。耶穌要祂的門徒分享祂對那些群眾的愛。門徒們不總是瞭解祂說話的含意，但是祂向他們保證，將來聖靈會解明祂的話（約翰福音十四：25～26）。當群眾開始對耶穌施加壓力時，耶穌會與祂的門徒單獨相處，教導他們神對人類的大愛。

當你與神同行，你也會經歷一樣的模式。當神把你放在一群人當中，你可能由聖靈感應到神對那些人的愛。也許主會領你離開眾人，讓你與祂獨處，祂在那裏分享祂對你身邊人們的熱愛。祂可能向你透露自己對人們的旨意，邀請你參與祂救贖的作為。祂可能把為他們禱告的負擔，放在你的心中。如果你處在一群人當中，對他們的屬靈狀況毫無所動，神可能要加深你對他們的愛，好預備你照祂的心意幫助他們。

下回你在人群當中，要傾聽聖靈所說的話。你可能發現神非常愛那些人，並且正在等待祂其中的一位門徒回應祂的敦促。

義的奴僕

你們既從罪裏得了釋放，

就作了義的奴僕。

（羅馬書六章18節）

在你成為基督徒之前，你是罪的奴僕，被罪所捆綁。就算你根本不想犯罪，還是會不由自主去做（羅馬書七：15～24）。當神拯救你之後，祂把你由罪惡中釋放出來，然而，你的身分還是奴僕。現在你不再被罪惡捆綁，你是被公義捆綁。在你生命每個角落，你有義務要榮耀神。

有些人以為基督已經釋放自己，因此可以為所欲為。事實並非如此。使徒保羅理解到，在跟隨基督之後，他變成基督的「奴僕」，不但如此，他的生命再也不是他自己的（羅馬書一：1）。他不再作罪的奴隸，他是神與神公義的奴隸。當人們惡待他的時候，他已經放棄天然本性的反應，取而代之的是有一股力量，讓他能以公義回應。當他被試探的時候，他不再屈服於自己的感覺。保羅在工作場合不會有自私的行為。他瞭解身為義的奴僕，他有義務要過聖潔的生活，以榮耀他的主。

公義的生活不是基督徒的選擇，也不是一件得時時嘗試去做的事。它是一項義務，是神的每一位兒女所當行的事。在基督裏的自由，不是高興做甚麼就做甚麼，而是以公義過日子的自由，這不是被罪捆綁時所能做到的。現在我們有自由，能過公義的生活，務必要容許聖靈在生命結出聖潔且成聖生活的果子（約翰一書三：7）。

在純正中被扶持

祢因我純正就扶持我，
使我永遠站在祢的面前。

（詩篇四十一篇12節）

約瑟是個義人，他在自己的生活圈中以聖潔成名。然而，閒言閒語傳得好快，他的未婚妻馬利亞懷孕了。這對許多人來說，可是醜名遠播的最糟窘境。約瑟可能會由其他人口中，聽到一些閒話，被其他人排斥。但他是個正直的人，瞭解神知道他與馬利亞的關係是清白的。

有時候，神會是你公義行為惟一的見證人。有時候，只有神瞭解你的動機。有時候，你照著神的指示做，反而被別人嘲弄。在這種時候，你能做的只是持守正直，相信神一直在看顧你。神最喜愛那些行為正直的人，他們不管其他人的批評，仍按著他們所知的持守正直。

人們是否知道真相，不是最重要的事；你是否在神面前持守純正，才是最重要的。當似乎沒有人瞭解你為何如此行，或有人質疑你是否做了所有該做的事時，你的信心不是建立在被人接納的希望，乃是知道神的眼睛看顧全地。這種信心必幫助你持守下去。

攻破堅固營壘

「你們也不可與這地的居民立約，要拆毀他們的祭壇。
你們竟沒有聽從我的話！為何這樣行呢？」
因此我又說，「我必不將他們從你們面前趕出；
他們必作你們肋下的荊棘。
他們的神必作你們的網羅。」

（士師記二章2～3節）

神清清楚楚地指示以色列人：要完全趕出迦南人，消滅他們所有可鄙的偶像敬拜。這個任務充滿挑戰性！他們的敵人擁有可怕的戰車，那些迦南人擁有外觀看來很難攻陷的防禦工事。以色列人並沒有把所有的迦南人趕出迦南地，許多迦南人的生活習性與宗教，十分吸引以色列人罪惡的本性。以色列人非但沒有消滅他們和他們的偶像，反而妥協了。對以色列人來說，迦南人是個麻煩，會分散人的注意力。他們拜偶像的習性會一直試探以色列人。

當你成為基督徒，神向你生活中罪惡的堅固營壘宣戰。罪惡的行為與態度會牢牢地霸佔你，但是神命令你要拆毀這個要塞。聖靈會指出，我們生命中有哪些地方拒絕順服神的心意。你是否僅僅想與罪簽訂休戰協議，而不去消滅它們？憤怒是否是你其中一項罪惡堅壘？若是如此，它會在你軟弱時冒出來。情慾是否是你生命中的罪惡堅壘？若是如此，它會在你不提防時使你屈服。在你不注意的時候，這些堅壘會試探你，讓你繼續行過去罪惡的行為。

不要小看罪惡的毀滅能力。倘若你的生命中，仍有未被對付的堅固營壘，要知道聖靈早就預備好，要幫助你得到完全的勝利。

還有甚麼可做的呢？

我為我葡萄園所做之外，還有甚麼可做的呢？

我指望結好葡萄，怎麼倒結了野葡萄呢？

（以賽亞書五章4節）

先知以賽亞提到一個在肥美山崗上葡萄園主人的故事。那個人刨挖園子、撿去石頭，好讓所栽種的葡萄樹自由生長。他只種最上等的葡萄樹，並在園中蓋了一座樓，好守望侵略者與野獸的侵入。他又鑿出壓酒池，指望結好葡萄。然後，他等候結實。最終他卻未收成好葡萄，反而在葡萄園裏長滿沒用的野葡萄。

這個故事說明了神與祂百姓的關係。神已經為我們做了所有能做的事，好幫助我們結出豐盛屬靈果子的生命。祂把我們由絕望中拯救出來。祂賜給我們聖靈，好在我們生命中結出果子（加拉太書五：22～23）。祂除去我們的罪，使我們能夠自由地事奉祂。我們擁有無數版本的聖經，以及前所未有的豐富屬靈資源，像：基督教書籍、音樂、錄影帶、福音聚會或培靈會、教會學校、福音電視及電臺、屬靈雜誌和研討會等。我們有各類大小不同的教會，有教師及牧師的教導與鼓勵。最重要的是，我們能夠以禱告來到神的跟前。耶穌說，多給誰就向誰多取，多託誰就向誰多要（路加福音十二：48）。有一天，神會審查我們，檢視我們在祂豐盛供應下所結的生命果實。祂會發現甚麼？

選擇喜樂

約在半夜，保羅和西拉禱告，
唱詩讚美神，眾囚犯也側耳而聽。

（使徒行傳十六章25節）

身為基督徒，我們的喜樂不應該取決於環境。喜樂乃是從神而來，不應被外在環境所影響。不要愚蠢地任由他人的行為舉止，來決定你的喜樂。真正的喜樂乃是不管外在環境如何，確實知道神自己住在我們心裏與我們相交。真喜樂是清楚瞭解聖潔的神已經完全饒恕我們的罪，甚至祂已經在天上為我們安排了一個住處，讓我們能夠永遠與祂在一起（約翰福音十四：3）。你生活的環境並不能夠改變這些真理！

保羅和西拉面對的是你所能想像到最困難的環境。他們被誣告，被拘捕下監。他們被棍打，並且被上了腳鐐，關在監獄中最黑暗、最寒冷的牢房。然而，他們拒絕讓可怖的環境減少自己的喜樂！他們沒有責怪神讓這些事發生在他們身上，相反地，他們讚美祂的美善！在黑暗的夜晚，他們禱告、唱詩、讚美神。神施行了一個神蹟，他們的鎖鍊都鬆開，然而，最大的神蹟也許是聖靈即使在他們痛苦入監時，仍然充滿他們，使他們的喜樂滿溢！

不要讓困難的事物抵消你作神兒女的喜悅。選擇讓聖靈以洋溢的喜樂充滿你。對那些看你面對試煉的人而言，你的生命會是個神蹟。

轉向神

所以你要對以色列人說，萬軍之耶和華如此說：

你們要轉向我，我就轉向你們。

這是萬軍之耶和華說的。

（撒迦利亞書一章3節）

神要讓我們成為甚麼樣的人，取決於我們對祂的反應。如果我們遠離神，祂要我們回轉向祂。神應許，如果我們轉向祂，祂就馬上更新祂與我們的關係。雅各書四章8節告訴我們，如果我們親近神，祂就必親近我們。馬太福音七章7節保證，如果我們尋找基督，尋找就必尋見。基督徒的生活主要在於對神的回應，和我們想要完全經歷神的渴望。

為甚麼有些基督徒似乎比其他人更深地與神同行？為甚麼有些人的代禱力量，能夠改變國家的措施？為甚麼神選擇去膏抹一些人所說的話，因此當他們說話、禱告或講道時，很明顯地他們的話語就被神膏抹成聖？這是因為這些人下定決心，執意要追求神，直到在生活中真實體驗祂大能的同在。他們決心不以偶有神的同在為滿足，神尊重他們的渴望。

你是否滿足於現在與神的關係？還是你渴望與祂建立更深的關係？與神相交，不要滿足於那種被罪所敗壞、沒有聖靈大能的關係。那歷世歷代的聖徒所擁有神大能的同在，正等著你去掘取！回轉向神吧！如果你回轉向神，會發現有許多寶藏等著你。祂等著你的回應。

不能壞的冠冕

豈不知在場上賽跑的都跑，但得獎賞的只有一人？
你們也當這樣跑，好叫你們得著獎賞。凡較力爭勝的，
諸事都有節制，他們不過是要得能壞的冠冕；
我們卻是要得不能壞的冠冕。

（哥林多前書九章24～25節）

運動員通常比普通人更奮力發展自己的潛能。他們努力控制自己的肉體與意志力，盼能一鳴驚人，得到獎賞。當其他人回家休息，運動員繼續鍛鍊自己。當其他人體貼肉體，享受安舒的時候，運動員則強迫自己直至忍耐的極限。有些人只要表現平庸就心滿意足，然而運動員願為卓越的表現付出任何代價。保羅說，雖然運動員付上最大的努力以得成功，但是他們的成就與獎賞終究被人遺忘。即使是最偉大的運動員，其成就也不會持續到永恆。

倘若運動員願為那會朽壞的獎賞竭盡全力，那麼基督徒願為那不朽壞的獎賞，付上多少代價呢？倘若運動員肯日復一日、為榮耀與他人的讚賞而努力不懈，那麼基督徒得付上多少努力，才能換得恩主一聲嘉許：「做得好」？你是否努力讓自己的身體也能榮耀神？你是否鍛鍊自己以神的思想為思想，而不是認同世人的思想？你是否操練自己的禱告生活？你是否在其他人睡覺時，仍然為人代禱？你是否勤奮讀經，預備好面對目前生活的挑戰？你是否裝備自己廣傳福音，隨時可以分享信心？身為基督徒，你是否預備好要得到那不朽壞的冠冕？

聖 路

在那裏必有一條大道，稱為聖路。污穢人不得經過，
必專為贖民行走；行路的人雖愚昧，也不致失迷。

（以賽亞書卅五章8節）

以色列這個國家，本來是被預定成為萬國敬拜真神的地方。耶路撒冷的聖殿，本來是傳播神救恩喜信到世界每個角落的中心點。但那些本來應屬神的百姓，卻背棄了祂，行各樣惡事。他們不但沒有作神的使者，反而羞辱神的聖名；不但沒有吸引地上萬國到神的跟前，反而成為尋道者的絆腳石。以色列人慘痛地失敗，與神原先的計畫大相逕庭，以至於神審判他們，放逐他們。然而，神應許有一天祂的百姓會成為一條大道，帶領其他人得著救恩。

哪裏有基督徒，神就有法子讓人們知道救恩（羅馬書十：14～15），這是神的心意。每當未信者遇見基督徒，他應是與所有跟隨主的資訊面對面。

可悲的是，有些基督徒就像以賽亞時代的以色列人。我們可能深陷罪惡之中，完全背離神，更別提裝備自己去指引人。如果我們在生活中假冒為善，我們非但不能幫助人到神的面前，反而害人轉離神。如果我們的生活充滿疑惑和憤怒，我們會妨礙他人到主的跟前。我們的生活應該是一條聖道，成為周圍尋道者的幫助。求神挪去你生命中任何妨礙人認識主的絆腳石。

有效且懇切的祈禱

義人祈禱所發的力量是大有功效的。

（雅各書五章16節下）

神應許所有信徒若能過公義的生活，並且懇切地祈禱，我們的禱告是大有功效，且會有重大的結果。我們是如何看這條應許呢？我們可能會爭論：「可是，我真的有禱告，只是甚麼事也沒有發生！」我們的問題在於不相信神話語的可靠性。神的話告訴我們，禱告會成就許多事。倘若我們的禱告生活沒有成就任何事，我們該怎麼辦？倘若我們禱告沒有果效，是否代表這個應許不是真的？我們是否應該因而認定聖經不合實際？或者我們應檢驗自己是否合它的條件？

雅各說，懇切地禱告是大有功效的。我們是否禱告得不夠懇切？懇切地禱告代表我們絕不輕易放棄。懇切地禱告表示我們願意花足夠的時間為人代禱。懇切地禱告是以心靈向天父呼求，有時甚至是帶著眼淚的。懇切地禱告是聖靈以說不出的嘆息為我們禱告（羅馬書八：26）。

根據雅各書，我們的公義會保證有功效的禱告。神公義的標準與我們的標準不同。祂越過我們的行為，甚至我們的思想，直見我們的內心。倘若我們的禱告功效很小，怎能自以為已盡了責任？如果禱告沒有效，問題不在神的身上，而在我們的身上，因為神的話是絕對可靠的。如果我們能堅守神的要求，祂會領我們照著祂的心意禱告，且以大能的方式回答我們的禱告。

苦 毒

又要謹慎，恐怕有人失了神的恩；
恐怕有毒根生出來擾亂你們，
因此叫眾人沾染污穢。

(希伯來書十二章15節)

苦毒以一種頑強的方式根植於我們靈魂的深處，拒絕被拔除。苦毒的發生有許多原因，它可能是你孩提時期所受到難以忘懷的傷害。時間不但沒有減輕疼痛，似乎把痛苦磨削得更尖銳。朋友或同事傷人的言語，也可能導致苦毒。傷你的人往往不知道你受傷的程度有多深。你可能發現，自己在腦海中不斷重覆被傷害的情景，每一次的回憶讓你的苦毒在靈魂植根更深。苦毒是由自覺不公平的對待而來。

苦毒很容易讓你自以為義。你可能懷有一顆苦毒的心而不以為意，但它終究會毀滅你。只有神完全知道苦毒的毀滅潛力。沒有任何事物會在你心中扎根太深，以至於神的恩典觸摸不到，沒辦法為你除去。你的生命中沒有任何地方會過於痛苦，以至於神的恩典沒辦法為你帶來完全的醫治。沒有任何攻擊對你是太可恨，以至於神的愛無法使你饒恕對方。

當你允許苦毒在你生命中成長，你便拒絕讓神的恩典釋放你得自由。如果你在神面前存誠實的心，你會承認自己的苦毒，並且求神饒恕你。苦毒會奴役你，但是神可以挪去你的苦毒，以祂的平安與喜樂來代替。

192

有信心的盼望

也要堅守我們所承認的指望，不至搖動，

因為那應許我們的是信實的。

（希伯來書十章23節）

「**守**望」在基督徒的生命中，絕不是希望的想法罷了。這是有信心的期待。那些生命中沒有基督的人，可能希望事情有所改觀，藉某人來改變他們的處境。基督徒與宇宙的主宰有個人的關係。這位宇宙主宰不僅管理所有受造物，也管理我們所處的環境。我們可以滿懷信心而活，因為我們的盼望是在於那位信實的主。

當神發言時，祂的話決不徒然返回，必成就祂所說的話（以賽亞書五十五：11）。當神向你說話，要完全相信祂，祂決不欺騙祂的兒女。如果祂向你指示祂的心意，你可以放心，祂絕對成就那事。

你是否不明白，為何不義的人興旺發達，而義人忍受痛苦？耶穌應許每個人最終都要接受公平的報應（路加福音十六：19～31）。你是否懷疑，以神的標準與方式教養兒女，等他們成年後，這些心血能否收到果效？神應許你，教養兒童使他走當行的道，就是到老他也不偏離（箴言廿二：6）。你是否懷疑，自己在成為基督徒時所放棄的一切，是否會被神的祝福所代替？耶穌應許我們在今生可以得到百倍（馬可福音十：29～30）。你是否懷疑耶穌會回來，那些在基督裏死了的人會加入我們？聖經上指明，這是肯定會發生的（帖撒羅尼迦前書四：13～18）。

我們的盼望不是建立在對神作為的臆測。在生命許多方面，神已賜下祂的話語，叫我們知道祂的作為。我們可以滿懷信心地盼望祂所應許的每一件事。

等候主

要等候耶和華！當壯膽，堅固你的心！
我再說，要等候耶和華！

(詩篇廿七章14節)

等候是一件最難的事，我們總想作行動者。倘若有所行動，我們的心會覺得好受得多，然而，等候迫使我們倚靠神。大衛學習等候的真義。他在年少時，被神膏選為下一位以色列王，然後花了許多年等候神的話語實現。當他等候的時候，一個猜忌心重又自私自利的國王，正霸佔著要應許給他的王位。大衛不是躲在洞穴裏，就是住在他的敵人當中。當他等候的時候，他親眼看見好朋友們被謀殺，他的家人與所有財產都被奪走。他看到以色列的敵人蹂躪自己的同胞。也許再也沒有一個人像大衛一樣，在等候神的應許時遇到那麼多的逆境。大衛一定懂得甚麼是沮喪與懼怕。

然而，大衛享受到自己等待的報償。他成為以色列歷史上最偉大的國王，更重要的是，他經歷這些考驗後，變成一個合神心意的人。大衛在逃亡時所寫的詩，在歷世歷代被千萬人所珍愛。彌賽亞是大衛的後代。大衛願意等候的心，成為我們所有人的祝福。

等候神的時候，可以成為你生命中最寶貴的時刻(約翰福音十一：1～6)。如果你正在等候神，讀讀以賽亞書四十章31節，這段經文可以讓你在等候神成全祂的應許時，得到激勵。

依著神的意思憂愁

因為依著神的意思憂愁，
就生出沒有後悔的懊悔來，以致得救；
但世俗的憂愁是叫人死。

（哥林多後書七章10節）

屬世的憂愁與屬神的憂愁有所不同，雖然兩者都涉及內心深處的情感。你可能為自己所做的事很憂愁，也可能因為自己的失敗及得罪神與人而憂心如焚。猶大也有同樣的憂愁。他為三十塊銀子，一個奴隸的公定價碼，出賣神的兒子。然而，他並沒有因為自己的憂愁而悔改，找其他門徒和解。他反而因為心裏極端地痛苦，跑出去吊死（馬太福音廿七：3～5）。猶大帶著他的憂愁進了墳墓。

彼得的憂愁是多麼的大不相同！彼得也是在耶穌被處極刑時背棄主。彼得也跑到外面哀哭（路加福音廿二：62）。然而，彼得回到耶穌的身邊，向耶穌再次肯定自己的愛（約翰福音廿一：15～17）。彼得不僅是懊悔，他也悔改。彼得的生命改變了。再也沒有記錄顯示彼得又否認主，即使在他被執刑，面對死亡威脅時，也沒有背離主。彼得悔改，並且生命改變了，不再犯那樣的罪。

不要讓自己的懊悔奪取你真誠悔改的機會。你可以自責，為自己所犯的罪行憤怒，但是這不是悔改。允許聖靈光照你罪的嚴重性，求聖靈清楚讓你明白神對你的性格有何看法。當你以神的角度看自己的罪，你會體驗到屬神的憂愁。

神不會忘記

婦人焉能忘記她吃奶的嬰孩，不憐恤她所生的兒子？

即或有忘記的，我卻不忘記你。

（以賽亞書四十九章15節）

神永遠不會被其他事盤據而分心，疏忽忘卻了祂任何一位兒女的需求。神說，即使有餵奶的母親忘記她吃奶的嬰兒，祂也不會忘記祂的兒女！餵奶的母親對自己嬰孩的需求極其敏銳。即使嬰兒在另一個房間，母親一樣可以感受到嬰兒的需要。母親知道哪個時候該餵奶，哪個時候該照顧孩子。母親永遠不會被其他的事所盤據分心，而疏忽兒女的需求。

神選擇用這個比喻，貼切描述出祂如何看顧祂的百姓，因為神比最慈愛的母親更敏銳地知道孩子的需要。我們每次哀哭，祂都與我們同在。即使我們尚未求告之先，神就應允我們的祈求（以賽亞書六十五：24）。這是神賜下最能安慰我們的應許：祂永遠不會忘記我們。

不要讓困境說服你，使你以為神忘記你。永遠不要假設神比較關心其他人，例如那些看起來比較屬靈或比較重要的人。聖經上告訴我們，神像餵奶的慈母對嬰兒一樣地愛你、關心及看顧你。這句經文再次向你保證，神是如此地愛你！

祂在你的右邊

我將耶和華常擺在我面前，
因祂在我右邊，我便不致搖動。

（詩篇十六篇8節）

將主「常擺在你的面前」是甚麼意思？這句話是指，你願意以自己對神的信心，來看周遭發生的每一件事。你全心所注意的人事物，成為支配你生活的動力。你可能是基督徒，然而如果你總是專注於自己的問題，你的問題會決定你人生的方向。如果你的專注點是人，那麼人們會決定你的思想與作為。在聖經時代，右手是最重要的席位，通常是保留給參謀長和主要的擁護者。當你選擇專注於基督，你就是邀請祂在你生活佔有最重要的席位，成為你的策士和保衛者。

每當面對一個新的經驗，你應當轉向祂，向祂諮詢見解及支取力量。當人們侮辱你或錯待你，你應該向你的策士徵詢何為合宜的反應。當你面對危機，應當向你右手的那一位支取力量。當你有所需求，應當在自己付出行動時，詢問策士的意見。當你面對可怕的處境，應該向你右手邊的保衛者支取勇氣。你做的所有事情，都落入你與基督關係的範疇之內。

神的恩典實在令人難以置信，基督就站在你的身旁指引你、勸導你、並且保護你！基督就在你的右手邊，你怎能因為環境而變得憂心沮喪？祂就在你的右手邊，會帶給你何等的信心！

神重看尊敬祂的人

因為尊重我的，我必重看他；

藐視我的，他必被輕視。

（撒母耳記上二章30節下）

神國的其中一個真理就是，如果我們尊榮神，神必重看我們。如果我們膽敢藐視祂，我們在祂的國度中也會被輕視。主動權在於我們。我們對神的反應決定神對我們的反應。

以利作以色列祭司已有多年，他知道神公義生活的標準。然而，以利面對一個兩難的處境，他兒子們的生活得罪神。身為父親，以利必須決定自己到底看重甚麼。他可以不順著那不道德、不敬虔的兩個兒子，而高舉他所事奉的神。但以利卻選擇看重自己的兒子，沒有堅持兒子們務要遵循神的標準。以利可能會抗辯自己仍然很愛神，只是他沒辦法使家人尊重神。神對以利的行為有不同的看法（撒母耳記上三：13〜14）。當以利在以色列百姓面前不能尊榮神，他允許自己的兒子對神不敬畏，顯示出他真正的內心。這就是為甚麼神嚴厲地懲罰他與他的兩個兒子（撒母耳記上四：17〜18）。

如果你在教會讚美神，在工作場合的表現又是另一回事，那是不能討神歡喜的。如果你不在學校或鄰居面前尊榮祂，單與基督徒一起尊榮神，這是不被神所接受的。祂期待你能以你的話語、你的行為、你的生命，全人地尊榮祂。如果你尊榮神，神必重看你。

分別虔誠人歸祂

你們要知道，耶和華已經分別虔誠人歸祂自己；

我求告耶和華，祂必聽我。

（*詩篇四篇3節*）

沒有一個人比虔誠人在主的眼中更珍貴的。神喜悅每個努力活出聖潔生活、且歸榮耀給祂的人。在神的心中有一個特別的地方，是給這些虔誠的人。神總是護佑他們，祂早準備好要回應他們最微弱的哀求。

罪使我們與神隔絕，使得神對我們的禱告閉耳不聽。明知自己有罪卻不對付，禱告是不蒙垂聽的。然而，事情反過來即為真理。當我們過敬虔的生活，神就看重我們，垂聽我們每個哀求。歷久不渝的安全是由無過的生活而來。正直的人永遠不需要懷疑神是否垂聽禱告（約翰一書五：14～15）。敬虔的人有信心，神的確會聽自己的禱告，並且神會馬上以祂自己的權能回應。

被神分別出來，知道神看到且喜悅你成聖的生活，是多麼快活的一件事！知道你的生活在神的心中，有一個特別的地方，是多麼榮幸的事！世人不見得認同你特別的地位，但你清楚知道自己被神所珍重。世界一直找尋新的方式來榮耀人，但即使是世界最高的榮譽，比起能在神心中佔一席之地的祝福，不過是可鄙的！

你心所渴望

又要以耶和華為樂，

祂就將你心裏所求的賜給你。

（詩篇卅七篇4節）

你與神的關係應該比任何其他的關係、活動、財產，更能帶給你喜樂與滿足。聖經鼓勵我們要在主裏面喜樂，在神和所有討祂歡欣的事物上找到你最大的歡愉。

你如何能在神所喜悅的事物上得到歡愉？只有當你肯花時間與祂相處，你會開始喜愛神所愛的事物。當你花時間與神親密在一起，並且願意讓神向你指出你真實的景況時，你看事情的眼光會像神看事情的眼光一樣。當你調整自己轉向神，你內心的渴望會開始像神的渴望一樣。當你禱告，你會發現自己照著神的心意求。神心中最關心的事物，也是你心中最重要的事物。在禱告中，你第一個懇求不是為自己求，乃是為了神的名被高舉，以及祂的國度被拓展（馬太福音六：9～10）。

你是否曾經要求神賜你心之所望，卻沒有先尋求瞭解祂的心？神把這必要的禱告事項，放置在每位禱告者的心中：我們要尋求祂心中的優先事物，讓那些事物在我們心中居首位。這個優先的禱告避免我們為一己之私祈禱。當我們在主裏找到喜樂，才會看到甚麼是真正重要的事物。我們會看重天父所看重的東西。

認識神

神曉諭摩西說：「我是耶和華。
我從前向亞伯拉罕、以撒、雅各顯現為全能的神；
至於我名耶和華，他們未曾知道。」

（出埃及記六章2～3節）

歷世歷代神與祂的百姓同行，祂依照自己的目的與百姓的需要，漸漸地顯示祂自己。亞伯拉罕、以撒和雅各都認識祂是全能的神，因為祂的大能保護他們不受敵人的侵襲。摩西與以色列百姓學到祂是主，祂統管所有國家及所有的事物。神不僅拯救他們脫離世界最強大的統治者，也帶領他們進入應許之地。他們因而體驗到祂是主，祂的大能遠遠超過當代的邪教假神。

神會根據你的需要與祂的目的，不斷向你顯明祂的個性。當你順服祂，你會愈來愈認識祂。當你哀傷時，祂會是你的安慰者。當你有所需時，祂會是你的供應者。當你面對一個重大挑戰時，祂會向你顯示祂是全能的神。

你現在對神個性的瞭解，應該比初信時更多。你對祂今日的認識，應該比五年前更深刻。遺憾的是，有些基督徒年復一年，對基督的認識與剛開始與神同行時沒有兩樣。不管你現在的處境如何，要相信神會藉著環境來教導你更認識祂。以這種態度面對自己的處境，將使你大開眼界，看到你過去從未見過祂的一面。

神主動

耶和華對亞伯蘭說：「你要離開本地、本族、
父家，往我所要指示你的地去。」

（創世記十二章 1 節）

你生命中最戲劇化的改變是由神主動，不是由你主動。那些在聖經中被神重用的人都是普通人，他們被賜予神聖的任務，這些任務絕對不是他們主動要求得來的。主通常出乎他們意料之外臨到他們，他們根本沒有向神尋求任何重大的指示。儘管如此，祂看到他們的心，祂知道他們是值得信任。

當神要開始建立一個屬自己的國家時，祂開口向亞伯蘭說話。救贖主將藉著這個國家降臨世上。當神要拯救以色列脫離埃及的奴役，祂向摩西顯現。神發現耶西最小的兒子大衛是敬虔的人，可以帶領祂的百姓。當神讓馬利亞知道自己要作彌賽亞的母親時，祂的作為令馬利亞訝異。當神的兒子要把祂救恩的好消息傳播全世界時，祂挑選了十二個平凡、沒有受教育的人作門徒。在歷世歷代，神主動在人們每日的生活中，成就超過他們所求所想的一切事物。

神可能在你生命中開始一項新事。當祂向你透露祂的計畫時，要相信祂，與祂緊密同行。不要讓你目前忙碌的活動捆綁，以至於無法得到神所要給你的體驗。你將會看到神在你的生活中，成就超過你所求所想的一切（以弗所書三：20）。

重　生

耶穌回答說：「我實實在在地告訴你，
人若不重生，就不能見神的國。」

（約翰福音三章3節）

進 入被基督拯救的關係，是改變生命的經歷！所有事情都變成新的了！不是其中一件事，乃是所有的事情（哥林多後書五：17）！這是你人生第一次，基督是王，神是主。當你變成基督徒，基督的出現會影響你生活的每個層面。你會有新的思維、新的態度、新的價值觀和新的敏銳。新的人生優先順序會戲劇化地改變你的一生。你會以與基督類似的眼光，來看每一件事。基督教不是某件加添在你生活中的事，這是生命！

尼哥底母認為，救恩是舉行某些特定的宗教儀式及抓住某一個特殊的規條。他一點也不曉得救恩總括的本質！當你成為基督徒，神賜給你一顆新的心，好叫萬事都變成新的了！神賜給你全新的思維，就像基督的一樣，好叫你的想法與過往不同。祂給你新的情感，所以你的感受完全不同。你對罪變得敏感，所以再也不能心安理得地犯罪。當你瞭解甚麼可以榮耀神、甚麼不能榮耀神，你的消遣娛樂會被影響。你的關係現在是被聖靈掌管。毀滅性的惡習及過去不願改變的態度，也都轉變了。

你是否注意到，自從進入與耶穌基督的重要關係後，神在你生命帶來的改變？這些改變應該是顯而易見的，它們是當你相信耶穌是你個人的救主與王後，所得到新生命的見證。

被世界的神弄瞎心眼

此等不信之人被這世界的神弄瞎了心眼，

不叫基督榮耀福音的光照著他們。

基督本是神的像。

（哥林多後書四章4節）

倘若你眼瞎，就算你周圍的人可以清楚地看見，你還是無法看見東西的實體，無法完全經驗周圍真實的一面。你可能覺得自己的體驗就是人生的全部，然而，你可能不知道自己正缺乏神要給你的經歷。你可能因為渾然不覺自己的盲目，而處於險境之中。

保羅警告，「世界的神」會弄瞎你的心眼，使你看不見耶穌基督真實的本體。基督的出現能夠使你的生命完全不同，但如果撒但使你對耶穌的應許產生懷疑，牠會使你看不見自己生命的真實景況，與未來可能的發展。其他人可以看到你的不信造成你生命的盲點，你自己卻看不到。你的生命可能持續地朝向災禍前進，但是你卻茫然不知。

神是你的光（約翰福音一：4、5、9）。祂光照你的罪，使你看到罪惡醜陋和毀滅的一面。祂顯示祂自己，使你知道祂的榮耀及祂所賜的豐盛。祂的出現會照亮你的道路，使你看見眼前的危險。不要讓這世界的神扭曲你的屬靈視覺。不要以為事情本來就是這樣，事實上，你正錯失神在你身上的許多作為。懇求基督光照你的生命，讓你清楚看見你屬靈的真實景況。

藉著你的生命顯示神

就當恐懼戰兢做成你們得救的工夫。
因為你們立志行事都是神在你們心裏運行，
為要成就祂的美意。

(腓立比書二章12下～13節)

救恩不是一個事件，而是一段過程。救恩是神的禮物，因為我們不可能靠自己做甚麼，來救自己（以弗所書二：8～9）。然而，得到救恩的同時，你也有責任要使救恩真的成就在你身上。我們一旦被拯救，就必要宣告救恩已經成為我們的了。

藉著救恩，神讓你勝過罪。這些罪不單指過去的罪，也包括未來你會犯的罪。當你成為基督徒，神使你成為新造的人（哥林多後書五：17）。當你與神同行的時候，神要繼續在你的生命建造新事。當祂救贖你的時候，祂賜下喜樂給你，祂要每日以祂的喜樂充滿你。當你第一次為罪悔改，你放棄生命的主權，將它交給神。神不斷地要求你的意志能順服、跟隨祂的引領，而不是自己決定人生方向。成為基督徒的那一刻，神已經將一切的事賜給你，要如何使用這些賜予是你的選擇（彼得後書一：3～9）。

這是在基督徒的生命中，看起來似是而非的理論。我們當勤勉地讓自己的信心成長，然而，我們得銘記在心，只有基督可以帶給我們生命最終的改變。當我們看到神在我們身上動工，要更努力地學習。神從來不會逼迫我們改變，我們也不可能不靠聖靈而徹底改變自己。

當你感覺到神在你生命某一方面動工，加入祂的作為，讓祂的救恩在你生命中淋漓盡致地展現。

生命有所不同

我的弟兄們，你們中間若有失迷真道的，
有人使他回轉，這人該知道：叫一個罪人
從迷路上轉回便是救一個靈魂不死，
並且遮蓋許多的罪。

（雅各書五章19～20節）

基督徒生命中有個最大的阻礙，是其他基督徒生命的罪。有些基督徒認為，其他人犯罪不干自己的事。他們認為，如果對在罪中的人有反應，就是論斷人。這個世界勸阻我們要自掃門前雪，這種靜止不動攔阻人們成為有效的代禱者。

身為基督徒，我們知道罪帶來死亡（羅馬書六：23）。罪破壞人際關係、毀滅婚姻、喜樂和平安。當我們看到有人由真理向錯誤遊蕩，應該如何反應？當耶穌看到有人犯罪，祂心碎了。當祂看到人們拒絕真理，祂為所有居民哭泣（馬太福音廿三：37～39）。祂熱切地為門徒們禱告，在被試探時能夠堅強（約翰福音十七章）。祂警告那些靈性將要失敗的人。耶穌甚至願意為世人死來拯救他們，因為祂知道罪惡會掠奪生命的一切。當周圍的人因罪的緣故走岔路，耶穌從沒有不管他們，祂總是主動地幫助他們回轉向神。

「自掃門前雪」的想法會省掉你很多麻煩，然而，這個想法沒辦法幫助你的弟兄姊妹回轉向神。如果你真的明白那些沉溺罪惡死亡的後果，你會像耶穌一樣傷心哭泣。為你的朋友熱切禱告，如此會護衛你的動機，預備你成為他的幫助。當神要你向朋友揭露他們的罪行時，要儆醒。用溫柔的心挽回他，又當自己小心，免得自己也被引誘。

行事為人要相稱

只要你們行事為人與基督的福音相稱。

（腓立比書一章27節上）

自保羅被神呼召，他從未失去自己對神福音奧秘的驚嘆。他明白自己的行事為人，一定要配得上那揀選他的王。他知道福音是向歷世歷代隱藏的奧秘，但是在他自己的時代，藉著耶穌基督的生命、受死及復活，顯明了福音的真諦（歌羅西書一：26～27）。保羅也瞭解，除非人們接受福音，否則會死在過犯絕望之中（歌羅西書二：13）。根據神對救恩計畫的結果，那些相信基督的人，不僅是在基督裏活著，他們也成為天父的兒女（羅馬書八：16～17）。保羅瞭解，雖然福音在世人眼中看起來愚拙，但福音乃是神的大能，要把永生帶給所有接受的人。

由於保羅的生命已被徹底地改變，他要自己的生活與賜生命的福音相稱。人若是接受福音的豐盛，卻活著像屬靈的叫化子，真是悲慘！因著基督的寶血，人由死亡中被拯救，卻對救恩懷不敬虔的態度，是一件很羞恥的事。人先接受基督的愛，然後以憎恨回報，是很愚笨的。

救主耶穌基督賜你無比的恩典，而你的行事為人便是對那恩典的獻禮。

你的天父知道你

你們不可效法他們；因為你們沒有祈求以先，

你們所需用的，你們的父早已知道了。

（馬太福音六章8節）

即使在求告之前，天父早已開始預備我們所需用的（以賽亞書六十五：24）。耶穌要自己的門徒知道，神多麼愛他們每一個人。這就是為甚麼祂要他們禱告。祂向他們保證，在他們禱告以前，神已經知道他們所有的處境。

禱告的目的，不是要告訴神我們的需要，因為祂早已知道我們的需求。那為甚麼應當禱告呢？禱告為的是更親密地經歷神。孩子愈經歷慈愛父母的供應，就愈確信自己是父母的心肝寶貝。父母通常在子女察覺自己的需求之前，早就預備好供應他們的需要。天父早知道我們今天或下禮拜會發生甚麼事。祂極想要我們能夠經歷祂的供應。

我們總是意外地發現，神比我們更清楚我們真正的需要。有時候，我們自以為知道甚麼最好，甚至笨拙地以為自己不需要神的供應。然而，神要我們向祂祈求所需（馬太福音七：7）。祂已經預備好要在我們的軟弱上，顯出祂的剛強。天父清楚知道甚麼對我們最好，祂預備好要供應我們每個需要，只要我們肯開口求（腓立比書四：13）。

棄絕謊言

所以，你們要棄絕謊言，
各人與鄰舍說實話，因為我們是互相為肢體。

（以弗所書四章25節）

因為你是基督徒，你的生命一定要被真理所充滿。在你重生的那一刻，神把真理的靈放置你的心中（約翰福音十六：13）。聖靈的角色是引導你進入所有的真理。聖靈要以所有真實的事，充滿你的心思意念（腓立比書四：8）。如果你願意讓聖靈以神的真理充滿你，你的行事為人、與人相交，都會很真誠。根據耶穌的意思，這就是：你們的話，是，就說是；不是，就說不是（馬太福音五：33～37）。

世人認為真理是可有可無。欺詐充滿社會每個角落，因為世界的王子是撒謊的首創者，也是謊言之父（約翰福音八：44）。從牠第一次與人類接觸，撒但就開始欺騙人類，引誘他們拒絕真理，活在虛謊之中。

世界要你妥協真理。你可能以為隱瞞真理能達成更佳果效。這是一種狡詐的瞞騙。你不能夠以欺詐建立神的王國！神拒絕以罪惡的方式，達成祂神聖的目的。你可能想要建立自己虛妄的形像，而活在謊言中。耶穌說這是假冒為善（路加福音十二：56）。當你犯罪，你會想隱瞞實情；然而，惟有你承認事實真相，才能被饒恕與釋放（雅各書五：16）。

你口中所說的話，反應你的心靈實況（馬太福音十二：34）。倘若你的心被欺詐所充滿，你口中就說出虛謊的話。求神以祂的真理充滿你，好讓你能見到生命中每一種虛偽可鄙的形式。

親近神

你們親近神，神就必親近你們。

有罪的人哪，要潔淨你們的手！

心懷二意的人哪，要清潔你們的心！

（雅各書四章8節）

有時候，我們覺得神似乎離自己好遠。你可能覺得自己的禱告只上達到天花板。雅各說，只有一個原因導致如此，這是有解決之道的。如果遠離神，那是因為你的罪使你與祂隔離。

神是永不改變的，祂的本性是完全聖潔。祂的信實保持一致，改變的是我們。我們允許罪進入我們的生命。我們選擇自己的道路。我們愈來愈少讀經禱告。然後，有一天我們發現自己漸漸遠離了神。雅各所指出的解決之道相當直截了當：親近神。當我們發覺自己需要更親近神，並且回轉到祂的跟前，祂就像那浪子的父親一樣，張手歡迎我們（路加福音十五：20）。

親近神需要你採取兩個行動。首先，要潔淨你的手（以賽亞書一：15），潔淨自己的生活方式。如果你已經陷入罪惡的深淵，一定要棄絕罪。如果你做了任何事傷害某人，一定要解決這件事。其次，要潔淨你的心（詩篇五十一：10）。你必須要讓自己的心思意念、態度和動機，在神的眼中為正，並且與神的話一致。耶穌警告你不要事奉兩個主（馬太福音六：24）。對其他東西的愛與對神的愛如果相當，是不可能討神喜歡的。

如果覺得神似乎離自己好遠，一定要潔淨你的手和你的心，來親近祂。

雙倍的分量

過去之後，以利亞對以利沙說：
「我未曾被接去離開你，你要我為你做甚麼只管求我。」
以利沙說：「願感動你的靈加倍地感動我。」

（列王紀下二章9節）

從沒有一個人像以利亞一樣。以利亞曾經使死人復活、吩咐火由天而降，及透露神的嚴重乾旱計畫。以色列人一定肯定，沒有其他先知擁有像以利亞一樣的能力，直到以利沙的出現。毋庸置疑地，摩西是希伯來人曾跟隨過的最偉大的領袖，然而，神安排約書亞成就摩西未完成的工作。在大衛的統治下，以色列國到達強盛的最高峰，但他被神拒絕建立聖殿，由他的兒子完成富麗堂皇的聖殿。

我們可能會信任神在我們身邊安排的屬靈領袖，多過於信任神自己。歷史教導我們，雖然這些敬虔的人是那麼受重用，然而神總有另一個摩西、以利亞和大衛，通常後繼者會有前輩加倍的靈。

神的目的不是要依賴我們，祂有無限的方法完成祂的計畫。這位帶領摩西的神，同樣也能使用約書亞。就算沒有人願意事奉祂，神照樣能以祂自己屬天的大能，完成祂的計畫。對神而言，我們絕對不是不能替代的，祂會完成祂自己的目標。問題是：我們能否有分於神的作為，還是祂會找其他人？如果我們以為自己在神面前，是不可缺少的一環，我們就是自欺了。事奉神是神賜給我們的榮幸，不是我們施給神的小惠。

如果你正痛失自己的屬靈領袖，不要沮喪。神會有另一位領袖，因為祂會確保完成祂的計畫。也許祂正預備你成為那位領袖。

無　力

大利拉說：「參孫哪，非利士人拿你來了！」

參孫從睡中醒來，心裏說：

「我要像前幾次出去活動身體」；

他卻不知道耶和華已經離開他了。

（士師記十六章20節）

心 遠離神的其中一個記號，是缺乏屬靈能力。如果你像參孫，你不會馬上知道神的能力已經離開你。只有在參孫想打敗敵人時，參孫才知道事情不對勁。他像從前一樣起來對付非利士人，期待他們像從前戰敗，抱頭鼠竄。然而，他們輕易地打敗他。

如果你允許罪躡手躡腳地進入生命，如果你拒絕順服你的主，如果你不肯與傷害你的對頭和解，你的屬靈生命力是虛弱無力的。你可能以為每件事都很順利，但是，你的禱告卻似乎沒有回應。你曾經正面影響你身邊的人，然而，你現在的影響力極微，甚至於造成別人的傷害。你的生命曾經勸慰有紛爭的人，使他們和解，如今你卻有人際關係的問題。你身邊原本倚靠你力量的人，發現你不再像從前能夠幫助他們。你並沒有為失去屬靈能力而痛心疾首，反而無視於自己的靈性及與神的關係有所改變。

如何讓自己的靈性停止走下坡路呢？你一定要定期為自己的罪悔改，一定要求神鑒察，你的生活中是否有必要除去的態度、人際關係或其他作為。你一定要熱切地順服祂的旨意。如果以這種態度與神同行，你的屬靈能力會成長，並且可以被神重用。

神的同在

你平生的日子，必無一人能在你面前站立得住。
我怎樣與摩西同在，也必照樣與你同在；
我必不撇下你，也不丟棄你。

（約書亞記一章5節）

神 給約書亞的任務可能一度使他遲疑，作摩西繼承人的擔子可不小。藉著摩西，神使埃及的水變成血、紅海分開、消滅埃及的大軍、奇蹟式地餵養以色列民族四十年。神在西乃山上與摩西說話，並且頒發十誡。約書亞一定覺得很惶恐，不曉得自己如何能夠跟隨摩西的腳蹤。

為了除去他的疑惑，神向約書亞保證，摩西的成就全都是因為神同在的緣故。約書亞有了信心，因為那與摩西同行的神，現在一樣也與他同行（約書亞記一：6）。

當你細數神藉著聖經中的男男女女所行的神蹟，你可能懷疑神今日是否還行這些奇蹟。要確定那位與摩西、約書亞、以利亞、彼得、雅各、約翰及保羅同行的眞神，現在正住在你的心裏。沒有任何力量可以打敗那位引導你的神。那位祝福他們的眞神，一樣可以藉著你成就祂的旨意。那位使他們戰勝強大不敗的敵人、在缺乏時供應他們所需、指示他們作決定的眞神，今日一樣也預備好，要以大能在你的生命中作工。這些信心偉人有一個共同點，就是他們都是沒有能力的普通人。他們的不同是因為有神全能的同在。時間可能會改變，但是神同在的效力是永遠不變的。

忠 心

耶和華的眼目遍察全地，
要顯大能幫助向祂心存誠實的人。

（歷代志下十六章9節上）

如果你向神心存誠實，你不需要尋找祂，祂正在尋找你呢！神告訴亞撒王，祂不斷看顧那些在神面前持守忠心的人。當祂找到他們，祂以自己大能的同在，向他們顯現。當亞撒王面對逐漸迫近古實王謝拉所率領的大軍（歷代志下十四：9），亞撒經歷到神威嚴的大能。縱然亞撒當時面對壓倒性懸殊軍力的差距，但神賜下勝利給他。雖然亞撒經歷了這次的奇蹟，下一次面對敵軍時，他對神沒有信心。即使亞撒後來所面對的軍隊，軍力遠遠小於神上回所打敗的軍隊，亞撒的信心畏縮了。神鼓勵亞撒勇敢，要知道神永遠不打盹，也不休息。祂從來不會分心，祂殷勤地尋找那些向祂心存誠實的人。

有時候，我們所面對的生命挑戰，看起來好像不可能勝過。你是否覺得自己太軟弱，無法戰勝仇敵？不要放棄！向神心存誠實，因為祂不斷看顧你，並且渴望在你的生命中，展示祂的大能。誠如神曾經幫助歷世歷代的聖徒，祂不但願意也能夠讓你勝過目前的挑戰。問題不在神是否正尋找屬祂的百姓，而是在祂的百姓是否正尋求祂。讓神的應許成為你的安慰，祂應許你，祂正看顧你，並且要賜下勝利給你。

把他們交付你的手裏

耶和華對約書亞說：「不要怕他們；
*　　因為我已將他們交在你手裏，*
*　　他們無一人能在你面前站立得住。」*

（約書亞記十章8節）

再也沒有比確定自己行在神的旨意中，更讓基督徒放心、有自信的了。神不會命令你去做一件事，卻不保證你能成功。神向約書亞保證，當他與迦南人爭戰時，沒有甚麼可懼的。神允許以色列人打這些戰役，在他們拾起武器之前，早已決定戰役的勝負了。在他們打仗時，這一點的保證，帶給他們何等的自信！雖然他們的敵人毫不留情地攻擊，約書亞的軍隊早已勝券在握。

神並沒有保證你所計畫的每一件事，都能夠得到勝利，但是，祂曾經應許你，只要你順服祂的旨意，你必定成功（申命記廿八：7、25）。

是否有人妨礙你順服神的旨意？要安息，要確信神不會允許任何人事物，阻撓祂兒女完成祂的計畫。要謹慎，要以神的方式來評估勝利。當你陷入困境，神要做的也許就是賜下平安在你的心中。當你被人苛待，神要做的也許就是建立你一顆饒恕的心。也許祂現在正要除去你生命中的罪惡。如果你以世人成功的標準來評估自己，你會覺得挫敗。倘若你看的，是神要藉著目前的處境完成甚麼事，你會發現神是成功的。如果你確定自己行在神的旨意中，而你正面對高漲的反對勢力，要有信心，神必完成祂手上的工。

求山地

求你將耶和華那日應許我的這山地給我；

那裏有亞衲族人，並寬大堅固的城，你也曾聽見了。

或者耶和華照祂所應許的與我同在，

我就把他們趕出去。

（約書亞記十四章12節）

迦勒對神的信心從不動搖，雖然他周遭每一個人都在懷疑。神使迦勒確信，除了那些害怕巨人及堅固城邑的人以外，所有以色列兒女都會進入應許之地（民數記十三：28～33）。其他人的不信迫使迦勒留在曠野，等了四十年，才進入應許之地。即使在那麼多年以後，迦勒仍然對神滿懷信心。

當神分配土地給以色列百姓時，大家都要求分配青草茂盛的山谷和草原。迦勒卻要求一塊山地。以色列人要把敵人趕入山地，在那兒，他們的敵人建立許多要塞。然而，這些堅固的要塞並不能威脅迦勒！他所倚靠的不是自己的力量，乃是神的同在。迦勒渴望看見神大能的作為，他清楚知道，如果住在安逸的環境裏，自己可能較不會倚靠神。他選擇一個非得信靠神的處境，拒絕讓困難阻止自己享受神所賜的應許。

倘若你總是選擇輕省之道，祈求平靜的山谷，你將永遠沒有機會看到神的大能，領你征服山地。找出山地，你將會親眼看見神大能同在的奇妙作為，施展在你的生命中。

手潔心清

誰能登耶和華的山？誰能站在祂的聖所？

就是手潔心清……的人。

（詩篇廿四篇3～4節）

神嚴格地要求那些想要享受與神有親密關係的人。那些手不潔、心不清的人很難見到神。倘若耽溺於罪惡及厚顏地違背神的話，又膽敢厚顏無恥地進入至聖所，這是公然地侮辱神。在舊約時代，一個人的手代表一個人的作為。清潔的手象徵純全的作為。祭司要進入聖殿服事之前，要洗手。這象徵著，只有那些潔淨的人，才能敬拜聖潔的神。

親近神是有層次的。當你成為基督徒的那一刻，你與神開始建立關係。然而，如果你繼續犯罪，罪會隔離你與神，阻攔你享受與神親密的關係。倘若你僅僅遵循神基本的命令，卻每回都拒絕神給予你的特別個人指示，那麼你永遠不能與神建立更深的關係。若像詩篇中的詩人，瞭解神的聖潔，你會照著祂的標準去調整自己的生命，立即回應祂的指示，好與祂建立更深的關係。

愈親近神，對自己的小罪就愈敏銳。愈瞭解神的本性，就愈瞭解在朝見神以前，手潔心清的重要性。

你是否願意讓全能神使你在祂面前全然潔淨，好能享受與祂最親密的關係？

沒有一句話會落空

你們是一心一意地知道，
耶和華——你們神所應許賜福與你們的話
沒有一句落空，都應驗在你們身上了。

(約書亞記廿三章14節下)

在約書亞走到生命的盡頭時，他和以色列人重溫自跟隨神以後，神所有的作為。神給了他們一個不可能完成的使命，就是要他們征服比自己強大的敵人，敵方擁有強大的軍事力量及堅固的防禦工事城邑。以色列人除了神同在與神必看顧的應許之外，別無可靠。當約書亞回顧過去的經歷，他提醒以色列人，神信守每個應許。

有時候，我們在事後才對神信實的作為恍然大悟。在危難中，我們會懷疑神是否信守諾言。當我們只專注自己的問題時，對神的信心就開始動搖。在神應許賜給亞伯拉罕與撒拉一個兒子之後，他們等了廿四年才等到神成就應許。當大衛逃命時，他可能不確定神會信守承諾，讓自己作王，一直到長期而成功地統治以色列百姓的尾聲，他能夠肯定神信守每個諾言。

你一樣也能倚靠神的信實。你是否正處於危難中？要牢牢捉住主給你的應許！祂不會忘記祂自己對你的應許。回頭檢視你基督徒的生活，重新數算神如何信守祂的話語。

忌邪的神

因為耶和華——你的神乃是烈火，是忌邪的神。

(申命記四章24節)

我們的神是烈火。只有讓祂的愛完全充滿我們，祂才心滿意足。提到嫉妒的人，我們總是聯想到充滿憤恨、疑神疑鬼的人，然而，主的嫉妒卻是值得我們珍惜的！祂對我們的生命有完全的主權。祂賜予我們生命，並且在各方面保護我們免受傷害。這就是為甚麼祂命令祂的兒女，不可拜其他假神，祂不允許任何東西隔離我們與祂完全的愛。

主憎恨任何妨礙我們與祂關係的人事物（申命記六：15）。祂知道其他假神的危險性，祂清楚知道它們會如何誘惑我們離開神，它們會欺騙我們，留下空虛的生命給我們。祂不能容忍我們放置任何人事物高過對祂的愛。對神的忠誠，保證我們能夠享有祂要賜予的豐盛生命。如果我們拒絕祂，祂會不斷追求我們，直到我們回轉到祂的面前。

我們不該為了神要保護我們與祂的關係，而憎恨神。知道神護衛我們與祂的關係，使我們得安慰。我們與神的關係，應居生命中最高的優先地位。這份關係會指引我們如何運用自己的時間、金錢和精力。如果某個人或財產使我們與神分離，我們一定要再次檢視自己的心，再次把自己奉獻給神，照著神的命令，把神放在我們生命中的第一位。神要我們每個人能夠盡心、盡意、盡性、盡力地愛祂（馬可福音十二：30）。我們對神的愛應該拓展到生命的每個角落。神深愛我們，甚至將祂的獨生子賜給我們。讓我們把自己完全奉獻給祂，來回報祂的愛。

現在！

又有一個門徒對耶穌說：
「主啊，容我先回去埋葬我的父親。」

（馬太福音八章21節）

基 督徒最大的掙扎，通常不在於作出順服基督的決定，而在於是否願意馬上順服。我們可能會承認自己需要跟隨基督，及完全委身於神要我們去做的事。然而，當神向我們啓示祂的旨意時，就是我們順服的時刻！神旨意的啓示是祂的邀請，需要你立即回應。

有些人自稱是基督徒，信誓旦旦要跟隨耶穌，但他們卻又說自己還沒準備好。在耶穌時代，猶太人有責任要奉養年老雙親到他們離世。有一個門徒表示，要等到爲父母送終之後，才要跟隨耶穌。這似是高尙的延遲，他得在人生重要責任和主的呼召之間選擇。神認識這個人，也認識這人的父親。只要這人跟隨耶穌，神會看顧他的父親。他本來有機會與神子同行，但他對生活的憂慮，超過了自己對神的順服。

我們順服的時機，是個重要的關鍵。由神來的邀請是有回應的限制。如果沒有馬上領受它，我們會失去一些服事祂的機會。幫助其他信徒的時機稍縱即逝。當神邀請我們爲某人代求，我們立即放下手上的工作，調整自己對準神的作爲，這是十分重要的。失去事奉主的機會是個悲劇。當你收到神的邀請時，當立即回應。

獻上最好

凡有殘疾，或有甚麼惡病的牛羊，

你都不可獻給耶和華——你的神，

因為這是耶和華——你神所憎惡的。

（申命記十七章1節）

神的愛促使祂犧牲自己最寶貝的獨子。如果真的瞭解祂對我們的愛，我們的回應必是渴望把自己最好的獻給神。

舊約聖經揭示，神定規獻給祂的祭必須符合最高標準。百姓要花上一些代價，才能付出有價值的獻禮。但百姓的心遠離神，開始捨不得獻給神貴重的禮物。他們帶來瞎眼、瘸腿和有殘疾的牲畜，以為神分不出牠們的不同（瑪拉基書一：8）。神看到他們的行為，宣告他們的獻祭無效（瑪拉基書一：10）。在整個舊約時代，神為祂的愛子鋪設舞台，祂那最完美、無罪的愛子，要成為全人類罪之獻祭。

我們對神的獻禮反映出我們的心態。一顆對神的大愛洋溢著感恩的心，會無私地獻上禮物。如果不想獻上自己的時間、所有物、金錢和精力，顯示出我們並沒有照神的希望，回應祂的愛。神所喜悅的人，是那些全心樂意奉獻的、瞭解神是其所有之源頭的、知道神會賜予比獻禮更豐盛的（哥林多後書九：8）。

如果捨不得把自己最好的東西獻給神，不妨稍微停下來，默思神為你付出犧牲的代價。相信祂，並且把最好的獻給祂，因為你全心全意地愛祂。

除去邪惡

這樣，就把那惡從你們中間除掉。

（申命記廿二章21節下）

不把試探放在眼裏是十分危險的，你得爲自己的錯誤付上昂貴的代價。許多人自以爲心靈強健，可以抵禦試探，最後屈服於罪的引誘，這是最可悲的事。神要祂的百姓從自己當中除去罪（申命記廿一：21）。除去環境中任何引誘你犯罪的事物，是個好方法。當邪惡充斥你的四周，你會漸漸麻木，趨向毀滅的危險。永遠不要自以爲可以免受試探，不要小看惡者的狡詐。

神決不寬容邪惡，因爲邪惡使祂的愛子付上死亡的代價。罪惡毀滅任何碰它的人，並使他陷入無窮的痛苦。輕看罪顯示出漠視神救贖大工的愚昧。誠實檢討自己的生活，會揭露出哪些是你應該除去的試探，譬如一些不良娛樂或不敬虔的關係。當神使你悔悟你們當中的邪惡，馬上除去它！

然而，有時候你會無力對抗不敬虔的影響。所以，你一定要在生活中除去試探。保羅極力勸告我們，要禁戒不做任何的惡事（帖撒羅尼迦前書五：22）。當約瑟被慫恿與自己主人的妻子通姦時，他馬上逃離現場（創世記卅九：12）！

不要失去你對罪的憎惡。要勤於驅除任何試探，使它遠遠離開你的家、離開你的人際關係和離開你的意念。只有維繫你與神之間愛的關係，才可能驅除任何試探。你要認清一個事實，就是靠著自己的力量，你不可能勝過試探。除非以神的眼光看待罪，你不可能與神親密同行。黑暗與光明不可能同時存在。逃離黑暗，邁向光明！

他人的見證

「我在這裏，你們要在耶和華和祂的受膏者面前給我作
見證。我奪過誰的牛，搶過誰的驢，欺負過誰，虐待過
*　誰，從誰手裏受過賄賂因而眼瞎呢？若有，我必償*
還。」眾人說：「你未曾欺負我們，虐待我們，也未曾
*　　　從誰手裏受過甚麼。」*

（撒母耳記上十二章3～4節）

不需要隱藏是一種自由。正直的生活使你得到這個自由。正
直與否不在於你怎麼說自己，而在於神與人們怎樣說你。
撒母耳終其一生住在神的百姓之中，當時國家高位的領袖既不正直
又腐敗；對撒母耳來說，與他們相交時是很容易妥協讓步的。然
而，撒母耳膽敢站立在他的同胞面前，要他們說出自己是否侵犯過
他們。百姓們一點也想不出來。

撒母耳身為領導，大可佔百姓的便宜。然而，因為他謹守自己
的動機及保持清白的人際關係，撒母耳能夠毫無所懼地，要百姓說
出自己是否曾經虐待他們。要公然開放自己的生命，讓眾人仔細檢
驗自己，是極需勇氣的，但撒母耳絲毫不怕眾人如何說他。他不逃避
任何他所觸犯與傷害的人。他的信心是來自堅守過無瑕疵的生活。

如果你曾經冒犯某人，你不可能改變過去，但是從今天開始，
你可以選擇過完全正直的生活。過公義的生活可以釋放你，使你毫
不羞愧面對任何人，因為你確知自己的行為像基督一樣。如果你的
名譽有玷污，當尋求被你冒犯的人寬恕你。求神每日指引你處理人
際關係，好叫你與他人相交毫無抱愧。

討神歡喜，討人歡喜

我現在是要得人的心呢？還是要得神的心呢？
我豈是討人的喜歡嗎？若仍舊討人的喜歡，
我就不是基督的僕人了。

(加拉太書一章10節)

有時候，你得在討神歡喜與討人歡喜之間，有所抉擇，因為神的道路非同人的道路（以賽亞書五十五：8～9）。努力維持良好的人際關係固然重要，但與神維持堅固及順服的關係，更是重要。不順服神，只與人和好，是沒有智慧的行為。與神和好，永遠是最重要的事。

耶穌警告我們，順從祂可能會引起你人際關係的衝突（馬太福音十：35～36）。如果保羅主要的目的是討好人，他永遠不能成為耶穌基督的使徒。有時候，順服神使得家人彼此有衝突（馬太福音十：35～36）。當你臣服於耶穌的主權，親人可能誤會你，甚至反對你，然而，你對神的順服反映出你是神兒女的身分。耶穌說，那些遵行祂旨意的人，是祂的弟兄和姊妹（路加福音八：21）。神並不想在你的家庭中造成紛爭，而是祂把順服祂的重要性，置於家庭和諧之上。

在寧靜中與神相交是非常重要的，如此一來，你才能瞭解甚麼事可以討神的歡喜。當你不清楚神的心意，屬世的思維很容易會誤導你。彼得曾視女僕的看法高過主的贊同，後來他為此悲痛異常。如果想討好人的意願，導致你想妥協神要你做的事，要記取彼得的錯誤。要定意討主的歡喜，不管他人的想法。

那因認識基督而有的香氣

感謝神！常率領我們在基督裏誇勝，並藉著我們在各處顯揚那因認識基督而有的香氣。因為我們在神面前，無論在得救的人身上或滅亡的人身上，都有基督馨香之氣。

（哥林多後書二章 14～15 節）

羅馬人每次在軍事上得到大勝利，就會舉行盛大的遊行來慶祝。指揮的將領會站在一輛豪華雙輪戰車上，在整個遊行隊伍的最前方引導。他的後面則跟著士兵、樂師和其他軍官。然後，士兵會領著被俘戰敗的敵人穿過城市大街。除此之外，羅馬人在祭壇上燒香，也是慶典的一部分，整個城市會充滿令人愉悅的香氣。即使那些不能親眼看見勝利行伍的人，也能聽到勝利凱旋的音樂，聞到令人愉悅的氣息。每個人都會知道，自己的軍隊已經得勝，凱旋歸來。這個特別的香氣，對每個聞到的人象徵著勝利。

保羅用這個生動的比喻，來說明基督徒對世界的影響。根據保羅所說，神要在我們身上充滿那因認識基督而有的香氣。無論去那裏，我們的生命應該向人展示出耶穌是得勝者。當未信者看見我們的生命，他們會知道基督得勝的大能。當其他的基督徒親眼看基督的大能，使我們戰勝自己的罪，他們也能慶祝歡喜主的勝利，並且確信基督同樣也可以使他們擁有得勝的生命。

最令人信服的證據是基督活著，並且祂在祂的百姓身上彰顯自己得勝的作為。有基督的馨香之氣，是何等地榮幸！藉著擁有基督的馨香之氣，他人可以知道基督擁有戰勝罪惡、改變人生命的大能。你的生命應該是使人信服的確據，使人看到神今日仍在祂百姓身上行大能的作為。

有恩慈

並要以恩慈相待，存憐憫的心，彼此饒恕，

正如神在基督裏饒恕了你們一樣。

（以弗所書四章32節）

以弗所書敘述的行爲，應該可以描繪出基督徒彼此相交的特性。我們的行爲應該要有恩慈。恩慈是以實際的方式表達愛，是考慮別人的需要高過自己的需要。恩慈是用心思考如何滿足他人的需要。

擁有溫柔的心，表示我們能夠敏銳地得知其他人的感受。當主內弟兄姊妹悲痛時，我們的心也跟著悲痛（哥林多前書十二：26）。當另一位主內弟兄姊妹快樂時，我們也快樂。擁有溫柔的心，表示我們對周遭的人熱情洋溢。

我們能夠饒恕人，因爲我們也沒有達到神完美的理想。當有人冒犯我們，我們願意原諒人，因爲我們知道神已滿有恩慈地，把我們由毀滅中拯救出來。比起對待非基督徒，我們通常對自己主內的肢體更沒耐心。我們對基督徒期望較高，當他們有負於我們，我們覺得自己被出賣。發生這種事的時候，我們更要靠近十字架，並且回想自己在那兒所得到的赦免。我們一定要停止自義的態度，不然，會變得沒耐性及好批評。

耶穌並沒有說世人會因我們行神蹟、作震撼人心的見證，或因我們廣博的聖經知識而認識祂。世人是因基督徒之間彼此相愛的心，而認識祂（約翰福音十三：35）。你是否經常與人發生衝突？你當求神賜給你恩慈、一顆溫柔的心，和饒恕的靈。當容許聖靈在你的身上建立這些特質，你的生命會成爲周圍所有人的祝福。

我們可以仍在罪中嗎？

這樣，怎麼說呢？我們可以仍在罪中、叫恩典顯多嗎？
斷乎不可！我們在罪上死了的人豈可仍在罪中活著呢？

（羅馬書六章1～2節）

基督徒已經向著罪死了。罪再也不能控制一具死屍。試探可
以不斷地引誘我們，然而，死屍一點也不會屈服！在你成
為基督徒之前，你很容易受罪的影響。罪牢牢地掌控你。當你成為
基督徒，你的老我死了（加拉太書二：20）。罪現在不能再控制
你，就像試探不能勾引死屍一樣。你已經向著罪死了。你可能還會
再犯罪，但是你已經不在罪的權勢之下。如果你選擇對試探讓步，
你就拒絕了基督為你死所換取不犯罪的自由。

神的恩典更進一步地激發我們抵擋罪。神的恩典使得耶穌願意
把自己交在那些祂要拯救的人手中，忍受他們的嘲弄、鞭打、和被
釘死於十字架。儘管我們悖逆祂，神的恩典使我們的罪得饒恕。每
回犯罪，神就施予如此的恩典，饒恕我們。既然知道這個恩典，我
們不應該再繼續犯罪（羅馬書六：1～2）。我們不能自恃有神的
恩典，而繼續犯罪。

你不再被罪捆綁，作無助的受害者。我們的神早就得勝。神沒
有必要為你的罪贏得勝利，因為祂早已經得勝！你所當做的，是將
祂的勝利應用在生活的每個層面。如果你有某項惡習、不敬虔的態
度，或不義的關係需要被除去，你要宣告今日基督復活的勝利。接
著，你能夠自由地經歷神要賜給你的豐盛生活。

勝過罪

因信耶穌基督加給一切相信的人，並沒有分別。因為世人都犯了罪，虧缺了神的榮耀；如今卻蒙神的恩典，因基督耶穌的救贖，就白白地稱義。神設立耶穌作挽回祭，是憑著耶穌的血，藉著人的信，要顯明神的義；因為祂用忍耐的心寬容人先時所犯的罪，好在今時顯明祂的義，使人知道祂自己為義，也稱信耶穌的人為義。

（羅馬書三章22下～26節）

因為罪的緣故，亞當和夏娃虧缺了神當初在他們身上完美的創造。因為罪的緣故，以色列人棄絕成為神聖潔國度的榮耀，這是他們原本可以享有的體驗。因為罪，猶大失去成為耶穌基督使徒的其中一員。罪會腐化你生活中每個層面，使你無法完成在結婚之初的許諾，使你在身為父母、教會一員、敬拜者和朋友的角色上有虧欠。你生活中每個層面，都很容易受罪腐蝕的影響。

救恩的奇妙之處在於神完全處理了罪的問題。祂做了我們所做不到的事。因著基督的犧牲，我們蒙受神的恩典，得到救恩，使罪的刑罰都被取消。因著神的恩典，祂使一條虧缺神榮耀的生命有了意義。祂提供一個機會，就是我們若認自己的罪，神必要洗淨我們一切的不義（約翰一書一：9）。祂修補一顆破碎的心。祂的恩典消除憤怒與苦毒。祂使一個被罪踐踏的生命完整無缺。祂使我們的失敗變成美好的事情。

只有神才能醫治罪的踐踏。只有祂能夠成為祂的榮耀與你罪之間的橋樑（羅馬書三：23）。你一定要相信祂。如果你請求祂，祂會把你由罪的捆綁中釋放出來，再次建立你與祂的關係，恢復你成為完全。

願人都尊祢的名為聖

願人都尊祢的名為聖。

（馬太福音六章9節下）

基督徒的呼召是將榮耀歸給神的名。妄稱神的名，會使人誤解神的本性（出埃及記二十：7）。身為基督徒，我們背負救主的名。我們生活的方式及與人相交，直接表達出基督的名。

「奉耶穌的名」行事，是去做一些與基督本性相合的事（約翰福音十五：16）。這個意思是指，耶穌會樂意加入我們手上所做的事。然而，如果我們的行為減損了神的名譽，祂會小心守護祂的名聲。我們有時候太關心保護人的名譽，卻較少關心保護神的名譽。當以色列人的生活方式，在各國面前褻瀆神的名時，神使自己的名「為聖」：祂為了自己的聖名懲罰他們（以西結書卅六：22）。當大衛在祂的百姓面前犯罪時，神在公眾面前懲罰他，好維護自己的聖名。

我們也可能在自己孩子面前玷污天父的名，以至於他們無法將慈愛的神，視為自己的天父。我們也可能是不願饒恕人的基督徒，以至於我們的罪阻礙了人們尋求神的赦免。我們敬拜時對神不敬虔的態度，可能影響了旁觀者，使他們失去對神崇敬的態度。

我們最大的渴望，應該是以自己的生活來尊崇神的名。

誠如耶穌的教導，我們應當要每日祈禱，願人都尊神的名為聖。

願神在我們之間掌權

願祢的國降臨；
願祢的旨意行在地上，如同行在天上。

（馬太福音六章10節）

在天堂，神的旨意是惟一的重點。只要神發言，就有一群天使毫不質疑地立即回應祂的召喚。耶穌吩咐我們，要祈求神的旨意行在地上，如同行在天上。這意思是說，神的旨意是我們的家庭、我們的事業、我們的學校、我們的教會，和我們的政府最重要的一環。

耶穌教導自己的門徒，要祈求神的旨意能暢通無阻地行在四周圍人們的身上。耶穌在示範如何禱告時，教導門徒分擔神的心。祂在客西馬尼園禱告時，再次示範如何分擔神的心意。祂禱告說：「……然而，不要照我的意思，只要照祢的意思。」（馬太福音廿六：39）當我們在地上尋求神的國度，而不是追求自己的目標時，思想就會與天父一致。因著忠誠的祈禱，我們明白了神的心意，成為神的同工。

當你尋求主的旨意時，祂會引導你禱告。祂不但會邀請你禱告，當祂回應你的禱告時，祂也會邀請你加入祂的聖工。祈禱可以預備你，成為在地上實行神旨意的僕人。禱告求神開始在你的生命完全掌權，好讓神的旨意行在地上。然後，拭目以待神如何使用你，在其他人的身上拓展祂的王權。

日用飲食

我們日用的飲食，今日賜給我們。

（馬太福音六章11節）

耶穌常常提醒祂的跟隨者，不要憂慮。祂告訴他們，不要為明天的需要或可能的問題憂慮（馬太福音六：25）。耶穌更確切地強調，要每日依靠天父，因為天父日日供應祂的孩子所需用的一切。

當以色列人漂流在沙漠中，他們無法得到食物。神以奇蹟的方式，每日早晨在地上供應嗎哪給他們。神的供應足夠我們每日取用。每天早晨，以色列兒女拾取新鮮的嗎哪，實際地提醒他們，神對他們的愛。如果他們想要多取些食物，好存上幾天，他們會發現嗎哪隔天都腐壞了。要貯存神的供應，以便不時之需，是不可能的事，因為神要他們相信祂，而不是相信食品貯藏室。神的恩典足夠我們每天去支取。

神要我們相信祂每日必供應日常所需。這份信心不會使我們變成蹩腳的計畫者，或者是對未來抱著無所謂、不預備的人；這份信心是，當神提醒我們每日倚靠祂，我們能以合宜的態度與神建立關係。神知道明日會如何，並且知道我們該如何預備自己，好面對明天。祂知道我們將會遇見的困難，祂早就預備好給我們足夠的供應，去克服那些困難。神要我們每日都能夠操練自己的信心。我們今日對祂的信心，不代替我們明日對祂的信心。當我們今日與神緊緊同行，我們會行在祂明日的旨意中。

心靈貧窮的人

虛心的人有福了！
因為天國是他們的。

（馬太福音五章3節）

聖經中描述許多外表看起來似乎自相矛盾的議論，挑戰人類的思維。我們認為窮人是生活有匱乏的人，然而耶穌說，天堂中的富人是自覺心靈貧窮的人。人定勝天的想法剝奪我們得到神美好的禮物。

耶穌堅持，若要跟隨祂，一定要戒絕靠自我的力量行事。只要倚靠自己擁有的能力及方法，就不能把信心建立在神的身上。只要承認自己心靈貧窮，就會瞭解自己極度需要救主。耶穌說：「天國近了，你們應當悔改。」（馬太福音四：17）神願意豐豐富富地賜予那些願意倚靠耶穌供應需要的人。

耶穌說，駱駝穿過針的眼，比有錢人進神的天國還要容易。耶穌說這話之前，才剛遇見一個年輕的官，他因為看重自己豐富的家道，以致不能放棄一切跟隨耶穌（路加福音十八：18～24）。耶穌後來又遇見撒該。撒該是個惡名昭彰的富有稅吏（路加福音十九：1～10）。雖然撒該擁有許多物質上的財寶，但是他承認自己靈性的貧乏，並且找到救恩。耶穌教導門徒，可以在與神的關係中找到真正的財富。那些知道自己因為遠離神，而內在靈性貧窮的人，會信任神，並且祂會使他們在生活中，享受祂無限的豐盛。不要容許你的產業、智慧、天分或能力，阻止你去信任那位賜豐盛生命的主。

哀慟的人

哀慟的人有福了！
因為他們必得安慰。

（馬太福音五章4節）

神要我們去經歷祂的喜樂（約翰福音十五：11）。然而，除非先為自己的罪哀慟，我們無法體驗祂的喜樂。如果不為自己的罪悲痛，我們搞不清楚罪驚人的毀滅能力。如果小看罪，就顯示出我們並不瞭解，冒犯全能神是滔天大罪。我們的罪造成神愛子的死亡。罪也使我們虧缺了神的榮耀（羅馬書三：23）。罪不但對他人，也對我們自己造成傷害與痛苦。

聖經上說，那些為罪哀慟的人得以親近神（雅各書四：8～10）。那些為自己的罪憂傷哭泣的人，是真心地悔改（路加福音四：18～19）。人不可能悔改，卻不瞭解罪的嚴重性。為罪的後果懊悔，與為得罪聖潔的神而憂傷，是不相同的。認罪不見得等於悔改。只有當我們承認自己的心已經遠離神，並且為自己得罪神而憂傷痛悔，悔改才會到來。

耶穌說，那些為自己的罪哀慟的人，必可得到安慰。他們會更深刻地體驗到神的愛與饒恕。祂無窮的恩典足以赦免最可怕的罪。不要想跳過悔改的過程，去享受喜樂。神不會任你為罪哀慟而不管你，祂會饒恕你、安慰你，並以祂的喜樂充滿你。

飢渴慕義

飢渴慕義的人有福了！

因為他們必得飽足。

（馬太福音五章6節）

飢餓與口渴是身體通知我們已經「空」了的信號。對肉體的飢餓與口渴的自然反應，是尋覓食物和水，來滿足我們的需求。每個基督徒內心都有個渴求，而這個渴求只有神的公義才能填滿。然而，倘若被自我所充滿，我們不可能被公義充滿。在整本聖經中，神強調那些全心追求渴慕祂的人會找到祂(耶利米書廿九：13)。當我們熱切渴望神的公義，我們會為自己的罪悔改，並且神會赦免我們的罪。我們的自私會被聖靈的果子，仁愛、喜樂、和平、忍耐、恩慈、良善、信實、溫柔、節制（加拉太書五：22～23）所替代。聖靈會使我們像基督。

我們不能小看公義的重要性，也不要以為公義是輕易可以達到。神不會把祂的公義賜給那些對公義無所謂的人。祂把公義賜給那些自知沒有神的公義就活不下去的人。我們個人一定要竭盡全力追求公義，把公義視為作事的最高準則。追求公義意味著我們珍惜神的看法，高過人的意見。

公義不僅僅是不犯罪，它讓神以祂自己的聖潔充滿我們(羅馬書六：11)。追求公義會讓我們愈來愈有基督的形像。耶穌是我們先尋求神公義的榜樣，爾後，天父尊榮祂。我們不只要尋求神的國度，也要追求祂的公義(馬太福音六：33)。如果飢渴慕義，我們會被滿足的！

溫柔的人

溫柔的人有福了！
因為他們必承受地土。

(馬太福音五章5節)

大家一提到溫柔，通常就想到軟弱。耶穌使溫柔這個字有不同的意義。祂對溫柔的描繪是一匹完全馴服的種馬。這匹馬曾經竭力掙脫控制，並且用盡全力拒絕被指揮，然而，牠現在完全順服牠的主人。這匹種馬並沒有失去牠的力量或忍耐，牠只是完全將這些主權交給主人。

對基督徒而言，順服需要我們將意志全然順服主。溫柔並不是順服身邊每一個人，而是走神要我們走的方向。溫柔代表我們不需要保護自己的權益，而是讓主為我們辯護。溫柔代表一個順服聖靈的生命，願讓神自由地在我們身上，改變祂認為需要改變之處。溫柔包括節制，節制是來自全心地信任神。溫柔會表現出忍耐的態度，願讓神處理自己所遇見的不公。

耶穌的生命是溫柔的典範。祂可以吩咐一整個軍團的天使，把祂由十字架上救下來，然而，祂允許罪人折磨自己，並且殺了自己。雖然耶穌不是沒能力保護自己，但祂選擇在神的旨意中全然順服。祂順服乃是因為完全相信天父。當我們懷疑天父時，我們傾向於用自己的力量解決事情，而不是倚靠祂的大能。耶穌說，把我們的生命主權交給神，我們將得到豐盛的生命。

一步步得勝利

耶和華—你神必將這些國的民從你面前漸漸趕出；
你不可把他們速速滅盡，恐怕野地的獸多起來害你。

（申命記七章22節）

當神帶領祂的百姓進入應許之地，祂是一步步地帶領。倘若神允許他們一舉徹底擊敗所有的敵人，那塊土地將會變得難以治理。所以，祂允許一些敵人仍然存在一段時間，好能維護那塊土地，抑制野獸漫生。藉著這樣的安排，神教導祂的百姓要一步步地信任祂。神每一次只給他們所能擔當的責任。

當神帶領你在屬靈的生命上成長，祂給你的挑戰，是合適於你的性格及你與神的關係。當你成為基督徒時，神不會一次就改變你的性格。祂會引導你經歷一段過程，讓你變得更像祂的兒子。祂會不斷地在你生命某方面作工，直到你生命的那個部分，被聖靈完全掌管才罷休。你可能非常渴望在自己性格上的每個方面都能成熟，然而，穩定且漸進式的成長更能持久。神在訓練你更像基督的成長過程中，是從不走捷徑的。祂以永恆的角度來看你的生命，並且讓你體會必要的經歷，好幫助你靈性的成長。

當神要培養你擁有像耶穌一樣的生命時，不要沒耐性。不要擔負超過祂要給你的責任。順服祂所有的旨意，祂會照著目前最合適你的性格，及合於祂在你身上的計畫之步調，領你前進。

智慧的靈

耶和華的靈必住在他身上，
就是使他有智慧和聰明的靈，謀略和能力的靈，
知識和敬畏耶和華的靈。

（以賽亞書十一章2節）

在 耶穌整個事工中，每當祂面對重大決定和反對勢力時，祂倚靠聖靈的帶領（馬可福音一：12）。在幾世紀以前，以賽亞早已敘述聖靈的出現對救主的意義。聖靈讓耶穌知道天父的旨意與作為。早在孩提時期，耶穌已經對神的話有非比尋常的洞見（路加福音二：47）。聖靈給祂智慧能使用這些知識，也使祂把神的話靈活地應用到有需要的人身上。

如果你是基督徒，同樣的靈也會進駐你的心中。有時候，你可能會祈求神差遣聖靈「大能」運行。這是聖靈惟一運行的方式！更重要的是，聖靈會帶來智慧，讓我們瞭解神的作為。

你需要神的智慧來面對你的決定（羅馬書十一：33）。也許神已經把你放在一個位置，需要擔起很大的責任，而你正被一堆待決定的事壓得透不過氣。你也許需要神的智慧，來幫助你擔起父母、朋友或領導者的責任。這個當初使耶穌看透撒但欺騙伎倆的聖靈，今日同樣也能夠指引你勝過試探。禱告求神以祂智慧的靈充滿你，好叫你在生活中能作正確的抉擇。

豐盛的生命

盜賊來，無非要偷竊，殺害，毀壞；
我來了，是要叫羊得生命，
並且得的更豐盛。

(約翰福音十章10節)

耶穌警告我們要謹防盜賊，因爲他們會竊取神原本要賜給我們的福分。耶穌要我們享受更豐盛的生命（約翰福音十：10）。從亞當和夏娃開始，人類就必須選擇相信誰。撒但讓亞當和夏娃誤入歧途，以爲不順從神就可以得到所有的東西。悖逆使他們喪失手中所有的東西，他們的餘生只經歷到神原要賜福的零頭餘數。聖經中有不勝枚舉的例子，許多人喪失作神兒女的權利，來換取一些短暫且空虛的東西。

世界想盡辦法要你相信，如果在婚姻、教養兒女、事業前途、或娛樂享受上，採用世界的道德標準，你會找到完全的滿足。如果你相信這些話，永遠不會經歷到神原要賜給你的福分。罪的工價乃是死（羅馬書六：23）。如果你選擇聆聽世界那些聲音，而不聽從那位創造生命並賜豐盛生命之主，是人生一大悲劇。

耶穌要你安心度日，知道自己是神所心愛的兒女。如果你現在並沒有體驗到仁愛、喜樂及和平，代表你已經安於那種微薄福氣的日子。如果你有一籮筐未曾體驗豐盛、喜樂生活的藉口，今日就下定決心，非要得到神所賜的豐盛生命不可。停止跟隨世人追逐滿足的腳步，去聆聽救主的聲音，你將可以得到真正的滿足。

愛惜光陰

你們要謹慎行事，不要像愚昧人，當像智慧人。

要愛惜光陰，因為現今的世代邪惡。

（以弗所書五章15～16節）

我們在當今的時代裏，往往被一堆引誘我們投資心力、時間的機會所包圍。緊急事件的呼聲終日追逐著我們。許多理想及事業保證只要花時間就可收成。在這嘈雜的聲音中，如何辨認出神的聲音呢？

愚昧人沒有智慧地安排自己的時間。每回有新的機會到來，愚昧人不先弄清楚是否為最佳抉擇，就見風轉舵去追逐。誰的聲音大，誰就獲得他的注意。那愚昧人終究會在某個片刻中，沮喪氣餒地發現自己任意浪費、揮霍時間。

現今你正活在一個邪惡的時代。婚姻正處在極大的壓力下，家庭結構崩潰。每年都有許許多多的人在生命結束之前，從未聽過耶穌基督的福音。有智慧地投資生命，對於你與你周遭的人是非常重要的。愚蠢地把時間投資在罪惡或享樂的追求上，會讓你與周遭的人付上極大的代價。

邪惡的追求通常不會劫掠你的時間。更確切地說，我們所遭遇的試探，往往是以次好的代替最好的。敵人知道公然引誘你做邪惡的事，是過於招搖的行為，所以，牠分散你的注意力，好叫你沒有時間能夠實踐神的旨意。牠會讓你的時間表充滿好的事情，叫你沒有時間實踐神最美好的計畫。你可能會不注意地把宗教活動代替神的旨意，追求自己為神國所定的目標，來代替等候神所分派的任務。時間是一件價值不菲的寶貝，你一定要有智慧地投資你的時間。

自我謙卑

因為，凡自高的，必降為卑；

自卑的，必升為高。

（路加福十四章11節）

有兩種方式會得到別人最高的敬意。一個是世界的方法：捉住每個機會在眾人面前表揚自己，抓住每個被賞識的時機，並且操縱環境，好得到眾人的注目。另一個是神的方法：謙卑自己。寧願先求他人的益處，不努力贏得眾人注目，及得到有影響力的職位。要培養謙卑，因為它不是自然而然就能擁有的。基督徒生活有個看似自相矛盾的道理，就是當神看到你真誠的謙卑自己，祂反而高舉你。

箴言十六章18節警告我們，驕傲在敗壞之先，狂心在跌倒之前。耶穌曾經提到一個想提高自己形像的人（路加福音十四：7～11）。當他去赴宴席時，馬上跑去坐首位。結果主人看到了，就要他讓位給更尊貴的客人，他只好羞愧地坐到較低的位置上。耶穌說，最有智慧的作法是先去坐末位，如果主人看你為尊貴，他自會請你到首位落座。

世界尊榮你的方式與神尊榮你的方式，是截然不同的。箴言廿五章27節指出，尋求自己榮耀是不對的。當世界高舉你的時候，你就得到了功勞。如果你尊重神，神必重看你（撒母耳記上二：30）。要竭盡全力謙卑自己，把榮耀歸給神。以討祂歡喜的態度尊榮祂，祂必重看你。

打開門與反對勢力

因為有寬大又有功效的門為我開了，

並且反對的人也多。

（哥林多前書十六章9節）

打開事奉大門的同時，反對的勢力也會進入。保羅曾經有許多這種經歷。當他從以弗所寫信給哥林多人時，他正準備決定下一步要去哪裏。他選擇在以弗所多作停留，因為神已經為他打開事奉的門。保羅不管自己得面對多少敵人，當知道神已經打開事奉的門，他就不準備離開。我們可能會以為，保羅面對反對勢力時會作相反的決定。以考慮反對勢力的角度來看，保羅理當去敵意較少的地區傳道。相反地，保羅的決定是基於神的作為，不是基於人的作為。

當你回應神的邀約時，不要因為遭遇敵人的阻撓而大感吃驚。如果專注於對手的身上，你會走岔了方向，拖延該做的事。不要讓你的決定取決於人的作為上。他們不能阻攔你實踐神的旨意（羅馬書八：31）。有時候，最有成效的屬靈工作，是在面對最嚴酷的迫害及反對勢力時所達成的。當保羅待在以弗所的時候，他的事奉引起合城暴動。一群暴徒在戲園裏整整叫囂兩小時之久，擁護他們的神說：「大哉！以弗所人的亞底米啊！」（使徒行傳十九：23～41）儘管他們如此激烈地拒絕福音，以弗所仍然成為亞洲福音傳播的主要城市。

要超越人的行動看到神的旨意，需要敏銳的屬靈分辨能力。當你看到事奉所在，要超越人們的話語評論，找到神目前的作為。

審判席

因為我們眾人必要在基督臺前顯露出來，
叫各人按著本身所行的，或善或惡受報。

（哥林多後書五章10節）

基督徒行事背後有許多動機。其中一個動機是，覺悟到自己有一天會站在基督審判寶座前，為自己的一生交帳。雖然另一種較舒服的看法是，相信基督徒不會面對關於地上作為的任何詢問，就被迎進天堂，但聖經上不是這樣說的。

保羅告誡我們，在末日的審判時，每個基督徒將為自己一生的所作所為，交代得一清二楚。這件可預見的事令保羅很害怕，激勵他在所做的每一件事情上，要努力討神的喜悅（哥林多後書五：9～11）。保羅知道，自己在地上的日子有可能不理會聖靈輕微的聲音，然而，到那交帳的日子，他必須解釋自己為甚麼不聽從神的指示。保羅從不草率地假設，神會因著他為神國所立的功勞，而寬容他所犯的罪。他瞭解，多給誰就向誰多取的道理（路加福音十二：48）。

神並沒有強逼我們遵行祂的旨意。我們對祂的回應方式，祂會要求我們交代清楚。基督徒因為耶穌的犧牲而罪得赦免，我們不被定罪。但是，因為神是絕對公義的，我們會被召喚，交代自己的所作所為。基督徒的生活有極大的自由，然而，對神與對自己周遭人的關係，我們有責任交代清楚。我們由保羅身上學習到，為自己的行為負責是健康的，它激勵我們積極地討神歡喜。

和好的職分

一切都是出於神；祂藉著基督使我們與祂和好，
又將勸人與祂和好的職分賜給我們。

（哥林多後書五章18節）

這個世界充滿了許許多多的人，他們的罪使得他們與神隔絕。基督的犧牲恢復了基督徒與天父之間愛的關係。身為基督徒，我們被委派和好的職分。當基督住進我們的心裏，我們成為祂的大使，懇求他人與祂和好（哥林多後書五：20）。我們是神的和平信使，要激勵其他人轉向神（馬太福音五：9）。

罪破壞我們與神的關係，也使我們與人的關係破裂。破裂的人際關係，是這時代的流行性傳染病。罪離間家人、破壞友誼、分裂教會，並且毀壞婚姻關係。罪會製造疑心、嫉妒、仇恨、貪婪，和所有破敗的關係。惟有基督能彌補罪在人際關係上的悲慘影響。身為神的大使，我們要把和好的信息帶到破裂分離的世界。我們鼓勵人要先與神和好，再與其他人和好。

神的和平信使們彼此對立不合，是多麼悲痛的事！我們帶著愛的信息，卻又充滿仇恨，這使我們的使命受到扭曲。如果你拒絕饒恕某人，你和解的信息只是假冒為善。作為耶穌門徒的證據，是去愛你的基督徒同伴（約翰福音十三：35）。在每一層人際關係上，要確定你的行動反映出你由神那兒得到的愛與饒恕。那麼，你就不僅是傳揚和平的信息，也同時活出和平的信息。

動　機

耶穌説：「要我為你做甚麼？」

（馬可福音十章51節上）

很難令人置信，主居然問我們，祂能夠爲我們做甚麼。然而，有時候這是我們非回答不可的問題。巴底買是個瞎子，他清楚知道自己需要耶穌爲他做甚麼：恢復視力。而他得到的，比肉體視力的復原更多！他得到救恩，因爲耶穌知道巴底買的心是忠實的。巴底買立即使用他剛得到的禮物，成爲救主的跟隨者。

耶穌也曾經問過雅各和約翰，他們要祂爲他們做甚麼。他們要求得到祂國度中最高的位置。這回耶穌回答說，祂不能滿足他們的索求。他們的要求是自私的，並且這個要求引起門徒之間的爭鬧（馬可福音十：41）。

只有當我們根據神的旨意祈求時，祂會樂意賜下我們所求的（約翰福音十五：16）。神不會回應我們自私的禱告（雅各書四：3）。如果神抑制我們所求的事物，我們應當要評估自己的禱告。我們的動機是否自私？我們的要求是否遠遠少過神要給我們的一切（列王紀下十三：19；以弗所書三：20）？我們所要求的事物是否配得上我們的神？我們是否缺乏信心，不確定神會滿足我們所需（馬太福音十七：20）？我們是否有尚未認的罪（以賽亞書一：15）？神喜愛回應我們的祈求（馬太福音七：7），如果根據祂的旨意祈求，就像巴底買一樣，我們會得到比自己料想的更多（耶利米書卅三：3）。

若尋求祂

你們若順從耶和華，耶和華必與你們同在；

你們若尋求祂，就必尋見；

你們若離棄祂，祂必離棄你們。

（歷代志下十五章2節下）

神是否與我們同在，主要決定於我們對神的回應。如果我們全心全意尋求神，我們必尋見祂（耶利米書廿九：13～14）。主要與我們相交，然而，祂不會強逼我們與祂建立關係。我們不可能一面拒絕與祂相交，一面又期待祂就在附近。祂並不只是整日跟著我們，準備作我們隨時的幫助。如果一直遠離祂，有一天我們會發現自己極度需要祂，而祂卻不在身邊（以賽亞書五十九：1～2）。

把那至高無上的真神當作僕人，頤指氣使地指示祂，對神是公然的侮辱。神照著祂的主權和要求與我們相交，不是照著我們的要求。神渴望與我們親密同行。如果渴望親近祂，祂的同在會真實地臨及每個渴慕祂的人。如果為罪悔改，並且照著神的定規尋求祂，就能與祂建立親密的關係（雅各書四：8～10）。我們要不斷地尋求祂，在每個新的早晨，若無神同行的確據就不滿足。

你是否嘴上說要經歷神的同在，但是行為又表現出另一碼事？如果嘴上說要更認識神，卻疏於讀經，你是否真實地尋求祂？你是否時常疏懶於禱告？如果你的行動顯露出你是真誠地尋求神，祂應許你會找到祂的（馬太福音七：7）。

單獨工作

摩西的岳父看見他向百姓所做的一切事，就説：
「你向百姓做的是甚麼事呢？你為甚麼獨自坐著，
眾百姓從早到晚都站在你的左右呢？」

（出埃及記十八章14節）

當我們熱切地想討好神及拓展祂的國度時，往往會負起神從未要我們去擔的責任。基督徒生活最大的挑戰之一，是決定神不要我們做甚麼！我們的本意是值得稱許的：我們愛神，愛祂的百姓，並且在周圍看到許多需要。然而，有時候我們的好意所造成的傷害，比我們能給予的好處還要多。

摩西知道，以色列百姓之間的爭端需要有人仲裁。這些過去是奴隸的百姓，需要學習活出神百姓的樣式，所以他當仁不讓，負起這個重責。於是在摩西的面前，每天站了一大排不快樂的百姓，他們希望自己的案件能夠陳明。日復一日地，摩西把解決同胞問題的重責，扛在肩頭。他的岳父，一個外人，終於看到摩西的所作所為，並向摩西挑戰如此作法是否有智慧。摩西負起超過他所能承擔的重責，試圖扛下非一人所能完成的工作，把自己搞得疲憊不堪。他獨自挑起這個責任的同時，也剝奪了其他人服事主的機會。他幫了同胞的倒忙，否則他們的問題可以早一點被解決。

當你看到需求，不要自然而然地假設神要你去滿足這個需求。開始執行一個事工的唯一理由，是神清楚告訴你這是祂的旨意。當你感到自己被手中的工作壓得無法動彈，你可能做超過神要你做的工。要禱告直到清楚你手上的工是神的旨意，好叫你不致劫奪神在你及其他人身上最美的心意。

我絕不！

至於我，斷不停止為你們禱告，以致得罪耶和華。

我必以善道正路指教你們。

(撒母耳記上十二章23節)

我們有時候很想放棄，不理神的百姓！他們是那麼不完美，可能罪惡深重，然而，他們是祂的百姓。撒母耳清楚地警告以色列人立王的危險性，但他們仍執意要像鄰國一樣，有王治理他們，並且願意付上任何代價來立王。這些百姓一立了王，就知道自己有罪，只不過一切都太遲了。那麼撒母耳做了些甚麼呢？他們曾經漠視他的警告，現在卻又要尋求他的幫助。撒母耳大可拋棄他們，任憑他們承受行為的後果。

撒母耳知道，誠如耶穌知道，神要祂的僕人去服事有病的，不是服事健康的(馬太福音九：12)。撒母耳並沒有把百姓的反應當做是他們的拒絕，他知道百姓的態度顯示出他們與神的關係。撒母耳事奉的對象是神，不是以色列百姓。當神命令他要幫助他們，雖然他們拒絕他的信息，他還是幫助他們。

有時候，人們並沒有照著應有的反應，回應神藉著你說出的信息。不要因此而灰心，他們的態度反映出他們與神的關係。你是神的僕人。如果耶穌投注時間在那些靈性有需要的人身上，你可以預料，祂也要你做同樣的事。不要對神的百姓失去耐心。要記得，神愛他們，誠如祂愛你一樣。

亨通之鑰

凡他所行的，無論是辦神殿的事，是遵律法守誡命，
是尋求他的神，都是盡心去行，無不亨通。

（歷代志下卅一章21節）

有個方法可以保證你凡事亨通，就是盡心去事奉神。猶大王希西家活在一個動亂不安的時代，他面對強而有力的敵人。偶像崇拜是當代很普遍的事。他的父母拒絕神，鼓勵百姓去拜別的假神（歷代志下廿八章）。希西家大可以照樣拒絕神，但他選擇要全心、全意、盡心、盡力去事奉神。他以自己的權力鼓勵百姓敬拜真神，且勤勉地遵循神的命令。結果，因著他定意事奉神，神祝福他。希西家得以於亂世中興盛不衰，因爲他不管群眾的意見，定意跟隨神。

神看重定意尋求跟隨祂的心（歷代志下廿六：5）。在那個時代，敬拜神是不合時尚的。除此之外，敵對的武力也威脅著他，若要尋求神是需要勇氣與決心的。神喜歡豐盛地賜予那些獨排眾議、努力討好祂的人（撒母耳記上二：30）。希西家與猶太國早期國王羅波安的作爲完全不同。經上記著：「羅波安行惡，因他不立定心意尋求耶和華。」（歷代志下十二：14）當你沒有盡心尋求主，災難是不可避免的結局。最能保證你凡事亨通的方法，是盡心盡力地遵循神的旨意。

白白捨去

你們白白地得來，也要白白地捨去。

（馬太福音十章8節下）

在 神的國中沒有守財奴的居所。當我們不情願分享手中的東西時，顯示我們忘記了自己所擁有的財產出自何處。各樣美善的和全備的賞賜，都是從上頭來的，是從眾光之父那裏降下的（雅各書一：17）。我們所領受的一切，都是靠著祂的恩典（哥林多前書四：7）。約伯明確地概述我們的情況：「我赤身出於母胎，也必赤身歸回；賞賜的是耶和華，收取的也是耶和華。耶和華的名是應當稱頌的。」（約伯記一：21）我們很容易會以為，自己所有物的主權在自己的手中，就好像這些東西是我賺得的，所以有權力支配。耶穌提醒我們，要隨時準備白白捨去自己的所有物，而領受東西時也要歡歡喜喜的。能夠把自己所有的東西給別人，是很快樂的事（哥林多後書九：7）。我們應該要成為主傾福的導管，知道自己會散播福氣給周圍的人。我們有時會宣告要成為財產的好管家，實際上，我們卻是很自私的。

如果你心有為難，無法白白捨去，你已經變得重視禮物多於重視那位賜恩者。那個年輕的官讓我們看到，太重視屬世寶藏的悲劇（路加福音八：18～24）。默想主給你的所有賞賜（約翰福音三：16），決心以奉獻來表達你的感激之情。

沒有甚麼能隔絕你

誰能使我們與基督的愛隔絕呢？難道是患難嗎？
是困苦嗎？是逼迫嗎？是飢餓嗎？是赤身露體嗎？
是危險嗎？是刀劍嗎？

（羅馬書八章35節）

不管遭遇多麼可怕的事，沒有任何事能使你與神的愛隔絕。你所遭遇的患難與困苦不可能嚴重到一個程度，以致神熱切的愛無法領你超越過它。沒有任何逼迫是太痛苦，以致神的愛無法為你帶來安慰。飢餓也許讓你覺得亟需食物的供應，但是你永遠不會覺得神的愛不夠，以致不能飽足。貧窮不能劫掠你享受神的熱愛，即使是死亡本身，也不能搶奪天父對你無盡的愛。

如果依照環境來看神的愛，你會變得很困惑。你有時候可能會問：「慈愛的神怎能容許這種事發生在我身上？」你可能開始懷疑聖經中清清楚楚的記述。神應許你永遠不會與祂的愛隔絕；祂並不是說你永遠不會遇到患難、困苦、逼迫、飢餓、貧窮或危險。如果懷疑神怎能既愛你，又讓你經歷困境，想想耶穌的一生。

若真實瞭解基督死在十字架上為我們付出的愛，你會信心十足地面對困境。如果知道沒有任何東西，能使我們與神完全的愛隔絕，你會在每個環境中看到神表達祂的愛。不要以環境來衡量神的愛。相反地，要以神的愛來評估你的環境。

住在山上的日子夠了

耶和華——我們的神在何烈山曉諭我們說：

你們在這山上住的日子夠了。

（申命記一章6節）

如果神讓我們住在「山頂」，我們永遠不能經歷考驗，更不能經歷任何勝利。當神對以色列百姓說話，頒發十誡給他們的時候，以色列人聚集在西乃山腳下。這是個驚人的經驗！火與煙覆蓋了整個山頂，天空閃電，角聲漸漸地高昂！遍山大大震動，百姓們恐懼戰兢（出埃及記十九：16～25）。

神的百姓不只是要經歷與神相遇的激動，他們的主由埃及解救他們的目的，並不是要他們待在荒野的山地中。神解救他們，好叫他們能夠征服應許之地。神要向以色列人展示自己的權能，好讓他們信任祂能夠帶領他們進入迦南地。最後，神宣佈他們在山上待得夠久了，是起行爭戰的時刻。

山頂上實在是一個吸引人的安營處。彼得、雅各和約翰預備要在變像山頂搭棚與耶穌同住，然而，他們的主知道山腳下有一個鬼附的孩子需要幫助（馬太福音十七：4、14～18）。神有時會慈愛地讓你享受山頂經驗，這些經驗可能發生在許多不同的時候：在你與祂獨處時、在基督徒聚會時、讀一本好書時、或是在禱告聚會時。你可能希望自己一輩子舒適地享受迎見主的激情，但要記得，這些山頂的際遇是神要裝備你，好面對前頭的爭戰。

不要迷失在人群中

> 耶穌到了那裏，抬頭一看，對他說：
> 「撒該，快下來！今天我必住在你家裏。」
> （路加福音十九章5節）

在這廣大的世界裏，我們常覺得自己只不過是群眾中一個微不足道的小人物罷了。世界的趨勢是要除去我們個人的特質，要我們認同周圍的人。然而，神以祂獨特的方式來愛我們。

耶穌正前往耶路撒冷的路上，要完成祂在十字架上的任務。群眾蜂擁而至地包圍祂，矮小的撒該非得爬上一棵樹，才看得到耶穌。撒該原想，只要看最偉大的教師一眼，就心滿意足，但耶穌居然停下來，抬頭直視他！那時撒該在人群中根本不受注意，就這樣，撒該開始一段與耶穌同處的時光，而這個際遇徹底地改變了他的生命。

耶穌會以獨特的方式與你相交。祂知道你的過去、你將會面對的將來，以及你生命的每個細節，祂賜給你的話語會完美地切合你生活的環境。你可能處於一群聆聽神話語的基督徒當中，也可能是你周遭唯一聽見神話語的人。如果旁人並沒有像你一樣因神的真理興奮激動，不要感到灰心失望。如果他們沒有像你一樣，把神的話應用在自己的身上，不要沒有耐性。神會使祂的話語個人化。祂也會以祂自己的方式，滿足你每個朋友的需要。

回到你的失敗處

西門說：「夫子，我們整夜勞力，並沒有打著甚麼。
但依從祢的話，我就下網。」

（路加福音五章5節）

沒有人像耶穌一樣，知道怎樣在你失敗的時刻幫助你！祂不會忽略你的缺點，或是僅僅鼓勵你下一回做好一點。在你失敗的當中，祂仍會賜下勝利。

彼得整夜捕魚卻一無所獲。他不是只捕撈到一些魚，而是連一條魚也沒捕到，雖然他是個熟練的漁夫。耶穌可以說：「彼得，別擔心你的空網！反正，你很快就要換個行業。」耶穌反而要他把船開到水深之處，撒網捕魚。彼得是何等地謙卑！這裏有個木匠告訴這個坦率的漁夫如何捕魚呢！

當你失敗時，耶穌通常要你完全專注於祂。祂有時要把你帶到失敗之處，好能夠在你的生命中建立美善的特質。你可能以為祂一定不要你再繼續下去，因為你是如此慘敗。你的問題也許就在靠自己的力量，而不是靠主的力量。你的失敗之處也許是人際關係，祂會幫助你由錯誤中體驗到祂的指引，使你的人際關係大大不同。當你倚靠神作工時，可能發現成功就在你的掌握之中。如果最近遭遇失敗，你可能正處於得到神深奧啟示的邊緣！

神記得

你去向耶路撒冷人的耳中喊叫說，耶和華如此說：
*　你幼年的恩愛，婚姻的愛情，你怎樣在曠野，*
*　　在未曾耕種之地跟隨我，我都記得。*

（耶利米書二章2節）

當你的心對神愈來愈冷淡，對祂的熱愛愈來愈薄弱的時候，祂對你的愛仍是穩定不動搖。我們可能會忘記祂，祂卻記得我們。

神當時很擔心，因為猶太民族已經漸漸遠離神。神向以色列百姓表達自己的愛意，並且回憶他們過去剛剛愛上神的情感。祂記得當初百姓們是如何愛自己，就像一個新娘熱愛她的丈夫一樣，對未來充滿興奮與期待。祂回想當初他們表達，無論神到何處都願跟隨的愛意。神提醒他們過去對祂的愛意，他們的記憶也許可以重燃奉獻的愛火，他們的心可能因而回轉向祂。

如果不守護自己的心，你對基督的愛會愈來愈冷淡。這時候祂可能會親近你，提醒你和祂過去的關係。你是否還記得自己剛變成基督徒的時候，生活洋溢著喜樂？你是否還記得年輕時向神承諾，立定心志要做任何神要你做的事？你是否記得，每回你經歷到祂本性的某個新特質時，心中湧出的激情？屬靈的記憶是非常重要的。除非比較目前與早期愛心的差異，你可能不會瞭解自己已離神多遠。

神是永不改變的。祂與你當初獻上你的心，成為一個基督徒的時候，是一樣的（瑪拉基書三：6～7）。如果你對神的愛不像從前那麼熱切，回轉向祂。祂會重建你過去與祂親密的關係。

去！

所以，你們要去，使萬民作我的門徒，

奉父、子、聖靈的名給他們施洗。

(馬太福音廿八章19節)

我們的主人命令我們要「去」！我們需要神的允許才能停留。福音是耶穌離開天父的右手邊，走上各各他山上被釘十字架的記述。耶穌教導那些願意作自己門徒的人，要離開家和自己安舒之地，跟隨祂。有些人堅持現在不是走的時候，因為他們得先照顧年老的父母（路加福音九：59～60），有些人則想把每件事先安排妥當再說（路加福音九：61～62），還有些人願意跟隨主，但是他們想先清楚未來的細節（路加福音九：57～58）。耶穌從來沒有為那些想跟從祂、卻又很為難的人找藉口。祂很清楚地指出，跟隨祂意味著祂訂立方向，我們跟隨。

我們可以指著目前的成功，說服自己，耶穌不是真的要我們調整自己的生活。然而，耶穌經常告訴祂的門徒，不管他們目前多麼成功，要隨時起身前往任何地方。當耶穌邀請彼得放下一切跟隨祂的時候，彼得正網住平生最大的一次漁穫（路加福音五：1～11）。當聖靈指示腓利去沙漠時，他正享受那空前驚人的成功果實（使徒行傳八：25～40）。你目前的成功，也許正是你前往神要你去之地的最大阻礙。

如果你漸漸覺得目前的處境很安適，你可能正抗拒基督的邀請，前往他處。不要假設神不要你事奉祂。祂可能要引領你走過街，向你的鄰居分享福音，或是到世界另一端去傳播福音。不管祂要領你何往，要預備好隨時起行。

神的設計

因為祂預先所知道的人，就預先定下效法祂兒子
的模樣，使祂兒子在許多弟兄中作長子。預先所
定下的人又召他們來；所召來的人又稱他們為
義；所稱為義的人又叫他們得榮耀。

(羅馬書八章29～30節)

你的生命是神偉大計畫的一部分。在創世的起頭，神已經認識你，並且對你的生命有個計畫。甚至在你出生之前，祂已經知道你每一件事（耶利米書一：5）。神已經預定你會像祂的兒子。因此，你的生命是有個終極目標；基督是神為你的生命成長所設立的榜樣。你要與天父建立一種關係，如同耶穌與天父之間的關係一樣親密（約翰福音十七：21）。每一件祂容許發生在你身上的事，都是為了使你更像基督。

當神邀請你在這個過程中加入祂，就是神的呼召！祂的呼召非常個人化，是特別對著你的。在歷史上的一個特殊時刻，全能神親自向你說話，邀請你成為祂的孩子，這是多麼美妙的事啊！

因為你的罪，你永遠不可能過無可指責的生活。然而，神赦免你的罪、開釋你，宣告你是公義的。所有你在屬靈上欠祂的債已被豁免，從此到永恆，你可以自由地享受神及事奉神。在聖經時代，神百姓的榮耀是神的同在。因為神的豐盛現在已經進駐你的心裏，你也一樣被尊榮，有一天你將會與祂同在（歌羅西書一：27，二：9）。祂邀請你在生命中順服祂的旨意，使你有祂的形像，好加入祂（腓立比書二：12）。

禱告是為了預備

五旬節到了，門徒都聚集在一處。

(使徒行傳二章1節)

祈禱不是要讓你得到屬靈的力量。禱告調整你的生活，好讓祂能夠藉著你展示祂的全能。禱告的目的，不是要說服神改變你的環境，而是要預備你參與神的作為。

在五旬節，人們熱切地祈禱不是聖靈降臨的原因。禱告帶領他們進入一個境地，他們預備好要加入神所計畫的大工。

耶穌要祂的跟隨者仍然停留在耶路撒冷，等候聖靈降臨(使徒行傳一：4～5)。於是，門徒順服祂的命令，等候神下一個派令。當他們禱告的時候，神調整及預備他們面對祂所指示的下一件任務。禱告時，他們之間彼此合一。這是有始以來，門徒第一次使用聖經作為他們決定的指引(使徒行傳一：15～26)。五旬節那天來臨，耶路撒冷合城到處都是來自全世界的朝聖者。當神使聖靈充滿門徒的時候，神已經使那些傳福音到萬國萬邦的使者，遍佈了整個城市。禱告預備門徒能順服地回應神的話。

禱告是為了調整你的心能認同神的旨意，不是調整神能合你的心意。倘若神沒有回答你的禱告，你可能需要調整自己的禱告，好符合神的計畫。不要專注於自己的期望，乃是要領悟，神更在意祂對你的期望。

生命與光

生命在祂裏頭，這生命就是人的光。

（約翰福音一章4節）

當耶穌來到這個被罪捆綁、陷入死亡及黑暗的世界，祂就成為他們的光與生命。不管祂在那裏，祂的光驅散了罪的黑暗，因爲邪惡的勢力無法抵擋祂。祂所帶來的是既豐盛又自由的生命，這生命是要給每一個死在自己罪中的人（以弗所書二：1；約翰福音十：10）。

如果你是個基督徒，耶穌住在你的裏面，祂的光也在你的裏面。基督徒被呼召要除去黑暗（以弗所書五：11），基督的光在你裏面應該是那麼明亮，以至於你周圍在黑暗中的人們，會全身不自在。你裏面的光應該能夠驅散你的朋友們、工作伙伴們、及家人們心中的黑暗。

身爲一個基督徒，你能在內住你心中的基督裏，找到豐盛的生命（歌羅西書一：27）。其他人可以藉著你得到耶穌所賜予的生命。不要低估你在受傷的人們身上所做的事。基督在你裏面的生命，足以滿足每個人的需要。當人們遇見你，他們遇見你裏面的基督。你不知道所有的答案，但是你心中的那個人知道萬事！你將不會擔負所有匱乏者需求的重擔，而是基督會擔負他們的重擔。要知道，許多人會拒絕接受你要給他們的眞理，誠如過去許多人曾經拒絕耶穌一樣（約翰福音一：11）。然而，你要感恩，因爲神選擇藉著你彰顯祂自己，祂要把光與生命賜給你周遭的人。

肉　心

我也要賜給你們一個新心，將新靈放在你們裏面，

又從你們的肉體中除掉石心，賜給你們肉心。

（以西結書卅六章26節）

我們對神的回應是由心發出的。當我們遠離聖靈潔淨的工作時，我們的心會變得非常虛假及欺詐（箴言十七：9）。大衛禱告求神塗抹他的過犯，潔淨他的心（詩篇五十一：10）。神最渴望的事，是要他的百姓全心全意地愛祂（申命記六：5）。耶穌說，清心的人有福了（馬太福音五：8）。

罪使人心變硬（馬太福音十三：4、19）。當我們讓愈多的罪沉澱在內心及生命中，就會愈來愈抗拒神的話語。不饒恕的罪使人心變硬。我們不可能一直抵擋聖靈的感動，同時又想維護不變硬的心。當暴露在邪惡及不敬虔的環境下，我們對神與祂的話會變得麻木不仁。過了一段時間之後，我們的心會硬得像石頭，一點也沒有辦法接收神新鮮的話語。我們對罪變得麻痺而無知覺。

你對神的心是否愈來愈冷漠？你是否覺得沒有任何東西可以使你的心變柔軟？神有解決之道，祂會使你脫離那些毀滅你的影響力（以西結書卅六：24），祂要潔淨你所有的骯髒不潔，除去你心中所有的偶像（以西結書卅六：25）。祂會除去你的石心，並且賜下肉心，能體貼祂及祂的話。如果你不夠愛神，求祂更新你的心，恢復你對祂的熱愛。

大蒙眷愛

你初懇求的時候，就發出命令，
我來告訴你，因你大蒙眷愛；
所以你要思想明白這以下的事和異象。

（但以理書九章23節）

還有哪一句神的話比「大蒙眷愛」更受人歡迎的呢？但以理在自己的國家，被巴比倫人徹頭徹尾地擊敗之後，離鄉背井、流放在巴比倫。他試圖要弄清楚自己的處境，所以作了一件他作過無數次的事，就是禱告。神馬上差遣天使加百列。加百列透露，早在但以理祈求之初，神就差遣他來找但以理。神並沒有先等但以理禱告完畢才回應。為甚麼呢？因為神非常愛但以理。這是多麼令人不可思議的見證！但以理對神的愛曾經被試煉過。現在，當但以理有需要時，神很快地以愛回應他。

神要回應那些全心屬神者的祈禱（歷代志下十六：9）。神可以準確地訂立你在所處時代的方位。媒體、輿論和政府領袖都不能夠告訴你所處環境的真實情況。只有神可以。神愛你。在祂的時刻，祂會指教你。祂的答案可能馬上臨到，就像但以理這次的經歷一樣。或者，祂的答案也可能會延遲，然而，祂的回應一定會臨到（但以理書十：13）。如果你周圍的每一件事情都好像要崩潰，你不知道為甚麼看不到神的作為，你要安心，因為你是被神所鍾愛的。如果你真誠地尋求神的回答，你可以有信心地把自己的問題帶到神面前，祂會以愛來回答你（路加福音十一：5～13）。

神的榮光

所羅門祈禱已畢，就有火從天上降下來，
燒盡燔祭和別的祭。耶和華的榮光充滿了殿。

（歷代志下七章1節）

神的榮光就是祂的同在。當神降臨時，祂的榮光會清楚顯現！
神對於祂顯現的地方有最高標準，祂會讓人清楚知道祂的顯
現。祂不會依著我們突發奇想的怪念頭，或我們所陳列的條件，臨
到我們。

所羅門渴望神會明顯地臨及自己細心努力為祂建造的聖殿。所
羅門付上最大的心血與代價，為主建造這壯麗宏偉的殿堂。然而，
他清楚知道，建造如此豪華壯觀的殿堂，並不能夠保證神會選擇居
住其中。所以，所羅門預備自己和百姓，希望神會悅納他們。祭司
和歌唱者一同吹號與唱歌，虔誠地讚美神（歷代志下五：11～
14）。這些祭司在祭壇上獻上許多的動物，多得不可勝數（歷代志
下五：6）。所羅門向神禱告。當他祈禱完畢時，火從天上降下
來，燒盡所有的祭物。耶和華的榮光充滿了殿宇！神的榮光在所羅
門王的殿中大大彰顯，以至於祭司們不能進殿繼續他們的事工（歷
代志下七：2）。

當神降臨某處是不會有誤的。神的榮光會充滿這地，你不可能
再我行我素地作事！新約教導，我們的身體是聖靈的殿，因為神住
在我們當中（哥林多前書三：16）。我們不能因此就假設自己的生
命討神的喜悅。我們要像所羅門徹底地預備自己，神將選擇在我們
的生命中彰顯祂的同在。當祂如此行的時候，你會毫無疑問地知道
這就是神！

神聖的潛力

掃羅到了耶路撒冷，想與門徒結交，他們卻都怕他，
不信他是門徒。惟有巴拿巴接待他，領去見使徒。

（使徒行傳九章26～27節上）

只有神知道每個信徒的潛力。我們可以推斷神可能在某人身上的作為，但是，我們沒有任何方法可以確定。我們看的是外觀和行為，然而，神看的是內心（撒母耳記上十六：7）。

使徒懷疑一些公開宣稱自己是基督徒的人。大數的掃羅似乎是最不可能獻身成為耶穌的跟隨者，他曾經是基督教最大的敵人之一，甚至監督謀殺司提反（使徒行傳七：58～60）。當保羅突然表示要認識基督教運動的領袖們，使徒們懷疑保羅的動機和悔改信主，那是很自然的事。雖然使徒們不願認同保羅，但巴拿巴卻願意往好處想，他冒自己生命的危險為保羅辯護。

你可能與保羅感同身受。你也許看起來不太可能像是委身的基督徒。神也許在你的身邊安排一位基督徒，幫助你培養信心。感謝天父差遣一些人，在眾人都懷疑你時，他們相信神能在你身上成就大事！

你目前的立場也許與使徒一樣。你周圍有些人雖然自稱是基督徒，但是你對他們實在沒信心。要放心，如果神能夠改變那驕傲的謀殺者保羅，成為歷史上最偉大的聖徒之一，祂同樣也可以救贖你周圍的人。不要放棄任何一位基督徒伙伴。觀看神在他們身上的作為，然後加入祂的計畫。能夠像巴拿巴一樣，投資在一位基督徒伙伴的身上，是何等地榮幸。這是門徒訓練的目的。

稱惡為善，稱善為惡

禍哉！那些稱惡為善，稱善為惡，
以暗為光，以光為暗，
以苦為甜，以甜為苦的人。

（以賽亞書五章20節）

說服人把神看為善之事當作邪惡，和神看為惡之事視為善，是撒但慣用的伎倆。撒但說服亞當和夏娃不順服神（而不是順服神）可以保證他們得到最完美的人生。他們相信了牠，就立即開始經歷了罪的後果！雖然撒但的邏輯很荒謬，牠仍然繼續欺騙人們，使人懷疑神曾經清楚講過的話。

掃羅王希望撒母耳能肯定自己所獻上的祭品，雖然他根本直接地違背神的命令（撒母耳記上十五：13）。亞拿尼亞和撒非喇公然地不順服神，卻希望因著自己的奉獻，能夠得到早期教會的嘉許（使徒行傳五：1～11）。一位亞瑪力的軍人希望以刺殺神所膏立的掃羅王，來得到大衛的感激（撒母耳記下一：1～16）。

我們同樣也會面對稱惡為善的試探。我們可能會被說服，以不說實話、撒謊的方式來做些好事。我們可能自稱是在推動基督徒為某個罪人祈禱，而事實上是在傳播謠言。我們可能聲稱自己在事業上順服神的旨意，事實上卻是在追逐自己的野心。我們也同樣會被試探，把神稱為美好之事當作邪惡。神說，愛你的敵人是好的，然而，我們可能保持某種姿態，要他們為自己的所作所為負責任。

把神的話句句當真，是非常重要的。神不要我們為他的命令找特例，祂要我們完全順服。

清心的人

我又聽見主的聲音說：「我可以差遣誰呢？
誰肯為我們去呢？」我說：「我在這裏，請差遣我！」

（以賽亞書六章8節）

清心的人有福了，因為他們必得見神（馬太福音五：8）。你可以參加主日崇拜、讀經和禱告，但是，當罪惡充滿你心的時候，你是看不見神的。當你遇見神的時候，你絕對會知道的，因為你的生命會全然改變。

以賽亞很擔心猶太最偉大的國王烏西雅的駕崩，很迷惘不知道天上君王的心意。然後，發生了一件事，永遠地改變了以賽亞的一生。神威嚴地降臨聖殿，四周環繞天堂的受造物。神的顯現使以賽亞馬上察覺自己是有罪的。其中一個撒拉弗手裏拿著一塊紅炭，飛到他的前面，潔淨以賽亞的罪。以賽亞立即聽見一些自己從未聽見的事情。現在，他聽見天上有段話，關於誰願意作神的使者，傳達祂的旨意給祂的百姓。以賽亞立即熱切地回答：「我在這裏，請差遣我。」現在，神已經潔淨了以賽亞，他知道神所關心的是甚麼，並且預備好要事奉神。以賽亞過去滿腦子都是屬世的東西，現在他唯一所關心的是神的事工。

如果你漸漸疏遠神和神的事工，你需要經歷祂的潔淨。成聖預備你能夠看見及聽到神，它使你可以事奉祂。只有神可以潔淨你的心，讓祂為你除去任何阻止你與祂建立關係的污穢。如此一來，你對祂的奉獻才會有真正的意義。

工　具

斧豈可向用斧砍木的自誇呢？鋸豈可向用鋸的自大呢？
好比棍掄起那舉棍的，好比杖舉起那非木的人。

（以賽亞書十章15節）

基督徒生活的其中一個危機，是竊取神的榮耀。這是亞述人的問題。他們本來是非常軟弱的國家，直到神選擇去祝福他們，使用他們成為管教以色列人的工具。然而，神愈加祝福他們，他們愈加自恃自己的能力。當農夫有好收成時，他們認為是自己耕種技巧的功勞，與神無關。當他們的軍隊得到一場大勝利時，他們歸功於領軍的將領。當整個國家繁榮興盛時，亞述人歸功於自己的軍事與政治力量。最後，神指出他們怪誕的結論（以賽亞書十：5～19）。

有時候，管理貧窮與軟弱的問題，比起管理財富與剛強要容易得多。貧窮使我們看到自己對神的需要，繁榮昌盛則容易讓我們自以為不需要神。聖經中包含許多例子，有些人自以為靠自己就夠了，卻不瞭解自己遠離神乃是極度貧窮。參孫是最強壯的人，然而，他忘記自己的力量是從神而來。一旦神除去了他的力量，參孫淪落成一個可憐的奴隸。掃羅是以色列第一個國王，當神從這驕傲的統治者身上，除去自己聖靈的同在，他就變成一個心胸狹窄的偏執狂，甚至去求教交鬼的婦人。

當你經歷神所賜予的勝利時，要小心自處！當你在家庭、工作或事工上享受祂的祝福時，要銘記在心，自己只不過是主手中的工具。

預備你的心

所以要約束你們的心，謹慎自守，
專心盼望耶穌基督顯現的時候所帶來給你們的恩。

（彼得前書一章13節）

你的心思意念是一件美好的東西！你可以熟背改變生命的經文，成為每日生活的力量。你可以默想神的話，發現神莊嚴偉大的真理。你可以分辨真理與謬誤；你可以回憶神過去的祝福。

一些最有能力的神僕，訓練自己的心思意念來服事神。摩西曾經在埃及的最高學府受教育，他為以色列人編輯律法書。以賽亞以自己博學的背景，寫出聖經中佔有崇高地位的先知書。保羅曾經受教於迦瑪列的門下，迦瑪列是當代最傑出的教師。保羅因著這些訓練成為神手中的器皿，描述出新約中許多的神學理論。

可悲的是，今日的基督徒並沒有操練他們的心思意念，好為神所使用。他們允許其他人為他們思考屬靈的事。如果他們在一本書上可以找到神學思想，就不會費心去研讀神的話。如果講員說了一些權威性的話，他們查都不查，也不管他的話是否合乎聖經標準，就馬上接受他的看法。

保羅鼓勵基督徒要努力使心志成熟（哥林多前書十四：20）。他說自己屬靈的心思意念雖不成熟，然而，他已經操練自己的心思，好能夠明瞭神最偉大的真理（哥林多前書十三：11）。他不允許其他人為他思考。當你成為基督徒時，神會更新你的心思意念（羅馬書十二：2）。要使用自己的心思意念在榮耀神的事情上。

報　復

親愛的弟兄，不要自己伸冤，寧可讓步，聽憑主怒；
因為經上記著：「主說：『伸冤在我，我必報應。』」
（羅馬書十二章19節）

在相信神的路上，其中最困難的一點是公義的問題。當我們遭遇不公平時，總想看到犯罪的一方受懲治。我們要伸張正義，特別當自己是受害者的時候。如果沒能很快地報仇雪恨，我們會變得很沒耐性。然而，神警告我們，報仇雪恨不是我們的特權。我們要渴慕公義，但是不可伸冤報仇雪恨（彌迦書六：8）。當某人傷害我們，要以饒恕回應傷害（馬太福音五：44）。伸張正義是神的事。神非常愛人類，以至於不允許罪不受抑制。

彼得斷言，神並不是耽擱祂給我們的應許，乃是在祂審判之前，耐心地寬容我們（彼得後書三：9）。然而，神已經預備好絕對的終極審判。到時候，沒有任何罪可以不受處罰的。刑罰不是落在祂兒子的身上，就是落在那犯罪者的身上。每個人最終都得為自己所做的每一件事負責任（哥林多後書五：10）。

神是絕對公正的，只有祂可以擔保公義完全得伸張。如果我們沒耐性，想自己伸冤，就是假定自己比神有智慧。如此一來，也就是公然地透露出自己不相信神會做對事。只有信任神擁有最高主權的智慧，才能由自己的憤怒和專注於加害者的情緒中，釋放出來。倘若拒絕相信神的公義，我們會變成苦毒與憤怒的奴隸。一定要管理自己的心，相信神必執行祂的審判在那敵對祂的人身上。

活 祭

所以，弟兄們，我以神的慈悲勸你們，
將身體獻上，當作活祭，是聖潔的，是神所喜悅的；
你們如此事奉乃是理所當然的。

（羅馬書十二章1節）

神喜悅有價值的獻祭。在舊約時代，神詳細地指示自己的百姓如何獻祭。祂宣告，這些祭會以「馨香的氣味」來到祂的面前（利未記一：13、17）。當以色列人向神獻祭，那祭物不再是自己的，乃是完全屬於神的。神只接受人們獻上最好的部分，若獻上有殘疾的動物，對神是公開的侮辱。就連神自己也符合祭品的標準，祂讓自己的兒子成為祭物，像一隻無瑕疵的羔羊。只有祂最完美的兒子，才足以為全人類贖罪。

現在，神要我們把自己的身體獻上，當作活祭。我們的獻祭一旦獻上，就不得收回，就像舊約時代一樣。我們完全屬祂。我們不能只獻上部分的生命，我們的獻禮一定得全心全意。

因此，如果你是一個基督徒，你的生命不再是自己的。然而，神不是要你去死，而是要你把自己當作活祭，為祂而活。每一天，你向祂獻上自己的生命，事奉祂。你不是有閒暇時才事奉祂，也不是用剩餘物資來事奉祂。你為神而活的生命，是你對祂的獻祭。持續不間斷地追求聖潔，好叫你對神的獻祭是無瑕疵，是神所悅納的（以弗所書四：1；腓立比書一：27；帖撒羅尼迦前書二：12）。

相信神的愛

神愛我們的心，我們也知道也信。

神就是愛；住在愛裏面的，就是住在神裏面，

神也住在他裏面。

（約翰一書四章16節）

聖經中最大的真理是：神是愛。由各方面的角度來瞭解這個真理，會釋放你得自由，讓你享受那份屬於你的基督徒喜樂。你一定要接受神愛你這個真理。在成長的過程中，如果經歷到家人無條件的愛，這一點真理對你來說可能毫無困難。然而，如果在孩提時期缺乏愛，這個真理可能令你難以接受。神愛你，並不是因為你做了甚麼來賺得這份愛，乃是因為祂的本性就是愛。祂與你相交的唯一方式就是愛。祂對你的愛賦予你內在的價值，沒有任何事情可以減少這份愛。

如果無法接受神愛你這個真理，你與祂的關係會受到限制。當祂管教你的時候，你會認為祂不愛你，而怨恨神。當神拒絕你的懇求，而這個懇求是你認為最好的安排，你會下結論認為神根本不關心你。如果不清楚瞭解、不接受神對你的愛，你會迷惘，搞不懂祂在你身上的作為。如果接受神的愛，你能夠愛神，就像愛其他人一樣（約翰一書四：19）。

你是否因為肯定自己是為神所深愛的，而體驗到深刻的喜樂和安全感？確信神對你的愛，將釋放你，讓你享受神所澆灌的愛。我們的神每日用數不盡的方式，來表達祂的愛。

沒有罪

凡住在祂裏面的，就不犯罪；
凡犯罪的，是未曾看見祂，也未曾認識祂。

(約翰一書三章6節)

聖經中清楚說明兩件關於罪的事。首先，不管你自認屬靈狀況有多好，你陷於罪惡的生活方式，仍表明你沒有行在聖靈的大能中。你不能夠固定查經、默想神的話、禱告、及與聖靈同行，卻繼續犯罪。

其次，如果你不像神一樣恨惡罪，那麼你不是真認識祂。有些人沉溺在自己的罪行之中，卻堅持自己是愛神，是屬於祂的。約翰說的很清楚：如果活在罪中，你不可能看見祂，也不可能認識祂。你可能會作「認罪禱告」，或在自己的教會中委身、奉獻自己，或是受洗。然而，聖靈與你同住的證據，是你正戰勝罪。這不代表你永遠不犯罪，而是代表你不容許罪存留在生活當中，當你一犯罪，馬上尋求饒恕（約翰一書一：10）。你會敵視罪，就像神的立場一樣。你願讓聖靈將你生命中任何罪的蛛絲馬跡，全部連根拔除。你一犯罪，就馬上認罪悔改，並且願意付上任何代價不再犯罪。

如果你發現自己已經陷入惡習，並且犯了罪之後，心裏一點也不悲痛，這代表你並沒有住在基督裏。你要回到祂的面前悔改，重建你與祂的關係。如此做，你會再次戰勝罪惡，得到勝利。

卸去憂慮

你們要將一切的憂慮卸給神，

因為祂顧念你們。

（彼得前書五章7節）

你早已發現，作基督徒並不能夠解決你的問題。然而，成為一個基督徒給了你一位辯護律師。彼得說這些話的對象，是一群正面對迫害的基督徒。他們不知道自己可以相信誰，朋友、鄰居或家人都有可能出賣他們，讓他們肉體受折磨，甚至死亡。但是，彼得曾經與那復活的基督同行，他親身經歷過耶穌對門徒的愛。他知道基督已掌權，能夠管理任何試煉。他願意如此行，來表達他的愛。

卸去憂慮是個選擇。它的意思是有意識地將自己的憂慮交給神，並且讓祂擔負起問題的重擔。有時候，這是信任神最難的一步！我們不願意交託問題的責任，因為我們一直被教導自食其力是值得稱讚的。我們甚至可能享受憂慮！然而，倘若真要從憂慮的重擔中釋放出來，一定要把它們卸在天父強壯的手中。

彼得並沒有去分辨小煩惱或是大憂慮。神也沒有區分哪些是我們可以處理的小問題、哪些是祂才能處理的大問題。祂要我們將一切的憂慮卸給祂。我們所犯的最大錯誤，就是假定我們能夠靠自己處理問題。但終究我們會發現，靠自己真的甚麼也做不成。

在神眼中，你是個軟弱的孩子，擔負著超過自己能力所能承受的重負。祂預備好等著為你擔負重擔，你願意讓祂幫助你嗎？

認　罪

所以你們要彼此認罪，互相代求，使你們可以得醫治。
義人祈禱所發的力量是大有功效的。

(雅各書五章16節)

認罪是神提供給我們的方法，為要除去阻礙我們與神、與人建立關係的障礙物。認罪不只是給予那些願意承認過錯的人，認罪是頒發給每個基督徒的命令。雅各建議，當我們犯罪時，不僅要向神認罪，也要向基督徒伙伴認罪。當我們願意為得罪人的行為公開致歉時，會得到莫大的自由。

倘若認罪不是由悔改中產生，它僅僅是坦白，不是真正的認罪。具體地承認你的罪，且不東躲西藏，是非常重要的。禱告「主啊！饒恕我的罪」是一回事，而痛心疾首、具體地指出自己的罪，更是不同。認罪應該盡可能對著那些你所傷害的人。你不是向其他人認罪，而是向那些你傷害的人認罪。認罪不是軟弱的記號，是你拒絕讓罪存在自己生命的明證。

值得注意的是，雅各把認罪與禱告聯結在一起。如果生命中有未認的罪，你的禱告會被阻擋。當雅各提到：「義人祈禱所發的力量是大有功效的」，他所說的應許是在有認罪行動為前提之下。如果你希望擁有大有能力的禱告生活，一定要常常認罪。只有在你與神、與人之間的關係未受阻礙時，禱告才有功效。驕傲會攔阻你向人承認自己心裏的罪惡。渴望討神喜悅的心會驅使你認罪，使你擺脫罪惡沈重的壓制。

這一點也不難！

我今日所吩咐你的誡命不是你難行的，

也不是離你遠的。

（申命記三十章11節）

活出基督的生命一點也不困難。那位曾經活出完全順服、無罪的基督，今日預備好要藉著你而活（加拉太書二：20）。神的旨意並不難以分辨，祂賜下聖經揭示祂的旨意。祂把祂自己的聖靈放置我們的心中，在人生每一個情況引導我們明白祂完美的旨意（約翰福音十六：13）。我們最大的挑戰是全心全意把自己的生命交託給神，按著神的心意，遵行神的旨意。

摩西在以色列百姓進入應許地之前，聚集他們站在以巴路山和基利心山上。在那裏，神告訴他們要怎麼做才是順服祂。神非常仔細地指示他們，讓他們對祂的指示完全沒有疑問。然後，神要他們作個選擇。如果不順服祂的旨意，他們需要面對祂的懲罰；如果順服祂的旨意，他們會得到祂的祝福。

神這句話一樣是要給現在的你。這句話本身不難瞭解，你不需費盡心機、分辨神有關淫亂、饒恕或誠實的旨意。神的話已經表達得夠清楚了。問題是你如何反應？神在聖經中沒有任何地方是含糊曖昧及錯綜複雜，可以成為你不順服的藉口。人被定罪是因為心裏明知神的心意，卻故意不做！神藉著聖靈，總是給予你足夠的啟示及力量，與祂同走下一步路。如果不確定神要你做甚麼，要先確定你是否竭盡全力順服祂。因著你的順服，祂下一步的指示會變得很清楚。

與神同感

亞拿尼亞聽見這話，就仆倒，斷了氣；
聽見的人都甚懼怕。

（使徒行傳五章5節）

當神審判某人時，我們傾向於同情那位被管教的人。然而，當神實施審判時，我們的同情心應該與神站在同一邊。只有神知道所有事情的利害關係，也只有祂知道整個情況，惹動祂的怒氣，懲罰那個人。

亞拿尼亞和撒非喇的經歷，是新約記載中最令人費解的故事之一。神的救恩是給全人類，祂對這對夫妻的處罰似乎太嚴酷了。然而，這整個欺詐事件是有其背景原因的。當時的教會正處於成型時期。亞拿尼亞和撒非喇曾經目睹許多神蹟，並且親眼看見幾千人加入教會。但他們公然地對神及對教會撒謊，他們不尊重神的靈。如此非禮、大不敬的態度，對靠著聖靈指引與同在的教會，帶來極大的破壞力。神嚴肅地提醒後世的人，祂並不寬容罪。

在太多的情況之下，基督徒的罪嚴重地影響其他人。有時候，神選擇嚴屬地審判某人的罪，成為其他人的警惕。不要試著保護某人不受神的審判，落在永生神的手中是非常可怕的（希伯來書十：31）。然而，祂在一個人身上的審判，最終可能救那個人和其他許許多多人。當神審判其他人，我們要留心注意，檢查自己的生命，引以為鑑。神知道事情的利害關係，祂非常愛祂的兒女，所以願意嚴格地警告罪的危險性。

痛苦的提醒

但有些猶太人從安提阿和以哥念來，挑唆眾人，
就用石頭打保羅，以為他是死了，便拖到城外。

（使徒行傳十四章19節）

神使用許多方法使我們斷念不再犯罪。其中一個方法是為我們安排能提醒我們的事物，使我們永遠不會悖逆祂。在保羅改變信仰成為基督徒之前，他理所當然地自認在神面前是公義的。實際上，保羅根本失去判斷力，他逮捕基督徒並執行判決，好討神喜悅！當保羅看司提反因信仰而殘忍地被謀殺時，他的心是那麼地盲目，不明白神的旨意。當時保羅的心很冷酷，甚至決定要捉拿其他的基督徒。

在新約中，曾記載兩處用石頭打人的事件，值得我們注意的是：一次是打司提反，一次是打保羅。神容許保羅像司提反一樣被石頭打，這是偶然發生的事件嗎？神當然早已赦免保羅當初有分於殺害司提反的行為，然而，神也留給他一個提醒，不叫他忘掉當初因為驕傲自負所犯的錯誤。如果驕傲曾經一度使保羅視而不見神的心意，驕傲可能會再次攔阻保羅。也許保羅「身上的那根刺」，就是被石頭擊打的後遺症。這對保羅和其他人來說，可能是那可怕罪行所造成的後果，也是一個顯而易見的提醒。

神是絕對公義的。祂愛，祂赦免，但祂絕不妥協自己的公義。神獨特地對待每一個人。祂使用我們的經驗，教導我們認識祂。神會赦免我們的罪，也會嚴厲地提醒罪惡醜陋的一面。讓我們感謝神，因祂的大愛，願意提醒我們罪惡在生活中所帶來毀滅性的結果。

當祂禱告時

眾百姓都受了洗，耶穌也受了洗。正禱告的時候，
天就開了，聖靈降臨在祂身上，形狀彷彿鴿子；
又有聲音從天上來，說：
「祢是我的愛子，我喜悅祢。」

(路加福音三章 21～22 節)

基督徒最偉大的時刻，是經由禱告而來的。當耶穌禱告時，天開了，聖靈降在祂的身上。在五旬節那一天，門徒群集在一起禱告，聖靈降臨在他們身上（使徒行傳一：14，二：1）。五旬節過後，門徒在一起禱告，他們禱告的地方大大被震動，他們放膽在整個城市宣告福音（使徒行傳四：31）。

禱告並不是努力工作的代替品——禱告本身就是工作！要讓神在我們的生命中或藉著我們的生命作工，禱告是惟一的辦法。當我們禱告並且全心注意神的時候，我們會變得願意讓自己的生命更合乎神的心意。當我們匆忙地投入下一個任務時，神不會以祂的大能裝備我們！如果對神的話不以為意，聖靈不會給我們足夠能力的。在祂以祂的靈，大能地同在、充滿我們時，祂需要我們全心注視祂。

若要學習如何禱告，當以基督為榜樣。耶穌的禱告不見得都被應允，然而，祂每個禱告總是蒙垂聽，並且總是蒙回應（馬可福音十四：36；希伯來書五：7）。如果不能感受到聖靈在你身上的大能，你可能花在禱告的時間不夠長。也許你正追求自己行事曆上的活動，而不是尋求天父的旨意。也許你在神的回答臨到之前，就放棄了禱告。如果你願意持續地禱告，求神的國降臨。神會在你身上作工，誠如祂在耶穌和門徒身上所作的工。

與軟弱者同軟弱

有誰軟弱，我不軟弱呢？

有誰跌倒，我不焦急呢？

（哥林多後書十一章29節）

基督徒不應離群索居。我們犯罪會影響整個教會。當一位弟兄或姊妹遭受痛苦時，我們也受到影響。我們並非被呼召作隱居的基督徒，而是成為祭司國度的一員（彼得前書二：9）。

當哥林多的信徒靈性軟弱的時候，要保羅無動於衷是不可能的事。當他得知有假教師絆倒哥林多信徒的信心，保羅義憤填膺。他告訴哥林多教會的弟兄姊妹，要與喜樂的肢體同歡樂，與哀慟的肢體同哀哭（哥林多前書十二：26）。我們彼此相依，這會影響每一件我們所做的事。耶穌說，當我們開口禱告，要以「我們的天父」開始（馬太福音六：9）。我們做的每一件事，都要以基督徒伙伴為念（哥林多前書十四：12）。

你可能全神貫注於自己靈性的成長，以至於沒有參與教會的事工。你可能太專注於神在自己國家的作為，而忽略世界其他國家的基督徒所面對的痛苦與迫害。如果你完全不受周圍其他信徒的喜怒哀樂所影響，你可能對神的百姓逐漸冷漠無情了。

求神賜給你對基督徒伙伴們有負擔，使你瞭解他們的需要，為他們禱告，並且調整自己的生活，以配合神在他們生命的作為。

屬靈的樂觀

大衛對非利士人說：「你來攻擊我，是靠著刀槍和銅戟；
我來攻擊你，是靠著萬軍之耶和華的名，就是你所怒罵帶
領以色列軍隊的神。今日耶和華必將你交在我手裏。」

(撒母耳記上十七章45～46節上)

大衛肯定是個樂觀主義者！不管自己的環境如何，他總是看
到神的作為！悲觀主義者則是專注於問題，陷入苦思事情
不得成功的原因。當樂觀者看到那些相同的問題時，他們以神同在
的角度來看這些問題。

當大衛遇見歌利亞時，他只是個年輕的孩子，而歌利亞是作戰
經驗豐富的戰士，甚至連最勇敢的以色列軍人都懼怕他。當大衛預
備這場戰役，他看到歌利亞是個巨人。他聽到歌利亞狂妄自誇及奚
落的罵陣，他不能不注意到敵人的武器：一把刀、一個盾牌和一把
標槍。大衛並非毫無準備地闖進戰場，他準備了五顆光滑的石子作
武器，預備以發射五顆石子的機會，讓神賜給他勝利。大衛準備好
迎接神的勝利，不管這是一場輕鬆的仗，或是難纏的戰役。

樂觀的人不會忽略事情的困難，他們敏銳地察覺這些困難。然
而，確知神同在阻止他們灰心喪膽。我們不可能擁有神的同在，又
同時作個悲觀主義者！

大衛與歌利亞的事件，生動地描述出基督徒信心的源頭——不
是靠我們的才幹、力量或智謀，乃是靠大能神的能力。如果專注在
自己的對手和眼前苦惱的問題，它們看起來似乎會很龐大。但當我
們專注在神的身上，將會以合宜的角度來看自己的處境，並且肯定
在神凡事都能（腓立比書四：13）。

凡物都潔淨

在潔淨的人，凡物都潔淨；在污穢不信的人，
甚麼都不潔淨，連心地和天良也都污穢了。

(提多書一章15節)

你的生活會表達出你心靈的狀態。你的態度、你所說的話及你的行為，會明顯地透露你心靈的實況。耶穌說，你要先除去自己眼中的樑木，才能清楚看到其他人(路加福音六：42)。如果你的視線被罪擋住，就沒辦法正確地看人。

當你的心是純潔的，你會不含任何敵意地面對生活。你不會質疑周遭人作事的動機，也不會懷疑別人話語的真實性，你不會找人錯處。相反地，你會看到人的優點，找到值得讚許之處。你並不是變得輕信他人，容易受騙，而是你追尋美善之事，而非邪惡之事。如果你是純潔清心的，你將會以神的眼光看其他人(馬太福音六：22)。

如果你的心玷污，你所參與的每一件事似乎都敗壞了。你會假設別人有邪惡的動機，因為你知道同樣的情況下，你會如此行。你懷疑別人說話的真實性，因為你自己常說話騙人。你會被邪惡的人事物所吸引。

你是如何看待其他人所說的話和行為？你是否愛批評、挑剔他們？你是否愛論斷人？若是如此，求神潔淨你的心。一旦祂潔淨你的心，你將可以自由地以神的眼光看待自己與其他人。

禱告改變你

倘或祢肯赦免他們的罪……不然，
求祢從祢所寫的冊上塗抹我的名。

（出埃及記卅二章32節）

禱告不是要改變神，乃是要改變我們。禱告不是要神來祝福我們的活動。更確切地說，禱告帶我們進入神的同在，昭示我們祂的旨意，並且預備我們順服祂。

摩西登上西乃山，待了四十天與神交通之後，神告知他以色列百姓所做的惡事（出埃及記卅二：7）。在神透露事實給摩西之前，他不知道百姓們危急的情況，也沒有領悟到神對他們的審判已迫近。當神讓摩西瞭解事情的前因後果，摩西對百姓產生熱愛憐憫之情，就像神的感受一樣。摩西變得願意為那些硬著頸項的頑梗百姓犧牲性命。摩西為百姓獻上一個令人感動、無私的禱告，他願意自己的名字從神的生命冊上被塗抹掉，來換取神對百姓的赦免。在摩西與神共處的時刻，神已經為祂的百姓塑造了一位代禱者。

神會在你的禱告時光，軟化你的心，改變你人生的方向。當你為其他人代禱，聖靈會在你的心裏動工，使你對他們擁有的熱愛憐憫之情，就與神對他們一樣（羅馬書八：26～27）。如果你對神的百姓沒有愛心，你當為此禱告。如果你沒有照著神的心意事奉祂，開始禱告。你不可能親密地明白神的心意，卻又對祂無動於衷。你與神相交的時光會改變你，使你更像基督的樣式。

質問神

那時，耶和華從旋風中回答約伯說：

誰用無知的言語使我的旨意暗昧不明？

你要如勇士束腰；我問你，你可以指示我。

（約伯記卅八章1～3節）

由人的角度來看，約伯是個義人，他不應該遭受如此的痛苦。他過著無可指責的生活，並且徹底遵守神吩咐的每條律法。當他遭受到極大的磨難時，他困惑地向神質問為何讓他遭受苦難。神從旋風中回答約伯。神一開口，約伯就領悟到自己不應該質疑神的智慧。神對著約伯問了好些令他恍然大悟的問題：「我立大地根基的時候，你在哪裏？當我劃定海洋的界線時，你在哪裏？我安置星宿的時候，你在哪裏？」神的問題使約伯的態度謙卑下來，神的問題也提醒他，他的智慧根本無法與神的智慧相提並論。

當神結束所問的問題，約伯回答：「誰用無知的言語使祢的旨意隱藏呢？我所說的是我不明白的；這些事太奇妙，是我不知道的。」（約伯記四十二：3）在困惑沮喪時刻，約伯曾經挑戰神的智慧。神堅決地提醒約伯祂仍掌權，這個答案對約伯已然足矣。我們不清楚約伯是否知道自己曾是宇宙注視的焦點。也許約伯不曾理解到，他的經驗使神在面對撒但的挑戰時得到榮耀（約伯記一：8～12）。但是，約伯知道神的智慧是毫無瑕疵，就心滿意足了。

你有時候可能不明白，為甚麼慈愛的天父會容許你遭遇這些苦難。你可能會質疑神引導你人生方向的智慧。要學習約伯。回顧全能神可畏的能力與智慧（約伯記卅八至四十一章）。要有信心，同樣的這位神正引領你前面的道路。

相信神的智慧

你去告訴希西家說，耶和華──你祖大衛的神如此說：
我聽見了你的禱告，看見了你的眼淚。
我必加增你十五年的壽數。

（以賽亞書卅八章5節）

基督教有個重要的原則，就是神所知道的一切比我們所知的多得太多了。神是全知的神。當我們正經歷神的祝福時，很容易相信神知道如何做對我們最好。然而，當神容許我們生命中遭受疾病與痛苦時，我們可能會質疑祂的智慧。

主告訴希西家，他的壽命快要結束。神建議他要預備自己，面對死亡，並且安排後事，移交王權。希西家反而懇求延長壽命，求神免除他的死亡（以賽亞書卅八：3）。神愛那義人希西家，因著祂的恩典，加增他十五年的壽數。這十五年的壽命證明神的智慧遠超過人的智慧。在他那被增加的年歲中，瑪拿西出生了。他最後繼承希西家的猶大王位。瑪拿西統治了五十五年，是歷代掌管猶大國最邪惡的國王（列王紀下廿一：1）。瑪拿西鼓勵全國拜偶像。他使自己的兒子經火，去祭拜可憎的偶像。在他統治的時候，流了許多無辜人的血，全國每個角落都忍受他殘暴的統治。瑪拿西的邪惡激起神的憤怒，但瑪拿西漠視神的警告(列王紀下廿一：16；歷代志下卅三：10)。所有的苦難都是由瑪拿西引起。如果希西家當初接受神原本在他生命的旨意，瑪拿西王根本不會出生。除此之外，希西家增加的年歲，導致猶大國最終被巴比倫人打敗。

希西家不願意接受神的旨意，造成這麼大的傷害。神知道甚麼是最好的。不論你的環境是順利或艱難，你可以完全信賴神的引導。

神夠用的恩典

袦對我說:「我的恩典夠你用的,
因為我的能力是在人的軟弱上顯得完全。」所以,
我更喜歡誇自己的軟弱,好叫基督的能力覆庇我。

(哥林多後書十二章9節)

人類的能力是相信基督最強大的阻力。當倚靠自己的能力、機智和知識之時,我們以為自己不用靠神,就可以掌控任何處境。我們容易把問題分成兩大類:一類是需要神的幫助,另一類是我們可以自己掌控的問題。

保羅的個性相當頑固,並且擁有異常強壯的意志。當旅行到遠方傳揚基督的福音,他勇敢地面對憤怒的暴徒。他的前半生是以自己的能力事奉神。然而,當神得到他全心的專注,保羅必須學習去信賴神的能力,而不是自己的力量。

保羅深受一根刺折磨(哥林多後書十二:7)。不管這是一根甚麼樣的刺,它使保羅謙卑下來。他行過許多令人難以置信的神蹟,甚至使死人復活,只是他無法挪去神給他的折磨。這個折磨使他倚靠神。世人曾經看到保羅如何靠自己的力量做事,這真使人恐懼!現在神要藉著保羅的生命,施展袦的大能。當保羅自以為很有能力的時候,他忽略去倚靠神的力量。保羅在自己的軟弱上,只好毫無保留地信任神。

如果你自覺在某方面的能力很強,要小心!妨礙你信任神的,通常是你的優點,而不是你的缺點。神會帶領你到一個極軟弱的境地,這是讓你能信任神的代價。不要輕看你的軟弱,因為它會領你信任神的大能。

領袖與經理人

耶和華對撒母耳說:「百姓向你說的一切話,你只管依從;因為他們不是厭棄你,乃是厭棄我,不要我作他們的王。」

(撒母耳記上八章7節)

以色列從前是與眾不同的國家,其他國家都有國王或統治者,而以色列的王是神自己!以色列百姓抱怨,想和其他國家一樣有地上的統治者!讀到這段歷史時,我們很希奇他們的愚蠢,其實我們很容易犯同樣毛病,選擇自己的智慧高過神的領導。

當今在領袖與管理的課題上有許多研討。廣為流傳的教導是認為領袖要有異象,能為百姓或機構設立目標,讓大家遵循;管理者的工作則是每日安排他手上所有的資源、財力。在基督徒的生活中,神是我們的生活、我們的家庭、我們教會的領袖。神設立方向,訂立生活優先順序,神也供應我們所需。我們是管理者,使用祂所賜的資源,做祂要我們做的事。

在聖經中稱領袖是「主」。主耶穌有權柄啟示我們生活的方向。祂以主的身分訂立我們的生涯規劃,帶領我們認識婚姻的伴侶,幫助我們設立每日作息的優先順序。我們要做祂所賜予之靈魂體的好管家。祂是我們的一家之主,知道甚麼對孩子最好,也知道如何使婚姻堅韌。我們的責任是在祂帶領我們建立基督化家庭時,要順服祂。基督是教會的主,擴展教會是祂的責任。只有祂知道甚麼對教會最好,我們的任務是忠實地實行祂要我們執行的角色。

不要愚昧地相信人類的智慧和人類的領導,就像那些以色列人一樣。跟隨主,並且單單地信任祂。

靈性的預備

她們去買的時候，新郎到了。

那預備好了的，同他進去坐席，門就關了。

（馬太福音廿五章10節）

靈性的預備是沒有代替品的。靈性的預備裝備你面對意料之外的危險及良機。如果你尚未預備好，你將容易因生命中意外事件的發生，而受到傷害。

耶穌曾經以一個比喻來教導這個真理。十個童女等待新郎的到來，好與新郎及新娘一起慶祝。其中五個童女已經為自己的燈，準備好足夠的油，另外五位並沒有準備好，所以她們倉促地跑出去買油。當她們離開的時候，新郎到了。那五個預備好的童女就與新郎一同進去房子裏慶祝。等那五位買油的童女回來時，大門已經關上，她們無法進去一同慶祝。

倘若危險臨到時，你的靈性已經預備妥當，你就不用臨時再拚命去與基督建立良好的關係，好幫助自己熬過這段死蔭幽谷。倘若你突然有機會向未信者分享自己的信心，你會被裝備好面對這個機會。倘若在崇拜時，你的靈性已經預備好，你絕對不會錯過迎見神的機會。倘若你遇見一個心靈憂傷的人，你被聖靈充滿，你將能提供更多的幫助。倘若你的生命已經建立了預防措施，你將不會被試探所引誘。

基督徒失去許多經歷神的機會，因為他們不願意花時間與神建立關係。如果你尚未養成每日禱告讀經的習慣，何不現在就開始呢？這麼一來，你就預備好，可以面對人生的挑戰。

敬虔與迫害

不但如此，凡立志在基督耶穌裏
敬虔度日的也都要受逼迫。

（提摩太後書三章 12 節）

活出敬虔的生命並不能夠使你免受苦難。保羅說，你的生活愈是沒有瑕疵，你愈有可能受逼迫。根據保羅所說：「只是作惡的和迷惑人的，必越久越惡，他欺哄人，也被人欺哄。」（提摩太後書三：13）當這個世界愈來愈沉溺於罪惡，世人會愈來愈無法忍受敬虔。黑暗不能忍受光；當你的生命愈加顯出神同在的同時，你心裏要有數，自己將面對黑暗的反對勢力。你那像基督的性情會冒犯那些悖逆神主權的人。

你可能最近才悔改，向著順服神邁開新的一步。也許因為祂才剛嘉許你的順服，你正期待能馬上經歷神的祝福。然而，你反而遇見反對勢力。那些迫害甚至可能是從其他基督徒的誤解而來。也許你順服神，而你的行動還是受指責，沒有人稱讚你。

如果你是真誠地跟隨主，不要灰心。保羅警告那些想敬虔度日的人，會遭受逼迫。當這些事發生在你的身上時，不要驚訝。這個世界將神的兒子釘在十字架上，它當然也會敵視任何活在聖靈大能下的人。迫害可能是你基督徒生活的最佳明證。耶穌曾經警告，世人憎恨祂——世人的救主。所以，祂的門徒被誤解或錯待，是不可避免的（約翰福音十五：18）。

沒有秘密

因為掩藏的事沒有不顯出來的；
隱瞞的事沒有不露出來被人知道的。

(路加福音八章17節)

撒但狡猾的欺騙伎倆之一，就是讓你自以為可以偷偷地背著別人做事，不讓人知道。事實上，根本不是如此。聖經上強調，每一件在暗地裏行的事，會在光明中被揭露。所以，在你動手做一些不誠實的事之前，要慎重地問自己：「我是否希望周圍的人知道我在做甚麼？我是否希望神看到我加入這個行動？」

知道神觀看我們的所作所為，並且為自己所有的言行負責任，這會勸阻我們犯罪（哥林多後書五：10）。然而，我們可能已經遠離神，以至於這項認知根本不能嚇阻我們。神保證袖會公開揭露我們的罪行，因此，務必為言行舉止所帶給人的影響，負起責任來。我們所做的每一件事，最後都會在審判日顯露出來。

儘管如此，有些人相信自己可以犯罪，得罪神、得罪自己的家人、得罪自己的雇主、或是得罪自己的朋友，而永遠不被察覺。神提供了一個防止人犯罪的保護措施：必然地公開揭發。聖經命令我們曉得黑暗的行為時，要揭發它們（以弗所書五：11）。身為基督徒的我們，要在這個世界作光，驅逐黑暗。罪惡不可能生存於基督徒的生活體驗中，因為光不可能住在黑暗中。保證罪行不被顯露的惟一方法，就是過無瑕疵的生活。

勝利與失敗

仇敵起來攻擊你，耶和華必使他們在你面前被你殺敗；

他們從一條路來攻擊你，必從七條路逃跑。

……耶和華必使你敗在仇敵面前，

你從一條路去攻擊他們，必從七條路逃跑。

你必在天下萬國中拋來拋去。

（申命記廿八章7、25節）

當以色列人預備進入應許之地時，神給他們一個選擇：留心注意祂的聲音、遵行祂的命令，並且經歷連續的勝利；或是背離神、不遵行祂的話，並且一再經歷嚴重的失敗。這是個容易的選擇。而他們在戰場上勝負的結局，明確地表明出他們的選擇是甚麼。

勝利的保證並不代表以色列人不需要束上盔甲、上戰場，也不是指他們可以不付任何代價，就得到勝利。有時候，他們的敵人猛烈地攻擊，戰爭反反覆覆、一再激烈地進行。然而，當以色列人親密地與神同行，他們知道自己的努力將得到最後的勝利。

神給我們的選擇，與當時以色列人相同。若與祂同行及遵行祂的命令，祂會與我們站在同一邊，保證我們必可戰勝所面對的挑戰。我們一定得面對戰爭，只要一直行在祂的旨意中，神應許我們會得勝利。然而，如果我們行事的抉擇與神不相干，當然會被困難給壓垮。誠如以色列人一樣，事情的結局將明確地表明我們的選擇是甚麼。如果你所經驗的每個挑戰都失敗，你的心可能已經遠離神了。要聆聽神，遵行祂向你顯明的旨意。不論遭遇何事，你會得到勝利的。

灰　心

他說：「我為耶和華──萬軍之神大發熱心；
因為以色列人背棄了祢的約，毀壞了祢的壇，用刀殺了
祢的先知，只剩下我一個人，他們還要尋索我的命。」

（列王紀上十九章14節）

事奉神可能是極富挑戰性的！你可以奉獻所有給神的聖工，卻精疲力竭。這就是以利亞的寫照。神才剛剛使用以利亞，讓他吩咐火從天降，壯觀地展現神聖的大能。然而，以利亞愉快的心情很快被死亡的威脅所替代，嚇得趕緊逃跑保命。現在，他孤獨一人，又累又灰心。

神再次來到以利亞的面前。這一回，祂不是以火、大聲響或壯觀的形式出現，卻是以低沉微小的聲音向他說話。神的僕人累了，神安慰他。以利亞由定睛神的身上，轉到定睛敵擋神的人身上。他讓環境壓垮自己，使他不能清楚神的意向，並且覺得好寂寞。所以，神鼓勵他。神賜下以利沙作他的助手、朋友和同伴。

神把以利亞挪開事工一陣子，讓他能夠休息，花些時間單獨與神相處。當百姓們再看到以利亞的時候，他已經恢復精神，再次專心致力於神與神的聖工。

如果你正被事工壓得喘不過氣，以至於不再定睛在神的身上，在埋首一堆待做之事中，要讓神安慰你。聆聽祂溫柔的聲音。祂會鼓勵你，並且提供你所有的需要，預備你面對未來的挑戰。如果祂需要把你由目前的事工挪開，祂會如此行的。祂也可能會安置一位朋友或同工，在你的身邊幫助你，同負重擔。神知道該如何激勵你。讓祂如此行在你的身上。

永遠不要太忙碌

惟有一個撒馬利亞人行路來到那裏，

看見他就動了慈心。

（路加福音十章33節）

若說有人能清楚瞭解「忙碌」會使自己遠離神的事工，這是非耶穌莫屬！祂曾經提到一個譬喻，貼切地描寫這個危險：某個猶太人在前往耶利哥的途中，被強盜攻擊，被毆打到瀕死的邊緣，倒在路旁。首先，來了個祭司，後又來了個利未人，經過他。他們都是宗教領袖，當然會憐憫一個受傷的人！然而，他們急忙趕路，因為已經和人約好，沒有時間停下來，逕從他的身邊走過。只有時間較充裕的人，才會停下來幫助這個受傷的人！最後，來了個撒馬利亞人。撒馬利亞人是被猶太人所鄙視的族群。這個撒馬利亞人比任何人都有理由走開，不管這受傷的猶太人，畢竟猶太人是他的宿敵。然而，他寧可行程被拖延，因為有人需要他的幫助。

我們很容易陷在忙碌當中，而漠視周圍人們的需要。你的行事曆可能被有意義的好事佔滿，以至於你沒有辦法幫助周圍的人。神正在你的朋友、鄰居、家人的身上動工。祂可能會要求你中斷手上的工作，要你輔導他們。當你聽到神要你停止手中的工作，去幫助人時，無論計畫表的事情多麼緊急，都不能成為你漠視神聲音的藉口。如果生活太忙碌，以致不能夠幫助你周圍的人，求神重建你生活的優先順序，好叫你不會錯失任何事奉祂的機會。

一個人的罪

你起來，叫百姓自潔，對他們說：「你們要自
潔，預備明天，因為耶和華——以色列的神這樣
說：以色列啊，你們中間有當滅的物，你們若不
除掉，在仇敵面前必站立不住！」

(約書亞記七章13節)

誠如一個順服神的基督徒可以成為其他人的祝福，一個基督徒的罪也可以傷害許多人。以色列百姓很快地進入應許之地。在進攻耶利哥城一役，他們曾經歷超自然的勝利。他們繼續往下一個要征服的目標邁進。出乎意料之外，他們居然在攻打小小的艾城時，被打得落花流水。他們向神求問失敗的原因，神的回答揭露：他們當中有人未遵守祂清楚的命令，神不准他們私留任何耶利哥的戰利品。一個人與其家人的不順服，造成整個民族的氣餒！亞干以為自己可以暗暗地幹下這件勾當，也不會影響任何人。神決定要讓自己的百姓明白罪的毀滅性。一個不順服的行動，使亞干與他的家人付出生命的代價。不但如此，這個不順服的行動也導致同胞們打敗仗，使許多無辜的軍人被殺。他的罪已經嚴重地影響其他人，阻攔別人得到神的祝福、能力與勝利。

你的罪會影響其他人。不順服神的選擇，可能會使你的家人失去神的祝福；你的教會可能因你悖逆的行為，而失去神的大能；你的朋友們可能因你不正直的生活而受苦。你要努力地順服神的每一句話，因為你不知道自己的不順服，會如何影響周圍的人。聖經上有應許，如果順服神，你的生命會成為他人得福的管道（詩篇卅七：25～26）。

你親眼去看

我從前風聞有祢，現在親眼看見祢。

（約伯記四十二章5節）

約伯在他的時代是全地最正直的人。他十分敬虔，以至於主很高興地把他指給撒但看（約伯記一：8）。然而，縱然約伯是如此深愛神，並且殷勤地順服神的命令，他還是沒能完全瞭解神。神曾經賜予約伯的祝福，並沒有啟示出神所有的本性。約伯非得經歷一些逆境，才能理解神的某些特質。所以，主允許撒但用痛苦來試驗約伯。

雖然約伯失去所有，包括七個兒女，約伯發現神仍然與自己同在。雖然他面對最困難及令人困惑不解、難以想像的磨難，他領悟到神的智慧遠遠超過自己的聰明（約伯記四十二：1～4）。當約伯忍受那些感覺遲鈍之友的質問時，他學習到，神是惟一完全可信賴的。約伯從極度痛苦中更深地認識神。最後，他承認自己過去風聞神，而今親眼見神（約伯記四十二：5）。

當你在落在試煉中，神會向你顯示自己的特性，是你從未看過的一面。你會經歷到祂大能的同在安慰你。就像約伯一樣，你會學習到，即使每個人遺棄你，神仍不離開你。當祂帶你經過黑暗的時刻，你會更認識神。於是，你會親身體驗到神的特質，是你過去所風聞的。

這是你的生命

因為這不是虛空、與你們無關的事，
乃是你們的生命；在你們過約但河要得為業的地上
必因這事日子得以長久。

（申命記卅二章47節）

有許多基督徒除了偶爾翻翻神的話語，找找當日可用的簡練思想以外，生活中根本不讀聖經，這是一件令人困惑難解的事。神的話語不僅是提供良好意見的來源、預防性的警告、或是鼓舞人心的思想，神的話本身就是生命！

神聚集祂的以色列兒女們在應許地的邊界，回顧他們曾經與祂一同經過的旅程。因為他們父母那一代不相信神的話，他們花了四十年的時間，漂流在荒漠裏。因為不相信神的話，他們的父母在死前不得看見應許之地。即使那位敬虔的摩西，也很快就要離開他們，因為摩西曾經作出不敬畏神話語的事。他們其中很多人認識那些因不順服神的話，而招致死亡的人。經過這麼多年，神的話語成為以色列人生命中最重要的事。

神命令祂的百姓，要把神的話記在心上，也要殷勤以神的話語教導自己的兒女，無論坐在家中或行路躺臥，都要談論神的話語（申命記六：4～9）。神的話在祂百姓的日常生活中，必須佔有獨特的一席之地。

我們對神話語的敬虔態度，不只由言語，也由行為表達出來。花費許多時間研讀人的話語，而非神的話語，即揭露出我們心靈的狀態。公然漠視神的話語，就是拒絕生命的本身。順服神的話語，是經歷神要賜予豐盛生命的穩當之路。

預備敬拜

祂必坐下如煉淨銀子的，必潔淨利未人，

熬煉他們像金銀一樣；

他們就憑公義獻供物給耶和華。

（瑪拉基書三章3節）

敬拜的品質不是基於活動的本身，而是基於敬拜者的品格。教會可能誤以為：音樂愈好、教會建築愈宏偉、講道愈感動人心、敬拜經驗愈豐富，就有愈好的敬拜。但事實上，真誠的敬拜是由心靈生出的。如果與神的關係不健康，我們所做的事不過是宗教虛飾的外表。

利未人是當代帶領敬拜的領袖，他們的任務是為百姓獻上祭品。神過去曾經宣告他們要以公義獻祭。祂首先要以祂的火煉淨他們，潔淨他們的罪污。就算是教會全職事奉人員、負責教會聖工、並且參加敬拜儀式，都不能保證這些宗教的行為能夠被神所悅納。

我們現在的傾向是著重於一些外在的事，來加強我們的敬拜。然而，敬拜真正的品質是基於敬拜的一群人。如果不肯讓神先來潔淨我們，我們的敬拜不會擁有祂的同在。如果沒有一顆清潔的心，我們所獻上的奉獻不會被神所悅納。參加宗教性的崇拜，並不能保證我們與神相遇。

如果你不滿足敬拜的品質，不要馬上責怪環境，要先查看自己的心。允許神煉淨你的心，直到討神的喜悅為止。如此一來，你將能自由地敬拜祂，這是神本來要給予你的。

把人帶到耶穌面前

他先找著自己的哥哥西門，對他說：
「我們遇見彌賽亞了。」

（約翰福音一章41節）

人們可以在許多方面聞名於世。在一個邪惡的世代，挪亞以正直聞名於世。大衛是以合神心意聞名於世。彼得是以直率聞名於世。約翰是以耶穌所愛的門徒聞名於世。猶大是以出賣者聞名於世。保羅是以無畏的福音宣告者聞名於世。安得烈則是以帶領人到基督面前聞名於世。

第一個被安得烈帶領到耶穌面前的，是他自己的哥哥彼得。彼得一加入門徒的行列之後，即變成十二使徒的發言人，而安得烈則隱藏在幕後。最後，是彼得，不是安得烈躍升為耶穌最親密的核心使徒。我們沒有讀到安得烈憎惡彼得，安得烈似乎以帶人到耶穌面前為滿足，而結局則讓耶穌決定。

當初是安得烈找到這個帶著餅和魚的小孩，把他帶到耶穌面前（約翰福音六：8～9）；是安得烈把希利尼人帶到耶穌面前，雖然希利尼人當時被虔誠的猶太人所憎惡（約翰福音十二：20～22）。聖經上沒有記載安得烈曾經講道、行神蹟、寫聖經中的一部書。他以帶人到耶穌面前聞名。

安得烈是我們的好榜樣。我們的工作不是把人變成基督徒，也不是要使他們認罪。使人做當做之事，不是我們的責任。我們的任務是帶他們到耶穌面前，祂會在他們的生命中動工。

向聰明通達者隱藏

正當那時，耶穌被聖靈感動就歡樂，說：
「父啊，天地的主，我感謝祢！
因為祢將這些事向聰明通達人就藏起來，
向嬰孩就顯出來。父啊！是的，
因為祢的美意本是如此。」

（路加福音十章21節）

唯一能阻礙我們聽到神的話語，是我們自己的智慧。智慧就像成功一樣，可能會欺哄我們，讓我們自以為應該扮演教師的角色，而非學生的角色。知識會哄騙我們，讓我們自以為擁有足夠的智慧，可以面對任何挑戰。自以為有智慧會使我們挑剔人的缺點，卻不知道自己還有許多地方需要成長。法利賽人是當時的宗教專家，他們擁有許多關於神的知識，但是他們與神毫無個人的關係。知識遮掩了他們在神面前，對真實景況的認知。耶穌感謝天父，沒有把屬靈的真理顯示給那些「專家們」，反而顯示給那些謙卑、並且自知需要神啟示的人。

當宗教領袖們靈性失敗時，他們跌倒之處往往出人意料之外。其實是不該如此的，那些擁有豐富知識的宗教領袖，有時候對神的話毫無反應。知識很容易導致人的驕傲，驕傲會阻礙人尋求神。

你怎麼知道自己是「法利賽人」？當你沒有一顆受教心之時。當有基督徒伙伴關心你的屬靈狀況，你變得相當自我保護之時。當你不尋求神的心意，而相信自己知道神的旨意之時。當你覺得自己可以幫助別人的屬靈生命，而沒有人可以教導自己任何東西之時。不要讓你現在有限的知識，蒙蔽了神仍要顯現給你的偉大真理。

第二次

耶和華的話二次臨到約拿。

(約拿書三章1節)

約拿不喜歡神交給他的任務。神指示他離開自己的家鄉，去敵國尼尼微城。尼尼微是以色列的對敵，是邪惡偶像崇拜的中心。約拿的任務是去警告那裏的百姓，即將逼近神的審判，並且鼓勵他們悔改。希伯來人憎恨尼尼微人，所以這個不順服的先知往相反的方向跑，希望神會有不同且較合自己心意的旨意。相反地，神定意要約拿遵守自己原來的旨意（以賽亞書五十五：11）。祂又對約拿說話。祂第二次的指示和第一次的指示一模一樣。然而，在這兩次指示之間，約拿曾經與波濤搏鬥，並在魚腹中待了三天。這回，他已經預備好要聽從神的話，照神的吩咐行。

神的話也曾兩次臨到耶利米（耶利米書卅三：1～3）。但是，耶利米在第一次就聽從神的話。神第二次對他說的話，是更完全地啟示上回祂所說的話。

神接下來對我們說的話，取決於我們對祂上回指示的回應。如果我們像約拿一樣，不順服神早先的指示，神會再次給我們同樣的指示。如果我們像耶利米一樣，在祂第一次指示時就立即順服，祂會讓我們更深地領受祂的旨意（馬太福音廿五：23）。

如果你好一陣子不曾從神那裏領受任何新鮮的話語，你要回到神上回對你的指示，並且檢驗自己是否順服神。主是否仍然在等待你的順服？要像耶利米一樣，第一次就順服神的指示。

我要歡欣！

雖然無花果樹不發旺，葡萄樹不結果，

橄欖樹也不效力，田地不出糧食，

圈中絕了羊，棚內也沒有牛；

然而，我要因耶和華歡欣，因救我的神喜樂。

（哈巴谷書三章 17 ～ 18 節）

有時候，我們周圍每件事彷彿都成了泡影。你一切的努力可能都付諸東流。你所輔導的人可能令你十分失望。你所建立的生意或事業可能粉碎了。在這些困難的時刻應該要停下來，檢驗甚麼對你是真正重要的。

　　哈巴谷曾經親眼看到自己所重視的東西都成了泡影。然而，經由這些損失、失敗和失望，他能夠分辨清楚甚麼對他是最珍貴的，甚麼對他是短暫無常與空虛的。他到了一個地步，能誠摯地說，即使失去身邊所有的東西，他仍能因神而喜樂。如果無花果樹不結果，如果葡萄樹不結葡萄，如果牛群羊群不繁殖，他仍然讚美神。當一切不照他所期待的發生時，要讚美神並不是那麼容易的。但是，他無論如何就是要讚美神。哈巴谷沒辦法使無花果樹發旺，長出無花果。他也沒辦法控制牛群羊群的繁殖，但是他可以控制自己對神的反應。他選擇讚美神。

　　你身邊的事是否都粉碎了？你仍然可以讚美神。你對祂的讚美並非決定於你努力所得的成就，而是讚美祂的本性、祂對你的愛與祂的信實。求神幫助你輕看屬世的顧慮，瞭解自己為何要讚美神的原因。

神藉著祂的作爲說話

耶和華說：你們要向列國中觀看，大大驚奇；

因為在你們的時候，我行一件事，

雖有人告訴你們，你們總是不信。

（哈巴谷書一章5節）

基督徒習慣藉著禱告、神的話語或祂的使者，尋求祂的心意。然而，我們有時候沒有注意到，神藉著祂自己的作爲，要告訴我們甚麼事。非基督徒看到神的作爲，卻不瞭解所看見這一切事的意義。神鼓勵祂的百姓要觀看祂的作爲，好知道如何調整生活，回應神的作爲。

門徒親眼看見耶穌發命令平靜暴風雨，更認識神的大能。他們親眼看到耶穌與聲名狼籍的罪人撒該同席，因而學到一個活生生的鮮明信息，就是神愛罪人。他們看耶穌被掛在十字架上，傳遞了一個無法否認的信息，就是神願意將人由罪惡中釋放出來。他們發現那空的墳墓，顯露出神戰勝死亡的驚人眞理。對那些靈性上可以分辨是非的人而言，神的作爲重大地啓示出祂的心和祂的旨意。

如果你一直敏銳地注意神在自己周遭的作爲，祂會以祂的作爲清楚地告訴你祂的心意。你會知道神在作工，因爲你所看見的事令人驚訝，是人類的能力與智慧所無法解釋的。如果事情的發生，直接回答了你的祈求，這是神正在對你說話。當你經歷一些超過你的理解和能力之事，這可能是神正向你傳遞一個重要的信息。

如果你想要聽神的聲音，看看祂在你周圍的作爲。當你在看神的作爲時，你會看到祂的本性，你會瞭解如何回應祂的話。

復　興

耶和華啊，我聽見祢的名聲就懼怕。

耶和華啊，求祢在這些年間復興祢的作為，

在這些年間顯明出來；在發怒的時候以憐憫為念。

（哈巴谷書三章2節）

只有神能使死人復活。如果發現自己對神愈來愈冷淡，你的家庭與屬靈生活漸漸地衰敗，要呼求神復興你，因為惟有神能夠賜予生命。不是你的行動，乃是你與神的關係帶給你生命！

屬靈的熱情稍不留意就可能衰退。我們剛開始都是滿懷熱情地與神同行，熱切地要與神同住。然而，一段時間過去後，忙碌悄悄爬進我們的生命。我們漸漸分心，並且不注意到自己罪的問題。我們可能自認與神的關係是理所當然，沒有注意到自己漸漸衰敗，直到自己的屬靈生命落到油盡燈枯的地步。

這種墜落也發生在教會中，就像發生在我們身上一樣。你是否還記得聖靈曾經在教會大大動工的時刻，那時會眾們興奮地感受到神的指引？而現在的崇拜是否死氣沉沉，神的大能只是回憶罷了？

在這種時候，想靠自己抓回生命是徒勞的。你可以舉辦許多活動及勸勉你周圍的人，但是，只有神可以使死人復活。如果神已經開始在你的生活、家庭或教會中動工，只有祂能維持或復興祂的工。如果感覺自己的生命或教會的屬靈活力已經衰退，這是神的邀請，邀請你為此禱告。祂要你以代禱與祂同工，所以祂可以復興祂手中的工。耶穌說，祂就是生命。神已應許只要你求祂，祂必賜予豐盛活潑的生命。我們決無必要使靈命一直處在死氣沉沉的情況中。

一起來慶祝

他對父親說：「我服事你這多年，
從來沒有違背過你的命，你並沒有給我一隻山羊羔，
叫我和朋友一同快樂。」

（路加福音十五章29節）

神相當關注，要將人由死亡帶向生命。當人由悖逆回轉向祂的時候，祂的心何等歡喜。如果你的心體貼天父的心意，若有罪人回轉向神的時候，你一樣也會歡喜快樂的。

耶穌所說慈父與浪子的比喻，不只著重在那敗家子老二的身上，大兒子也同樣是個不聽話的兒子。大兒子一年又一年地為父親作工，等待將來得到回報。他看到弟弟的叛逆使父親心碎，而當弟弟返家時，他卻不與父親共同歡喜快樂，一點也不高興看到父親歡喜的心情。他所關心的是自己及沒有受到公平對待。他覺得自己是受害者，並且完全錯過與父親同慶祝的祝福。

我們有可能會年復一年地事奉神，而心卻遠離神。你可能在教會擔負最重要的事工，心中卻充滿苦毒，因為周圍沒有人願意與你分擔重擔。你可能全心注意自己在主裏的勞苦，以至於神在你周圍的人身上行神蹟，你一點也不高興。

倘若你事奉神是責任或興趣使然，不是出於喜樂與感恩，你會覺得自己是受害者。當你被事奉的重擔壓得喘不過氣時，你會嫉妒那些在主裏經驗喜樂的人。這不是天父計畫要給你的豐盛生活。一同來慶祝，花時間與神在一起，分享祂的喜樂！

歷　史

你們這追求公義、尋求耶和華的，當聽我言！
你們要追想被鑿而出的磐石，被挖而出的巖穴。

（以賽亞書五十一章1節）

身為基督徒，我們永遠不要忽視自己所承繼的產業。瞭解自己所承繼的產業，幫助我們瞭解自己的身分與神的帶領。

以色列人是擁有豐盛產業的民族。這個國家始於亞伯拉罕與撒拉的信心，他們的後世跟隨著以撒、雅各和約瑟這些信心領袖的腳蹤。神豐富地祝福袖的百姓，使他們繁榮。神愛他們，領他們出埃及，進入袖所賞賜的富饒之地。神在歷史上行了一些最威嚴可畏的奇蹟，來建立自己的國度。神不斷提供堅強的領袖給以色列民族，如：摩西、約書亞、基甸、底波拉、撒母耳、大衛和所羅門。袖差遣大能先知給以色列人，如：以利亞、以賽亞和耶利米。不幸地，在以賽亞時代，以色列百姓已經忘記自己所承繼的產業。他們像屬靈的乞丐，不像龐大產業的繼承者，也不像皇家祭司的成員。

你的屬靈產業，遠比以賽亞時代以色列百姓所承繼的更富裕。你的屬靈前輩，包括耶穌的肉身母親馬利亞、施洗約翰、十二使徒、使徒保羅，以及許許多多歷世歷代的聖徒。更重要的是，你有創始成終的耶穌作你的榜樣（希伯來書十二：2）。你也許擁有可追溯數代的家族信心史。

你是否看到神整個救贖計畫？神的計畫包括你，誠如這個計畫包括了歷世歷代的基督徒。神要你參與袖這份已在歷世歷代展開的救贖大工，拯救失喪的靈魂。你今日的順服會成為後世信心的遺產，讓後世可跟隨你的榜樣。

主聽到

那時，敬畏耶和華的彼此談論，
耶和華側耳而聽，且有紀念冊在祂面前，
記錄那敬畏耶和華、思念祂名的人。

（瑪拉基書三章16節）

在神的國度中，神的心意是讓同屬基督一靈的基督徒們可以合一。遇見另一位基督徒與你有相同的憂心與負擔，是令人極其興奮的！神通常會帶領另一位信徒到你的身邊，幫助你的服事，及關心神放置在你心中的負擔。

當神的兒女全心全意因著神的國度合一時，神會在祂的兒女身上，釋放祂大能的同在。聖經告訴我們，只要地上有兩、三個基督徒在一起，敬虔地討論有關神的事工，神會很高興傾聽他們，並且回應他們所關心的事物。當兩、三位信徒在一起，同心合意為某事禱告時，神以自己大能的同在，來回應他們同心合意的祈求（馬太福音十八：19～20）。當兩個門徒在路上走著，討論基督被釘死在十字架上的困惑，耶穌加入他們，並且幫助他們瞭解當時所發生事件的意義（路加福音廿四：13～32）。

如果你正為自己的家人、教會或朋友憂心，求神帶來與你有相同看法的基督徒，分享你的負擔，並且能夠與你同心為此事禱告。不要企圖單獨扛起這個重擔。你可以單獨為此事禱告，然而，你會失去與一群基督徒同心合意彼此代禱，及享受神同在的祝福。神編織進入祂國度的每個事件，都是要促進我們彼此相依，而不是要鼓勵個人主義。當你面對憂慮時，慎重地尋找可以與你同擔的基督徒。

屬靈的敵人

因我們並不是與屬血氣的爭戰，
乃是與那些執政的、掌權的、管轄這幽暗世界的，
以及天空屬靈氣的惡魔爭戰。

（以弗所書六章12節）

在戰場上，認出敵人是非常重要的事。如果你不曉得攻擊的方位，你很難防守自己。保羅有許多敵人。有些人厭惡他，其他一些人憎恨他，還有一些人想殺他。有些人本來該與他站在同一陣線，卻想要傷害他和他的事工（使徒行傳九：23；腓立比書一：17；提摩太後書一：15，四：14；提摩太前書一：20）。雖然，他面對許多迫害，保羅從未忘掉他真正的敵人。保羅小心謹慎地防禦撒但。當人們攻擊他的時候，他知道他們並不是自己真正的敵人，他們只是不知不覺地成為屬靈黑暗勢力的工具。

當你的信心遭遇敵對勢力的時候，第一個反應可能是憤怒。這個反應可能使你對衝突背後更深的屬靈層面，分散了注意力。你的敵手可能無助地被罪捆綁。你應該誠摯地立即為此人代禱，而不是報復此人。你對手的敵對行為是一張邀請函，邀請你加入救贖之工，把他或她由屬靈的捆綁中釋放出來。

要儆醒注意你身邊的屬靈戰爭。這場戰爭是真實存在的，它可能會摧毀你及你所關心的人。認識你真正的敵人，可以保護你不致心懷苦毒及不饒恕。你的希望是根源於一個真理：「那在你裏面的比那在世界上的更大。」（約翰一書四：4）不要將自己的希望寄託於人性，要堅決地相信至高者已經完全擊敗你的仇敵。

被擊敗的敵人

既將一切執政的、掌權的擄來，

明顯給眾人看，就仗著十字架誇勝。

（歌羅西書二章 15 節）

基督徒的呼召並不是去擊敗撒但，因為神已經在基督裏戰勝撒但！我們的任務也不是去「捆綁」撒但，因為耶穌已經限制了撒但的活動範圍和時間。撒但——我們古老的仇敵——已經被基督十字架的犧牲及復活徹底打敗。對於撒但，我們的任務是：信任基督已得勝利，並且每日舉起撒但已被打敗的真理抵擋牠，誠如耶穌所做的一樣。

撒但是說謊人之父和說謊者（約翰福音八：44）。倘若你被牠說服，認為神並沒有擊敗牠，你就無法體驗到耶穌的勝利。你會發現自己還在打那場基督早已得勝的戰爭！你會懼怕撒但，雖然牠已經被徹底地打敗。事實上，你的責任是去抵擋魔鬼，牠就會落荒而逃（雅各書四：7）。當你抵擋牠的時候，你知道耶穌已經戰勝牠，並且你也戰勝牠想掀起的影響。神已經賜給你屬靈的軍裝，足以抵禦撒但任何的攻擊（以弗所書六：10～20）。

基督徒可能全心注意與撒但爭戰。如此一來，他們被欺騙，把時間及精力投資在基督已經做過的事。如果撒但使你分心，去打一場牠早被打敗、早就結束的戰役，牠會除去神要給你的效率。畏懼撒但，就如懼怕一個被囚的戰俘一樣。你根本沒有需要或呼召去擊敗撒但；你只需將基督的勝利應用在生活每個層面，過得勝基督徒的生活。當你與其他人分享福音的信息時，撒但與牠的軍團正面對一個事實，就是在每個屬神國度的生命中，牠們早被打敗了。

恩惠、憐憫、平安

寫信給那因信主作我真兒子的提摩太。

願恩惠、憐憫、平安從父神和我們主基督耶穌歸與你！

（提摩太前書一章2節）

為家人及朋友禱告，是非常重要的。再也沒有比仿傚聖經的榜樣來為你所愛的人禱告更好的。保羅常為他所關心的人，祈求明確的恩賜。他為提摩太求恩惠、憐憫與平安。

恩惠不是我們賺得的，是神白白授予祂兒女的禮物。恩惠是神與我們相親的惟一途徑。我們本該滅亡，是祂的恩惠救贖了我們（以弗所書二：8）。祂的恩惠帶來天堂的豐盛，在我們遭遇痛苦時帶來平安。在每日生活中，祂的恩惠帶來各樣的美事。

神除去在我們身上當受的懲罰乃是憐憫。我們犯罪的代價是死亡，然而，耶穌已經為我們付上救贖的代價（羅馬書六：23）。神有長久的忍耐，祂延遲我們受公義審判的時間，給我們許多悔改的機會，接受祂的救恩（彼得後書三：9）。

平安是當我們相信神的恩典及憐憫時，所存的心靈及意志狀態。平安是在危難中，仍確信神的恩惠（腓立比書四：7）。神應許我們，即使得罪祂，祂仍會憐憫我們。這個保證帶給我們平安。

神所賜的平安與世界所給予的大不相同（約翰福音十四：27）。世界教我們接受協談、藥物或短暫娛樂以脫離困境，而神所賜的平安，是直接切入靈魂的深處，平靜我們的心靈及意志。

你是如何為你所愛的禱告呢？最好的祈禱便是求神賜予豐盛的恩惠、憐憫與平安。

照你所知的去行

人若知道行善，卻不去行，
這就是他的罪了。

（雅各書四章17節）

知道神的旨意卻不去做，絕對不是一件小事。神稱這種行為是罪。我們可以為自己的不順服找藉口，說：「我還沒有預備好」、「等會兒再做」，或說：「我不認為這樣做有何分別」、「我做不到」……。我們常為自己的藉口合理化，或拖延沒有行動。在神眼中，合理化或拖延都是不順服。有時候，我們自己騙自己，以為好的動機等於順服的行動。不，這種想法是錯誤的。當我們與神相遇，祂給我們生命的方向。單單把日期寫在靈修筆記上，或甚至把自己的「決定」告訴朋友及教會，都是不夠的。神對我們的呼召，不是要我們「作決定」，而是要我們順服！決定順服並不等於順服（馬太福音廿一：28～31）！大聲肯定順服的必要性，並不等於順服（路加福音六：46）。在公開場合決志奉獻，並不等於順服我們的主。就算是自己努力的好成果，也不可能替代順服。

神要掃羅王等候，直到先知撒母耳到來，但掃羅等不及就自己獻祭了。掃羅十分訝異，他發現，看似很敬虔的行動也無法替代神清楚的命令（撒母耳記上十五：22）。就像對掃羅一樣，神期待你完全照著祂向你所說的話順服祂。唯有順服才能夠滿足神對順服的要求！

有忠心

我感謝那給我力量的我們主基督耶穌，
因祂以我有忠心，派我服事祂。

（提摩太前書一章 12 節）

 人類屬世的角度來看，保羅過去大肆逼迫基督徒，應該沒有資格服事神。他過去是「罪人中的罪魁」，褻瀆神、逼迫人，並且是暴力的挑釁者（提摩太前書一：13～15）。當神拯救了保羅，每一件事都改變了。保羅以同於過去逼迫基督徒的熱心，來擁抱基督徒的生命。保羅在神交給他的每件任務上，無論是大事或小事都忠心。最後，因為他的忠心，神託付給他一個任務，就是成為推動福音的先鋒。

保羅瞭解，為神的國度所完成的每一件事，都是出於神的大能。他並沒有自欺，以為是憑著自己的智慧或個人的努力達成神的旨意。他反而為每個試煉的機會感謝神，無論神所交付的任務是大或小，他都能忠心。

你事奉神的能力不是基於你的過去，而是基於你今日的忠心。如果你忠心去做神所交託的任務，神會給你足夠的力量完成它。不要計較神所交付的任務大小不同。保羅把每個任務視為自己服事神的殊榮，不是自己應得的。神是否要你為某人禱告、幫助某個有需要的人、帶領一個研經的聚會，或是關心病人，你要忠心。當你事奉祂的時候，你會經歷祂的大能。如果你在小事上忠心，神會交付給你更大的任務。你也會像保羅一樣讚美神，因為神以你有忠心，而派你服事祂。

不要叫人小看你

不可叫人小看你年輕，總要在言語、行為、
愛心、信心、清潔上，都作信徒的榜樣。

（提摩太前書四章 12 節）

提摩太是一位誠實正直的年輕人，他熱切地要事奉主。然而，他生命中有某些弱點，使得他無法滿懷信心事奉神。提摩太是個非常年輕的宗教領袖，但很明顯地，有人質疑他的能力。提摩太的個性溫和，身體不是很好（提摩太前書五：23）。他很不幸地生於一個福音受逼迫的時代，且身為一位年輕的牧者！

保羅鼓勵提摩太，不要讓自己的年輕、沒安全感，阻攔了事奉神的熱心與忠誠。保羅教導提摩太，不要與那些批評自己的人爭辯，而要在生活上有敬虔的榜樣。保羅建議提摩太，要在生活中的言語、行為、愛心、信心、清潔上沒有瑕疵，作教會信徒的好榜樣。提摩太的生命足以證明神對他的呼召。神看提摩太的時候，是超越他的年輕、害羞、肉體的軟弱，而看到他誠摯的心。

當你尋求神的旨意時，你可能覺得自己和提摩太一樣。你也許有某項弱點，使你覺得沒有資格服事主。你可能因為自己是初信者，或因為自己罪惡的過去，而自覺沒有資格服事；也許你的學歷很低、生活窮困，或社會地位卑微；也許你在過去事奉神的時候，曾經失敗跌倒。不要讓這些事阻攔你遵行神的旨意。你生命的軟弱可以成為神展示祂大能的契機（哥林多後書十二：9）。接受神的呼召，容許祂改變你的生命，成為敬虔的榜樣。

智慧的判斷

但智慧之子都以智慧為是。

（路加福音七章35節）

這世界充滿各類的「專家」，要以個人的智慧說服你接受他們的看法。但神說，不是那些大聲喧嚷其主張的人，是最有智慧的人，而是那些經得起時間考驗的人，才是真有智慧。

你不能夠以爭執或辯論來證明智慧。智慧需要經過時間的考驗。有些人固執地認為自己的意見一定是最好的，不管這些人的觀點多具說服力，時間是最好的判斷工具。不是誰的聲音大，誰就是對的，乃是事情的果效證明他們是否有智慧。當你順服神的旨意時，有時會遇見反對勢力及一些不同意你智慧行動的批評。你的第一個反應很可能是為自己辯解，然而，如果耐心等待，時間比辯解更能顯露你行動的智慧。

神話語的智慧已經過歷世歷代的考驗，證實它是真理。以聖經來判斷你的所見所聞，是很重要的。心理學與哲學的趨勢會變來變去，但神的話語不因時間而有所改變。當你在輔導人時，要確定你的意見是源自聖經，不是你個人佳的意見。只要你人生的抉擇是基於神的話語，時間會是你最好的辯護者，會證實你所選擇的智慧。如果一段時間後，你看到自己顯然是錯的，求神赦免你，並且在聖經中尋求神話語的指示。然後，順服那句話，觀看神如何將祂的智慧運行在你的生活當中。

看似不可能的事

耶穌說：「不用他們去，你們給他們吃吧！」

（馬太福音十四章16節）

耶 穌交代門徒去做一件看似不可能的事。這裏有五千個男人及其家屬，他們全都餓了。而他們只有五個餅和兩條魚，很明顯地，這根本不夠餵飽一群人。就算只爲其中部分的群眾購買食物，也超出門徒小小的預算。耶穌居然要門徒把那一點點的食物分給一大群聽眾，實在很不合理。然而，這就是耶穌交代他們的。耶穌既已下達命令，門徒就順服了，並且親眼看見這個神蹟奇事。

耶穌會領你到許多看似不可能的環境，千萬別避開。你將在人看來不可能的環境中經歷神。看似不可能的事與確實可能的事，其不同的關鍵乃是來自主口中說的話！信心是接受主神聖的命令，且邁開步伐，朝向只有神才能完成的目標前行。如果只著手那些有把握的事，你周圍的人將看不到神的工作。你可能會在許多方面很成功，可是神與你的成功無分。

仔細檢查你目前的生活，以及目前所面對的決定。你是否已經從主那兒領受到話語，而主正等待著你下一步的行動？如果你做了祂交代的事，不管這整件事看起來是多麼不可能，你會體驗到見證主行神蹟的喜樂，你周圍的人也會有一樣的經歷。

被捷徑引誘

　　亞比篩對大衛說：「現在神將你的仇敵交在你手裏，
求你容我拿槍將他刺透在地，一刺就成，不用再刺。」

（撒母耳記上廿六章8節）

你有時候會面對試探，想走捷徑達到生活的既定目標。在大衛登上王位寶座時，他好幾次面對這個試探。神的先知撒母耳早就用油膏了大衛，預言他是以色列下一個國王（撒母耳記上十六：12～13）。然而，在大衛等候神的時刻來臨期間，他困惑地看見掃羅瘋狂的作為，他讓整個國家陷入危險的境地。掃羅追逐著大衛，亟欲殺他，逼迫大衛亡命天涯。

　　後來，突然有個千載難逢的大好時機落在大衛手中。大衛發現掃羅與軍隊安營在一個易受攻擊、毫無招架餘地的地方。亞比篩是屬大衛的勇士之一，他自告奮勇，要為大衛除掉掃羅。這麼做似乎是合情合理的，因為掃羅多次想殺大衛，況且神也說要大衛作國王。既然掃羅落在他的手中，大衛大可結束自己亡命天涯的日子，得到王位，作神所膏立的僕人。但就算他很想得到王位，而且這王位原本就屬他，他仍然拒絕妥協自己的正直，來取得王權。對大衛來說，以不是神的方式來完成神的旨意，是不可行的。

　　你也會遇見類似的試探。有時候，朋友好意地建議你儘快完成神的旨意，不要你繼續等候。你可能一心一意想控制自己的環境，以為只要有好結局，不擇手段也沒關係。你要相信，神的時機永遠是最恰當的。神可能計畫要你得到某一個職位，或轉變一個新方向，然而，時機可能不像你所想像的。要保守你的心，不要讓其他人說服你，而妥協你自己的正直，來達成神的旨意。

堅定你的決心

耶穌被接上升的日子將到，祂就定意向耶路撒冷去。

(路加福音九章51節)

基督徒很容易在生活中分心！當你瞭解神要你去做某件事時，你身邊的人事物似乎很需要你的注意力！當耶穌走向十字架的那一刻，祂定意「面向」耶路撒冷而去，沒有任何事情可以阻攔祂完成天父的旨意。祂的決心是那麼明顯，祂選擇經過撒馬利亞人的村莊，直接前往耶路撒冷。而撒馬利亞人向來仇視猶太人，他們不願接待耶穌，因為他們認出祂是猶太人，並且面向他們所仇恨的耶路撒冷而去。

耶穌定意不讓自己的任務節外生枝，但是，祂還是在旅途中儘可能地輔導許多人。祂差遣七十個人去鄰近城市，傳天國來臨的消息（路加福音十：1）。祂醫治痲瘋病人（路加福音十七：11～19）。祂醫治一個患水腫的男人（路加福音十四：1～4）。祂把救恩帶到撒該的家（路加福音十九：1～10）。祂繼續教導祂的門徒（路加福音十五：1～32）。當祂前去加略山時，耶穌並沒有拒絕輔導其他人，然而，祂自始至終拒絕讓任何人事物，妨礙祂遵行天父的旨意。

如果你知道神要你做甚麼，你的眼目要朝目標正看，要定意完成它（箴言四：25）。你決心做神領你做的每一件事，會成為你周遭人的見證。要小心，不要被周圍的機會分散心思，以至於失去了神給你的最終目標。不要因試探而延遲你的順服，或根本拋棄神給你的目標。一旦你由神那兒領受到清楚的指示，你應該是堅定且義無反顧地順服。

新的力量

但那等候耶和華的必從新得力。他們必如鷹展翅上騰；

他們奔跑卻不困倦，行走卻不疲乏。

（以賽亞書四十章31節）

有時候，你可能會覺得筋疲力竭，壓力大到你不確定可否邁出下一步。你可能把時間花在處理一個接著一個的危機，不斷地把時間與精力投注在幫助他人。主要更新你的力量，使你享受祂所要給你的豐盛生活。得福之鑰在於等候神。

我們這個世代最不喜歡等候。我們被自己所有的承諾和責任推得團團轉。我們匆忙度日，從未停下來評估自己的活動。我們有時候急躁地著手動工，跑在神的前頭。神重建我們的工作之一，是要我們慢下來，聆聽祂。當我們等候神的時候，祂會提醒我們完全倚靠祂的力量；當我們慢下來，尋求祂的旨意時，祂會透露祂的計畫。

以聖經的角度看，等候主絕對不是被動的，它永遠是主動。等候本身需要停止自己的追求，全心注意在神的身上。我們可能要放棄某些填滿生活的活動，也可能要一整天安靜地坐在主的面前。然而，如果求問神，神會提供事工的資源，而那些資源是我們過去憑靠己力求取的。神可能讓你知道，你做事背後的動機是出於罪惡感，那不是神要你去做的。

耶穌所擔負的責任，比你所擔負的責任，要大得多。需要祂的人數，比起需要你的人數，要多得多。然而，祂從未被事工壓得喘不過氣，或力不從心。現在，基督已經提供你指引，好叫你能達成天父的旨意，每日得到足夠的力量前行（馬太福音十一：28）。

繼續前進

弟兄們，我不是以為自己已經得著了；

我只有一件事，就是忘記背後，努力面前的。

(腓立比書三章13節)

世人告訴你，對於你目前生活的最大影響是你的過去。如果你成長於有問題的家庭，這會決定你將來的生命方向。如果你曾遭受種族文化的歧視，這會主宰你今日的生活狀況。如果你受過傷害或被虐待，或者你在青少年時期很叛逆，你的餘生將與你的過去翻滾掙扎。這個世界被過去給佔滿，因為它面對的是未知的將來。

基督徒則恰恰相反。基督徒自由地活著，因為基督已經戰勝我們的過去。「舊事」已經都過去，一切都成了「新事」（哥林多後書五：17）。神完全饒恕了基督徒的罪，祂不再記念那些罪（以賽亞書四十三：25）。基督徒不是忘記過去，而是不被過去所控制或刺激。基督徒對將來有盼望。

世人專注於所要克服的挑戰或困難，而基督徒專注於成為甚麼樣的人。基督徒知道，聖靈在自己身上動工，使我們有基督的形像。基督徒知道，自己終究會站在基督面前，交代一生的所作所為，並與基督同在，直到永遠。基督徒知道，所有不義之事終有一日會被陳明，每個傷痛都可得安慰。基督徒知道，撒但和死亡在末了會結束。基督徒的生命是豐盛，且充滿激情的。不但如此，過去發生的一切不再影響他們。

如果你沉浸於過去，求神打開你的眼睛，看到等在你面前的是奇妙的將來，就像保羅一樣，忘記背後、努力面前。

喪失自己的性命

因為，凡要救自己生命的，必喪掉生命；

凡為我喪掉生命的，必得著生命。

（馬太福音十六章25節）

基督徒被命令要喪失自己的性命。這代表他們要慎重地將自己的生命，交給神與神的國度。攔阻你服事神的最大阻礙之一，是你對自己的「合法權利」之看法。這是指那些你自覺有權享受或擁有的權利。對於你不在意的事物，要交出主權給神並不難，因為對你而言，失去那些不算犧牲，是否擁有它們根本無所謂。難的是把自己心愛的東西交出去，這些東西會擋住你順服神的旨意。

舉例而言，住在子女身邊很好，但神卻要你去另一個城市，或另一洲宣教。能夠睡飽固然好，但也許三更半夜來了一通電話，有人在傷痛中需要安慰。你可能自以為有權擁有某些物質，然而，神可能要你為了祂的事工，把所有財產全交出去(馬太福音十九：21)。

耶穌在這方面完美地作了生命的榜樣。祂有權利在天堂享受尊榮，但祂沒有視之為應享的權利，也沒有認為放棄的代價太大、犧牲太重(腓立比書二：5～11)。結果，神高舉祂，並把救恩賜給這破敗的世界。

這世界是否說服你要保護某種權利？你是否試著想拯救自己的生命？你是否注意到，如果你真的如此行，你將失去神要你擁有的生命？

神永恆計畫的一部分

又說:「我是你父親的神,是亞伯拉罕的神,
以撒的神,雅各的神。」摩西蒙上臉,因為怕看神。

(出埃及記三章6節)

神總是用前人的經歷,來對我們說話。當神遇到摩西,祂交給他的任務並沒有超越前人的任務。在幾百年前,神曾給亞伯拉罕、雅各和約伯應許,現在祂要摩西參與祂的事工,實現祂向摩西先祖所應許的約。

這位曾經帶領摩西、藉著以利亞作工、指示保羅、引領世代男女的神,與現在邀請你參與祂事工的神,是同一位神。你是否感到這份重要性?你是神大能計畫中的重要一部分!

我們傾向於只想到現在,我們要馬上看到結果,缺乏對永恆的意識。我們的行為,就好像神在邀請我們之前,一點也沒有動工。我們期待神透過自己所做的事工,能夠完全成就、看到結果。當神要其他人或其他世代,來完成我們所開始的事工,我們會變得沒耐心。

摩西瞭解,自己的事工是承繼神幾百年來的聖工。當摩西與曾引領自己先祖的神面對面時,他非常謙卑。你是否感覺到,自己的生命是神永恆計畫的一部分?

不要像其他人一樣憂傷

論到睡了的人，我們不願意弟兄們不知道，
恐怕你們憂傷，像那些沒有指望的人一樣。

（帖撒羅尼迦前書四章13節）

基督徒不像世人一樣那麼憂傷。世人所經驗的是沒有指望的憂傷，基督徒也憂傷，然而，基督徒的憂傷是伴隨著希望。

在耶穌的時代，喪事是表露心靈哀慟的時刻。在喪禮中嚎啕大哭，是表達對死者的敬意。人為痛失所愛而哀傷，是由於無力改變現況。人一生的經歷中，也許沒有比喪禮更叫人無助和絕望的。

耶穌也在摯友的喪禮中悲泣，祂的哀傷並非因為無望（約翰福音十一：35）。耶穌知道拉撒路很快就要復活，也知道當自己再來的時候，拉撒路與所有的信徒，都會從死裏復活，與祂永遠同在天堂。耶穌哭泣，是因為看到所愛的人那種無望的感受。復活與生命就在祂的朋友當中，他們居然還哀慟（約翰福音十一：25）！

當耶穌戰勝死亡的那一刻，祂永遠地改變了基督徒對死亡的看法。基督徒會遭遇喪失所愛的痛苦，但我們仍有盼望，因為曉得在任何處境中，神使萬事互相效力，叫愛祂的人得益處（羅馬書八：28）。我們有希望，因為知道沒有任何事可以隔絕我們領受基督的愛，即使是死亡，也不能使我們與神隔絕（羅馬書八：38～39）。我們有希望，因為耶穌會來接我們到天堂，讓我們永享與祂沒有攔阻的交通（約翰福音十四：3）。

即使是基督徒，也不可能逃脫生命的哀慟。然而，基督已復活所帶來的希望，可以減輕你的哀慟，因祂是你的希望及你的安慰。

神是信實的

那召你們的本是信實的，祂必成就這事。

（帖撒羅尼迦前書五章24節）

神從來沒有呼召我們去做任何事情，卻不持守祂自己說過的話，不給我們足夠能力去做。我們並不總是信實地去做神所呼召的事，但祂是信實的，總是持守自己的話，實踐祂的應許（以賽亞書四十六：11）。

當以色列兒女走到紅海岸邊，他們可能以為神已經放棄當初所賜的應許。大海阻礙了他們的前進，而殘暴的埃及軍隊正在後面追趕，要襲擊他們！然而，誠如神一直是如此，神在這裏證明自己是絕對信實的，對祂的兒女持守每一句話。

神可能已經告訴你，要你去做一件特別的事，例如：教會的某項事工、教養兒女的方式、執行工作的作法。你已經順服神，但現在你正面對著紅海。你所想像神要成就的事，似乎沒有發生。你的事工並沒有如期展開、你的兒女很叛逆，或者，你的同事挑剔你的作法。要相信神的屬性，祂是信實的。詩人表達出祂百姓在歷代以來的見證：「我從前年幼，現在年老，卻未見過義人被棄，也未見過他的後裔討飯。」（詩篇卅七：25）

不管環境多麼悽慘，不要失去盼望。從來沒有人遭遇神不信實的對待！給神時間向你顯示祂的信實。有一天你將明白神的工，並且讚美祂對你完全信實。

基督徒的怒氣

生氣卻不要犯罪；不可含怒到日落。

（以弗所書四章26節）

對基督徒而言，生氣所帶來的破壞力，往往甚於其他事情。怒氣使我們失去自制，說出或做出從未想到的事。聖經一再命令信徒要除掉怒氣，並且列出怒氣是肉體其中的一個罪（以弗所書四：31）。

有時候，我們引用以弗所書四章26節為自己辯護。我們用耶穌潔淨聖殿是「義怒」，來爭辯「生氣是可行」的明證。以弗所書講到的是不犯罪的生氣。耶穌可以做到「生氣而不犯罪」（馬太福音廿一：12～14；馬可福音十一：15～18；路加福音十九：45～46）。

我們一定要小心，不要以經文作為發怒的辯解。以弗所書四章31節命令我們，要除去所有的惱怒。這不代表不要有悔悟或不再追求公義，而是表示我們不願讓其他人的罪，惹動我們犯罪。生氣不能成就神的救贖大工，反而可能攔阻了神的工作。

如果你自覺為某事而升起義怒，要檢查心中的怒氣是否有罪的成分。你的怒氣是否變成苦毒？怒氣是否讓你對人的態度，沒有基督的馨香之氣，甚至說別人的閒言閒語？怒氣是否使你為自己不敬虔的態度找藉口？憤怒是否阻止你在言行上表達愛與寬容的態度，及阻礙你仿傚基督呢？你一定要審察自己內心的怒氣，求神除去你因怒氣所產生的一切罪惡態度。

不論斷

你們不要論斷人，就不被論斷；你們不要定人的罪，
就不被定罪；你們要饒恕人，就必蒙饒恕。

（路加福音六章37節）

論斷和明辨有絕大的不同。神識透人心，祂知道人真正的動機（箴言十六：2）。只有神可以正確地審判那些該受懲治的人。最終，基督在審判的那一天，神會坐在寶座上審判我們。

我們的問題是：我們喜歡坐在審判寶座上，定罪那些我們認為有罪的人！聖靈告訴我們，不要去論斷或定罪他人，因為我們不能同時論斷又贖罪。我們很難一面論斷人，一面真誠地為此人禱告。有時候，論斷的態度似乎會變成我們的藉口，不願加入神在某人身上的救贖大工。聖經提醒我們，神會以我們對待別人的恩慈或嚴酷的態度，來對待我們（路加福音六：38）。

神命令我們不要論斷人，但要我們能夠分辨。耶穌說，我們可以由人們生命的果子，得知此人的屬靈狀況（馬太福音七：16）。祂說荊棘叢中不可能長出葡萄。如果一個人的生命充滿刺，我們可以知道此人不是一棵葡萄樹！我們是否在論斷人？不，我們是在分辨。聖經命令我們，要避免與褻慢人及愚昧人相交（箴言廿二：10，十七：12）。除非能夠分辨褻慢人及愚昧人，否則不能遵行神的命令。這不是論斷，這是明辨。身為基督徒，我們被教導要觀察其他人的生命，好叫我們在不被罪的影響下，可以幫助他們。

除非能夠以神的眼光看人，你才能成為他人的幫助。如果你論斷他人，要懇求神饒恕自己，並且願意在使人和好的事工上，讓神使用你（哥林多後書五：18）。

主的日子

因為你們自己明明曉得，
主的日子來到，好像夜間的賊一樣。

（帖撒羅尼迦前書五章2節）

在聖經中，要預備主的日子到來的勸勉，通常是給神的百姓，而不是給非信徒。基督徒一定要預備基督的再來，好叫自己可以正確地回應祂。關於主的日子，最重要的一件事已清楚記明，就是那日子的來到是不可預料的。

在聖經中，曾經幾次提及主的日子。這個日子通常是指耶穌第一次或第二次的來到，然而，這也可以指神將來降臨到祂的百姓當中，不是救贖就是審判的那個日子（以賽亞書十三：6；約珥書二：11；瑪拉基書三：2）。阿摩司曾預言，那主的日子臨到時，是超乎人們所期望的（阿摩司書五：18）。在阿摩司的時代，人們以為主的日子是充滿歡樂與歌頌的，但阿摩司說，那是悲痛及審判罪惡的日子。耶穌第一次的降臨出乎人們的意料，因為他們期待彌賽亞以不同的方式降臨，許多人沒有認出祂是彌賽亞。

基督第二次的降臨是主最末的日子。到那個日子之前，神有時會臨及你、你的家人和朋友。你要儆醒注意，神在你的兒女、朋友及工作伙伴身上，那使人悔改的作為。當神在你教會一些人的生命開始動工，你一定要注意這個時刻。你可能在敬拜時，特別感受到神的同在，你開始為在場的人代禱。現在就要預備自己，注意周圍朋友的生命。你會發現，主的日子就在你手中。

坐在耶穌跟前

馬大伺候的事多，心裏忙亂，就進前來，說：
「主啊，我的妹子留下我一個人伺候，
祢不在意嗎？請吩咐她來幫助我。」

(路加福音十章40節)

馬大非常愛耶穌，她願意為祂做任何事。但馬大就是靜不住！馬大忙著伺候耶穌，根本沒有時間享受主的同在，或是能更認識祂。馬大愈辛勤服事，她心裏對馬利亞愈不滿。當馬大在房子裏匆促進出，忙得不可開交地事奉耶穌時，馬利亞卻坐在耶穌的跟前。馬大剛開始是興高采烈地事奉，但是她的服事漸漸變質，心中充滿憤怒和嫉妒。

要以服事耶穌來表達自己對祂的愛，固然是好事。但當服事佔盡你的時間及精力，以致你沒有時間給主，那你就是太忙碌了。你可能會像馬大一樣想著，如果自己不動手做，這件事不會完成的。這也許是真的，然而，耶穌教導你，人生最高的優先順序應是你與主的關係。如果任何事情使你分心，疏忽了你與神的關係，這件事一定不是神的作為。神不會要你去做一些事，阻礙了你與基督的相交。有時候，事奉神及實行神指示的任務，的確是認識及體驗神的最佳方法。但其他的時候，安靜坐在祂的跟前聽祂說話，則更為重要。

我們並沒有被呼召得一直坐在耶穌的跟前，那會使我們的事奉一律停工。但祂也沒有呼召我們不斷地事奉，而不在基督裏重新得力。你是否殷勤地事奉神，卻沒有時間與祂獨處？

感　恩

內中有一個見自己已經好了，就回來大聲歸榮耀與神，
又俯伏在耶穌腳前感謝祂；這人是撒馬利亞人。

(路加福音十七章 15 ～ 16 節)

感恩是基督徒生活的基礎。感恩是一種自覺的反應，是超越看到自己的蒙福，而看到那位賜福者。身為基督徒，我們已蒙赦免，由死亡中被救贖出來，成為神的兒女。再也沒有比這一點更值得感恩的理由！

麻瘋病患是當時被社會遺棄的一群人。他們感染的是高接觸傳染性疾病，以致必須與所愛的隔離。他們苦苦哀求耶穌憐憫他們，耶穌要他們去給祭司察看。他們順服去做的時候，就得了醫治！這十個長大麻瘋的人，過去被禁止進入自己的村莊，不可進入自己的家，也不可從事自己原有的工作，甚至不准去觸摸自己的兒女。想想看，當他們能夠再次回到家裏，那感受是多麼激動喜悅！

這些麻瘋病人中的一位跑回來向耶穌道謝，這位病人是撒馬利亞人。猶太人通常是遠遠避開撒馬利亞人，而耶穌居然醫治了他！耶穌問：「其他的人去哪裏了？」有十個麻瘋病人同時得醫治，他們為新得的健康歡樂，興奮地分享這大好消息，但只有一位想到那祝福的源頭，願意稍稍停留，向賜予健康的那一位敬拜及感恩。

我們也一樣，我們已經被救贖主醫治，成為完全。我們自由地享受救贖主所恩賜的豐盛生活，但我們是否像那九個麻瘋病人，興沖沖地宣揚自己所得到的祝福，卻未曾駐足感謝救贖主的恩典？神等著我們獻上感恩。我們的敬拜、禱告、事奉和每日的生活，應該被我們對神的感恩所充滿（腓立比書四：6）。

福氣追隨著你

你若聽從耶和華——你神的話，

這以下的福必追隨你，臨到你身上。

（申命記廿八章2節）

當你與神同行，你不需要求神祝福你。祂本來就要祝福你！就像你喜歡給所愛的人一份驚喜的禮物，來表達自己的愛一樣，我們的神也喜歡出乎你意料之外，給你一份驚喜的禮物。神的祝福通常在每日的生活中來到——在忙碌的早晨，來了一通鼓舞你的電話；在一天殷勤作工之後，收到了一封信；在被壓得透不過氣時，朋友突然出現，助你一臂之力；在需要的時候，收到一份意想不到的經濟援助。神的祝福通常不是以輝煌驚人的方式來到，而是出現在你平常忙碌的時刻。它往往在你最需要感受神的愛時，翩然到來。

祝福是遵行神旨意的結果。當你與主緊密同行，不管有沒有去尋求，祝福自然會臨到。你遵行神旨意的祝福，也會臨及你周圍的人——你的兒女、你的子孫。在所羅門統治的時期，他享受輝煌的財富，然而，神在他身上的祝福，主要是因為他父親大衛對神的順服。神也曾應許亞伯拉罕，地上萬族會因亞伯拉罕得福（創世記十二：2～3）。

不要理所當然地接受神的賜予。如果你收到一份出乎你期待的祝福，要為神無盡的愛獻上感謝，並且要儆醒認出神下一回的賜福作為！

當神祝福他人時

掃羅見大衛做事精明，就甚怕他。

（撒母耳記上十八章15節）

嫉妒是一種毀滅性的態度，污染你對生活的看法。嫉妒對人的損傷極大，以至於神用十誡中的兩條來定罪它。掃羅王是個愛嫉妒、沒有安全感的人，他已被提升到以色列最高位，且在各方面備受祝福。但是，掃羅看到大衛贏得以色列百姓的讚美及注意。以色列人認可掃羅的成就，同時也讚美大衛。神要使用大衛完成的成就，似乎要比掃羅的更大（撒母耳記上十八：7）。當神賜給另一人能力，好打敗他們的仇敵時，掃羅不但沒有歡喜，反而嫉妒大衛至深，要尋索大衛的命。

嫉妒是基督徒生命中令人憎惡的行為。神使我們成為祂的兒女，我們當中沒有任何人有資格作神的兒女。因此，我們根本沒有必要去比較自己與其他神兒女的祝福。嫉妒是一種最嚴重自我中心的行為。嫉妒劫奪了我們的喜樂，也治死了我們的滿足。嫉妒使我們的心變硬，壓碎我們的感恩。嫉妒是假設神的資源是有限制的，無法同時祝福我們和其他的人。

掃羅整個人被自己對大衛的嫉妒所佔據，他忽略重要的國家大事不管，把痛苦帶給他的百姓。掃羅的家庭也因為他的嫉妒被毀。

要謹守你的心！如果發現自己無法因別人的成功而喜樂，務要小心！不要讓嫉妒污染你的心。在嫉妒劫奪神本要給你的喜樂和滿足之前，趕緊悔改。當你想比較自己與其他人的成就時，求神提醒你祂在各方面的賜予，這些賜予本不是你應得的。

相互扶持

兩個人總比一個人好，

因為二人勞碌同得美好的果效。

若是跌倒，這人可以扶起他的同伴；

若是孤身跌倒，沒有別人扶起他來，這人就有禍了。

(傳道書四章9～10節)

從世界被創造的起頭，神很清楚地表明，人獨居並不好(創世記二：18)。神的心意是要我們彼此合作。祂在整本聖經中，提及祂的百姓同心協力，比單打獨鬥能完成更多的成就。神並沒有將我們創造為隔離、互不相干的個體，每個人只要個別完成目標即可。更確切地說，我們的努力能否成功，取決於我們彼此互賴的關係。這就是為甚麼祂建立教會，並且釋放聖靈給祂的信徒們，給他們能力去傳福音。我們是一群祭司所組成的國度（彼得前書二：9）。

在困境中，我們與其他信徒相交、同行天路，是很重要的。當危機來到，單獨面對困境會壓垮我們。如果我們培養了互相支持的友誼，就能在那些關懷的安慰與鼓勵中，找到力量。當我們受試探引誘時，彼此互賴也是一種安全警衛。我們一再看到許多在試探中跌倒的例子，他們跌倒是因為他們孤立自己，遠離其他的信徒，並且身邊也沒有其他可信靠的基督徒，來督責自己。

如果你沒有信徒相互關懷的生活，你便錯失了神原本的計畫。不但如此，你也陷入犯罪的危險中。你必須將自己的生活，與其他尋求神旨意的基督徒，相互連結起來。要願意加入其他人的事工，實踐神所交付的任務，努力成為你周圍的人所需要的支持及鼓勵來源。

潛伏在門前

你若行得好，豈不蒙悅納？

你若行得不好，罪就伏在門前。

它必戀慕你，你卻要制伏它。

（創世記四章7節）

當試探進入心思意念，我們不是去面對及處理解決，就是將它付諸罪惡的行動。在試探剛臨到和作抉擇中間的這段時刻，是相當重要的，有許多懸而未決的部分，需要我們去平衡。

該隱知道神不喜歡自己，而喜歡亞伯。因嫉妒激起的憤怒悄悄地進入該隱的心，謀殺的意念也佔滿他的思想。當該隱正盤算著如何做的時候，神的話臨及他。神警告他，罪就等在他生命的門口，要找機會滲透。現在不是對試探輕描淡寫的時候，也不是假設罪不會造成傷害的時候。現在是制伏罪的時候，你要在罪征服你之前，棄絕它。很可悲的是，該隱沒有制伏自己的罪，反由罪所征服且毀掉生命。

試探在你料想不到的時候出現，罪惡的思想可能會滑過你的腦海，自私可能開始侵入你的心。聖靈會即刻警告你，神並不喜悅你正想做的事。在悔改的時候，一定要制伏那潛伏在門前的罪。罪毀滅一切。罪帶來死亡。罪不是你可以玩弄或輕看之物。今日，神照樣用當初給該隱的那句話來警告你：在罪帶來不可避免的毀滅性結局之前，制伏那潛伏在你門前的罪。要留心祂的警告，你會為自己或別人免去沒有必要的苦痛。

不在乎言語，乃在乎權能

因為神的國不在乎言語，乃在乎權能。

（哥林多前書四章20節）

基督教不是道德的陳腔濫調、高談闊論和崇高理想。神國度的基本特性是權能。保羅的事工不斷地面對早期眾教會的批評，有些誹謗者甚至到哥林多的城市，大聲疾呼保羅的錯誤。有時候，教會裏的人信以為真，相信了對使徒保羅的批評誹謗。

保羅提醒他們，測試一個人是否為天國子民，不是看他說的話有無說服力，而是看他生命中屬靈的權能。保羅坦率地承認，有人認為他說話沒有口才（哥林多後書十：10）。然而，他們無法質疑神在保羅生命中，所施展的權能。他曾經看過許許多多的人悔改歸主，許多教會也因他的事工而建立。他倚靠那能醫治病人及使死人復活的神的權能，不管他的口才能否滔滔雄辯，那些話語帶著從神而來的屬靈能力與權柄。

你將會遇到許多人，想以他們對神國的看法來說服你。他們說的話可能很動聽，甚至以圖表來證明他們的觀點！然而，要檢驗他們的話是否可信，就得查看他們生活的屬靈能力。如果一個人滔滔不絕地解釋某神學觀點，卻在生活中慣性犯罪，他的生活使得他所說的話不足為信。如果一個人談論神的權能，但在生活中卻看不到一點得勝的見證，那麼他所說的話是空話。基督徒生活的得勝之道，用口說明遠比用生命活出，要簡單多了。

如果你僅有敬虔的外貌，卻沒有敬虔實質的屬靈權能（提摩太後書三：5），求神潔淨你的罪，以聖靈充滿你，好叫你的生活能看到神權能的彰顯。

消滅聖靈感動

不要消滅聖靈的感動。

（帖撒羅尼迦前書五章 19 節）

我們不能阻止神完成在我們周圍所行的工，但是，我們可能會在生活中消滅聖靈的感動。神給我們自由，能反抗聖靈在我們生命的作為。當我們忽略、不順服、或拒絕聖靈的感動，也就消滅了神在我們身上的作為。先知以賽亞形容這結果是：「你們聽是要聽見，卻不明白；看是要看見，卻不曉得；因為這百姓油蒙了心，耳朵發沉，眼睛閉著，恐怕眼睛看見，耳朵聽見，心裏明白，回轉過來，我就醫治他們。」（以賽亞書六：9～10；馬太福音十三：14～15）

　　一旦犯了罪，聖靈會讓我們知道自己需要悔改。如果常常忽略祂的警告，不肯悔改，你的心會對神的話語愈來愈冷漠。如果聖靈向你啟示神的旨意，而你拒絕有所行動，總有一天，聖靈的聲音會在你的生活中銷聲匿跡。如果一再拒絕聖靈的感動，你不再能聽見神的話語。如果一再扼殺神給你的話語，你無法再敏銳察覺祂的聲音，祂將不再賜下祂新鮮的話語。要留心提防自己抵擋聖靈的感動。聖靈的話語可能不總是讓你覺得很自在，但祂的話語將領你到豐盛之地。

負責任

那人説：「祢所賜給我、與我同居的女人，
她把那樹上的果子給我，我就吃了。」

（創世記三章12節）

亞當和夏娃盡其所能地推脱責任。亞當責怪妻子：「是她給我那棵樹上的果子。」他甚至把責難的指頭伸向神，說：「是祢賜給我的那個女人。」夏娃把責任推到蛇的身上，她說：「那蛇引誘我，我就吃了。」神不理他們的藉口，宣判了他們悖逆的罪行。

人類的悲歌之一，是拒絕為自己的行動負責。我們把自己的問題怪到別人頭上：父母沒有管教我們、朋友拖累我們、牧師講道不清楚、兒女太叛逆、雇主不夠敏銳、配偶不瞭解我們、時間不夠用……，我們的藉口很多！然而，除非完全負起當盡的責任，否則饒恕與重建是不可能發生的事。

我們為自己的罪行找藉口，正證明我們沒有真誠地悔改。聖經中從未提到，因著別人對你的影響，神原諒了我們的罪行。若習於為自己的所作所為找藉口，我們將不會誠實地悔改。神會要我們為自己的行為負責任，而不要他人為我們的行為負責任（哥林多後書五：10）。總要竭誠認罪悔改，並為自己的罪負責任，這會釋放你，使你得到神的饒恕，朝向靈命成熟邁進。

神與你同在

萬軍之耶和華如此說：在那些日子，
必有十個人從列國諸族中出來，
拉住一個猶大人的衣襟，說：「我們要與你們同去，
因為我們聽見神與你們同在了。」

（撒迦利亞書八章23節）

神渴望以祂自己的靈充滿祂的百姓，好叫其他人可以在祂的百姓身上，認出祂大能的同在。在信徒的生活中，神的同在應該是十分明顯的。當全能神的靈充滿信徒，信徒不可能繼續過著從前的日子，而其他人也會因之看到神。

神藉著先知撒迦利亞曉諭祂的百姓，祂的同在會改變他們的生命。如果神的百姓緊密地與神同行，列國諸族會聽說他們是一群認識神的百姓。在地上，人們會從各國到祂的百姓中間尋找真神。如果人們看到神其中的一個兒女，他們會渴望自己能與他或她在一起，因為如此就能與神在一起。神給了十個人想親近一個信徒的鮮明畫面，他們渴望找到神。

基督的同在應該清楚地彰顯在你的生活中，以至於你周遭的人想親近你。他們會讓自己的兒女與你的兒女在一起，因為你的兒女是在敬虔的環境下成長。你的雇主應該非常欣賞你；人們會想找你作領袖，因為知道你在神的面前持守正直。你的生活與家庭應該如吸引人的磁鐵，因為人們感受到神與你及你的家人同在。如果你允許自己的生活中，更顯明地有基督的同在，就會有更多人親近你，尋求神。

鼓勵人的恩賜

然而，我想必須打發以巴弗提到你們那裏去。
他是我的兄弟，與我一同做工，一同當兵，
是你們所差遣的，也是供給我需用的。

（腓立比書二章25節）

有些人擅於在別人面臨苦境時，說一些話或做一些事來鼓勵人。他們的話語爲灰心的人帶來力量，爲傷痛的人帶來安慰。那些人對神的聲音很敏銳，他們不會自我中心，也不會對自己周圍人們的掙扎毫無所覺。當我們遭遇危難時，他們是我們立即想尋找的對象。當我們面對緊張壓力時，他們是受歡迎的探訪者，因爲他們的出現扶持我們。

聖經記述了許多人被神使用，去鼓勵他人的事蹟。當摩西被自己手上的工，壓得喘不過氣時，葉忒羅來看他，並且鼓勵他。葉忒羅給摩西明智的建議，解除了他的壓力（出埃及記十八：1～27）。當保羅被關在監獄中，以巴弗提奮不顧身，去保羅那兒服事他（腓立比書二：25～30）。後來，保羅要提摩太來看自己，保羅因提摩太的到來，得到力量與鼓勵（提摩太後書四：9；腓立比書二：19～20）。保羅要提摩太也帶馬可一起來，馬可是保羅在忍受痛苦時，所需要的朋友（提摩太後書四：11；腓利門書24）。保羅也倚靠路加的鼓勵，當其他人不在或有事纏身時，路加仍與保羅同在（提摩太後書四：11）。保羅一生曾經歷許多試煉，但是神把敬虔的人安置在他身邊，他們不顧私利，全心支持保羅。

神要你也成爲加添他人力量的朋友。你所分享的話語與你所做的事，可以爲你的家人、朋友、鄰居及同工，帶來安慰和鼓勵。

產 難

這一切事情的發生正像產婦的陣痛開始一樣。

（馬太福音廿四章8節，現代中文譯本）

耶 穌甚麼時候會再來？這是歷世歷代以來，許多人沉思默想的問題。祂再來的急迫感，是基督徒做任何事背後的心態。基督並沒有指明何時再來，然而，祂已經告訴我們一些當注意的預兆。祂再來的時間並不清楚，但是祂要再來是肯定的事實。

耶穌說，某些事件會是祂再來的徵兆。到那時，會有戰爭和戰爭的風聲，會有饑荒和地震；基督徒會因基督的緣故受迫害；會出現假先知教導異端，帶領許多人走了岔路；不法之事會增多，人們做自己眼中為對的事；執法單位不能控制罪行。因為無法，人們會變得冷嘲熱諷及心懷恐懼，並且他們的愛心會漸漸冷淡（馬太福音廿四：6～12）。

耶穌說，末世的記號就像產難。生產痛苦的頻率漸漸加增，並且強度也增強。耶穌說，戰爭、饑荒或是假先知的出現，並不代表祂就來了。祂說，這些事只是災難的起頭。祂說，戰爭、地震和罪行的頻率會逐漸加增，直到最後耶穌到來，結束一切。戰爭、饑荒及其他人類危機的嚴重性，將會逐日加增。

我們的時代似乎已經看到耶穌所講的一部分，這是過去所沒有看到的現象。今日基督徒應當為耶穌的再來而儆醒。

困　倦

凡勞苦擔重擔的人可以到我這裏來，
我就使你們得安息。
我心裏柔和謙卑，你們當負我的軛，學我的樣式；
這樣，你們心裏就必得享安息。

（馬太福音十一章28～29節）

如果你覺得基督教讓你精疲力竭，那麼你是在從事宗教活動，不是在享受一份關係。耶穌說，與祂建立關係會使你的靈魂安息。與神同行不會使你困倦，這份關係會滋補你的精神，恢復你的力量，使你的生活更有力。

辛勤的工作或缺乏睡眠，可能讓你覺得很疲勞。這種疲勞往往在睡個好覺後，就能彌補過來。但是，有一種更深的疲憊感是超越肉體的疲勞。這是一種情緒上的耗盡，是出於沉重的負擔及精力枯竭的危機。在你靈魂深處極其疲憊，因為你扛著其他人的重擔。你可以外出旅遊，但是你的靈魂不會被修復。這種情況只有在基督裏得安息，生命才能被調整。

有些熱心的基督徒竭盡所能地事奉基督，他們在服事中油盡燈枯、元氣大傷。耶穌邀請這些人到祂那裏去，向祂學習。耶穌在地上大部分的事奉，都是被有需要的群眾環繞。祂面對無情的反對勢力，常常通宵禱告，祂很少有隱私，然而，祂總是由天父那裏得到安息與力量。耶穌並不是不努力作工，而是明白屬靈休憩之道。你是否困倦？來到耶穌面前，讓祂帶給你安息。只有祂能夠使你的靈魂得安息。

不要爭競

然而主的僕人不可爭競，只要溫溫和和地待眾人，
善於教導，存心忍耐。

（提摩太後書二章24節）

基督徒是不爭競的。神的真理與我們同在。我們不需要因為有人不接受神的真理，而有脅迫感或感到灰心。

有時候，人們可能不同意你所說關於神的言論。他們也許會懷疑你口中所說有關於神對你的引領，或者他們會質疑你對神的信心。在這種時刻，辯駁是絕對沒有用的。你永遠不能夠以辯論的方式，叫人進入神的國度。你永遠不可能以爭辯贏得某人，說服他相信神對你的啟示！如果你讓神依著祂的時間及祂的方式來為你辯白，你抉擇的智慧自會被證明（路加福音七：35）。如果你發現自己常常與其他人爭論，你需要求神清楚向你透露你真正的動機，及求神饒恕你不遵守祂早已言明的誡命。

如果你與人爭辯的動機，是出於想要證明自己是對的、為自己辯白、或贏得聽眾的信服，那麼你的行為是太自私了，神不會以你為榮的。不管你是多麼公義及正確，神一點也不感興趣。神在意的是你的順服。神命令你不要以爭論來取勝，祂要在別人錯待你的時候，你能以仁慈及饒恕相待。以爭競為主的名贏得一場勝利，並不能榮耀神，然而，當有人錯待你或誤解你的動機時，你以忍耐的心反映出你效法基督的品格，你就能榮耀神。爭辯永遠不能使人同意你的看法，但效法基督一樣愛人，會為你贏得許多朋友！

有益的

聖經都是神所默示的，
於教訓、督責、使人歸正、教導人學義都是有益的，
叫屬神的人得以完全，預備行各樣的善事。

(提摩太後書三章16～17節)

所有的經文都是有益的！當我們不接受聖經中每一卷書、每個真理、每句經文、和每一頁記載神的應許及命令時，我們就是自欺欺人。因為聖經中每一句經文都是神所默示的，於我們有益，不應只挑自己喜歡的經文去研讀。我們不應當單單強調自己喜歡的經文，而忽視那些定罪我們的經文！若想成為跟隨基督的成熟門徒，一定要願意讓每節經文對我們說話、教導我們神要我們學的功課。聖經讓我們能評判教義的正確性。聖經應該是我們糾正及責備別人的基礎。

倘若你沒有牢固地把根基建立在神的話語之上，你會被各式各樣的教條、生活方式、和行動圍困，你無法衡量它們是否合乎神的心意。你不可能遠離神的話語，而能建立公義的生活。公義是需要培育的。當你被神的話語所充滿，並且順服神的指示，祂會以公義的方式指引你。經文會裝備你去行神召你做的事。如果你自覺能力不足以行神所交付的任務，要回到神的話語上，你會在神的話語中找到所需的智慧，執行祂所交付的任務。要讓神的話語充滿你、指引你，並且使你的生命更豐盛。

希望被醫治

耶穌看見他躺著，知道他病了許久，

就問他說：「你要痊癒嗎？」

(約翰福音五章6節)

耶穌問了一個男人，一個不用問就知道答案的問題！耶穌遇見一個癱了卅八年的病人，他坐在畢士大池邊等待得醫治。耶穌為何明知故問呢？也許答案不像我們想像那麼簡單。巴底買是瞎子，當他對耶穌呼喊，求耶穌可憐自己的時候，耶穌問他說：「要我為你做甚麼？」（馬可福音十：51）對一個瞎子來說，得見光明顯然是他最關心的事。有時候，耶穌認為讓人們以言語表達出自己的需要，以及明確地求醫治，是很重要的。

僅僅因為我們的靈病了，或者僅僅因為靠近一個醫治的場所，並不能代表我們想被醫好。我們可能固定去教會，卻仍然選擇過罪惡的生活。這世代認為，聖經中許多的罪只不過是上了癮、性格的瑕疵、或成長過程被虐待的結果。我們的言行就好像認為上癮是可被接納的理由，不需順服神。身為一個基督徒，我們不再需要成為罪行的受害者。沒有任何一項罪行或惡習，是超越主醫治大能所不能及的。

你是否年復一年地，任憑屬靈的疾病未得醫治？神能夠釋放你，但是，你可能安於自己的罪行，可能不想被治癒。如果你真想得到靈性的健康，神今日就可以治癒你。祂要你求告祂。

嫩　芽

祂在耶和華面前生長如嫩芽，像根出於乾地。

（以賽亞書五十三章2節上）

耶 穌的降臨就像乾地中的嫩芽。植物在乾地只有極微渺的生存希望，因為土質又乾又硬，大部分的植物很難穿破地殼堅硬的表面。然而，耶穌被預言像一株嫩芽，穿過堅硬的土壤，並且克服乾旱和無生命跡象的環境，帶來了新的生命。

當耶穌誕生的時候，祂的百姓對神的話語無動於衷。有四百年之久，沒有任何紀錄記載神對祂的百姓說話。耶穌時代的宗教領袖研讀並記憶經文，但是神的話語對他們毫無生命力。當神的兒子來到他們中間，他們變得對真理滿懷敵意，他們殺了祂。縱然百姓憎惡祂，耶穌仍把生命帶給所有相信祂的人。

耶穌有足夠能力把生命帶給任何人、社會及文化，不管他們的心是如何堅硬或懷有很深的敵意。即使那些對罪無動於衷的罪人，也會發現耶穌能穿越苦毒的心靈，帶來生命的氣息。耶穌在某人身上的工作，乍看之下也許並不牢靠，但它會像芥菜種一樣，最終會變為強壯。

當你為自己所關心的人禱告時，如果此人對耶穌沒有興趣，不要灰心。就像一株嫩芽在乾旱之地會找到一條成長之道，耶穌的愛有能力穿透似乎完全沒有反應的生命。

要持守

但要凡事察驗；善美的要持守，
各樣的惡事要禁戒不做。
（帖撒羅尼迦前書五章21～22節）

要持守美善之事，不然這世界會奪走它。撒但是美善之事的惡敵。當牠看到神給亞當、夏娃的一切是那麼美好，牠就設計奪走它們。當牠看到大衛王討神的歡喜，牠就設法毀壞大衛與神的關係。永遠不要視生活中的美好之事是理所當然，如果沒有堅守它，它可能會被遺落。

人們可能會質疑你所行的善事，他們可能會批評你的道德標準、教養孩子的方式、使用金錢的原則，或在教會的參與。時間的壓力也會攻擊你生命中美善之事。你的禱告生活、讀經時間、與家人的相處、在教會的事奉，都可能被其他事物所擠壓。也許你對教會事工及其他基督徒事工慷慨解囊，但是你也可能遭到試探，想自私地運用手上的金錢，減少在經濟上能做的美善之事。

聖經揭示持守美善之事的秘訣，是禁戒不做各樣的惡事。邪惡會掠奪神在你身上的美意。配偶與家人是極大的祝福，但是婚外情會摧毀神所賜的美善家庭。禱告是神所賜的美好禮物，但是罪會掠奪禱告的能力（以賽亞書一：15）。倘若不禁戒惡事，罪會奪走神所賜予的美善之事。神的誡命不是限制你，而是釋放你，讓你經歷祂的美善。你要儆醒，禁戒不作各類惡事，你將會自由地享受神所賜的各樣美善之事。

一顆愛神的心

我喜愛良善，不喜愛祭祀；

喜愛認識神，勝於燔祭。

(何西阿書六章6節)

對神而言，再多的行動也抵不上一顆愛神的心。歷世歷代以來，神的百姓以為，不管內心狀態如何，自己的事奉及金錢奉獻足以討神歡喜。掃羅王慷慨地奉獻祭品，希望神會不計較他的不順服（撒母耳記上十五：22～23）。大衛可能以為，自己為神做那麼多事，神會寬容他的罪（撒母耳記下十二：7～15）。亞拿尼亞與撒非喇以為，自己對教會慷慨捐獻，可以抵消他們欺詐的行為（使徒行傳五：1～11）。保羅本來以為，自己的熱心能夠討神歡喜。但在信主之後，他下了個結論說，如果他有全備的信心可以移山、將所有財產賙濟窮人、獻上性命成為祭物被焚燒，然而，只要他的心態不對，一切都沒有益處（哥林多前書十三：1～3）。

每個人都很容易受此錯誤的認知所影響。我們可能被蒙蔽，以為神對我們的活動比對我們的心態更感興趣。神始終如一地告訴我們，如果我們的心不對，即使是獻上最豐碩的祭物和最熱心的服事，神一點也不會滿意的（彌迦書六：6～8）。不管你在教會有多少事奉、活動，或在基督教圈子裏多有名望，神不會寬容一顆罪惡的心。祂想要的，是我們竭力去認識祂，並且全心全意愛祂。

公義如雨降臨

你們要為自己栽種公義，就能收割慈愛。
現今正是尋求耶和華的時候；你們要開墾荒地，
等祂臨到，使公義如雨降在你們身上。

(何西阿書十章12節)

在何西阿的時代，百姓們對神的話語非常冷淡。他們早就聽過神的話千百回，並且對神的要求無動於衷。神的解決方法是衝破他們沒有生機的心田，軟化他們冷漠的心靈。當土又乾又硬的時候，農夫會犁田鬆土，好叫種子可以發芽，雨水可以為莊稼帶來生機。同樣地，神的百姓也要衝破自己生活中罪的攔阻，這些罪阻止了神的話語穿透其心田。何西阿說，神會使公義如雨降下，為他們帶來生命及更新他們。

身為基督徒，我們一定要常常澆灌自己的心思意念，好叫我們能夠接收神的話。施洗約翰告誡周圍的人，要預備耶穌的到來。我們也可以提醒其他人預備自己，好叫神的公義穿透他們，充滿他們的生命。當我們看到罪已經滲入人的生命，我們可以激勵他們悔改。我們可以分享神的話語帶給我們的喜樂，並且鼓勵朋友尋求神的旨意。我們可能成為子女們順服的榜樣，我們可以分享自己因順服而得到的祝福。我們可以幫助周圍的人突破心中的硬土。

何西阿勸神的百姓要尋求神，直到神公義的雨降臨在他們的身上。當我們的心田開始對神有冷漠的跡象，要立即耕作我們的心田。如果我們隨時預備好自己的心田，當神的話臨到時，我們會預備好的。

不藐視小事

誰藐視這日的事為小呢？

（撒迦利亞書四章10節上）

世人喜歡看神蹟奇事。神早就證明祂可以行神奇非凡之事，但是祂通常選擇使用那些看來很普通、似乎毫不重要的事。藉著這個方式，祂表達祂的愛及祂的大能。

歷世歷代以來，神對重要關鍵時刻的解答，是送來一個嬰兒。以撒、摩西、撒母耳、施洗約翰和耶穌，都是一個有需要的時代之解答。當神把以色列人由米甸人的壓迫中解救出來時，祂故意只使用三百人擊敗人數眾多的敵軍。事實上，祂有更多的士兵可以使用，但祂要以祂自己的大能完成所定的目標。當耶穌甄選第一批門徒的時候，祂大可招募一大堆群眾跟隨祂，但是祂只選了十二名。重要的不是門徒數目的多寡，而是他們與祂同行的品質，才能決定他們如何影響他們的世界。當耶穌行神蹟餵飽一大群人，在神的手中，一個孩子的午餐——五個餅和兩條魚——就夠了。

耶穌把神的國度比喻成芥菜種子（馬太福音十三：31～32），芥菜種子是當時猶太人所知最小的種子，但是它會長成一棵極大的樹。祂也把神的國度比喻成酵母，微小不引人注意，卻能使一整個麵團發酵（馬太福音十三：33）。當孩子們來到耶穌面前，祂的門徒以為小孩子是煩人的小東西，要把他們趕走（馬太福音十九：13～15）。但是耶穌說，我們若要進天國，就必須要回轉到孩童的樣式。

基督徒通常接受「愈大愈好」的信念。我們以事工人數的多寡，來衡量成功。我們尋求神蹟奇事，來展示神的大能。我們一定要學習以神的眼光來看成功。神看重人的心；祂喜愛順服的人。

不靠勢力

他對我說：「這是耶和華指示所羅巴伯的。
萬軍之耶和華說：不是倚靠勢力，不是倚靠才能，
乃是倚靠我的靈方能成事。」

（撒迦利亞書四章6節）

在關鍵時刻中，神的話語臨到祂的百姓。他們當時是一群沮喪、被人恐嚇、夢想幻滅的人。他們流浪在巴比倫有七十年之久，在這段時間，他們親眼看見當代最具優勢的軍事武力，也看到巴比倫軍隊征服其他國家，見識到巴比倫王的富強與顯赫。後來，巴比倫被波斯征服，以色列人看到世界舞台上，出現了超級富強與軍事武力強盛的國家。當他們將自己軟弱及俘虜的身分，與當代超級富強的能力比較，他們灰心沮喪。

當以色列人在七十年被俘之後回到耶路撒冷，他們發現整個城市已被踐踏毀壞。他們莊嚴華麗的教堂也被摧毀，城牆都已倒塌，他們沒有建材來重建壯麗的城市。當這些過去曾是難民的居民，看到眼前這個巨大的工程，他們意識到自己的貧窮及軟弱，他們變得十分沮喪。接著，神的話就臨到了！祂應許他們真的能夠重建這個城市。但是祂告訴他們，這不是靠他們的能力及資源來完成，而是靠聖靈成事。只要他們有神的靈同在，他們就擁有所需要的一切。

有時候，順服神會領你到一種看來完全不可能的處境。如果只注意自己的才能、知識和資源，你會灰心沮喪。然而，當你成為基督徒，神將祂的靈放置於你的心裏。你現在可以隨意使用天堂的資源。你竭心盡力的成果，不是取決於手上握有的資源，而在於你如何順服神的靈。

一切關乎生命之事

神的神能已將一切關乎生命和虔敬的事賜給我們，
皆因我們認識那用自己榮耀和美德召我們的主。

（彼得後書一章3節）

身為基督徒，你已經擁有每一件你所需要的寶貝，讓你活出聖潔及豐盛的生活（彼得後書一：3～11）。你的聰明才智、所受的教育、或家庭的背景，並不能夠決定你生命的聖潔與否。要活出得勝、喜樂和豐盛生活，你所需的每項資源，可在內住你心中的聖靈裏找到（加拉太書五：22～23）。

據彼得所說，每個基督徒憑信心就能得到如下的品格：良善、對神的認識、節制、忍耐、敬虔、恩慈和仁愛。如果你繼承一筆遺產，卻不知它的存在，這遺產對你毫無用處。同樣地，如果你繼承了像基督的特質，卻不去取用它，你所繼承的產業則於你無益。

當神所賜予的自制是唾手可及，而我們卻一直缺乏自制，我們就掠奪了自己，也掠奪了周圍的人。神要將恩慈徐徐地加入我們的行為舉止，而我們的言行卻沒有恩慈，致使周圍的人痛苦無助地度日。

得到神所賜的寶貝之鑰，是我們的信心。我們必須相信神要建立這些生命的品質在我們的生命中。在四福音裏，耶穌依著人的信心行事（馬太福音八：13，九：29，十五：28）。祂以救恩與醫治，回報那些有真信心的人。當祂遇見沒信心的人，祂並沒有回應他們（馬可福音六：5～6）。

回顧彼得所說的生命品質，那是神要慢慢加添給你的。如果你自覺缺乏其中任何一項品質，求神在你身上動工，建造你，好叫你愈來愈有基督的形像。

三個試探

那試探人的進前來，對祂說：

「祢若是神的兒子，可以吩咐這些石頭變成食物。」

（馬太福音四章 3 節）

耶穌曾凡事受試探，就和我們一樣，只是祂沒有犯罪（希伯來書四：15）。耶穌由受洗的那一刻起，展開祂的公眾事工。當耶穌受了洗，從水裏出來，耶穌聽到天父的讚許，說：「這是我的愛子，我所喜悅的！」之後，耶穌很快地被引到曠野，禁食四十晝夜。在那裏，魔鬼以三個引誘試探祂。

首先，撒但引誘耶穌使用祂的神能，把石頭變成麵包。這似乎是一件合乎邏輯的事，耶穌當時餓了。然而，祂更需要跟隨神的引領。天父帶領祂禁食；撒但要說服祂開口吃東西。

接下來，撒但要說服耶穌使用撒但的方法，來完成天父的目標。「你若是神的兒子，可以跳下去。」（馬太福音四：6）耶穌瞭解，這是放肆地自以為是，不是真正的信心。這是以世界的方法試探主。世人尋求神蹟奇事；神使用聖潔的生命。

撒但對耶穌的最後試探，是要耶穌敬拜撒但，來完成天父的旨意（馬太福音四：8～9）。撒但答應，世上萬國與萬國的榮華都給祂，如果耶穌妥協，祂可以得到一個有權勢的同盟，並且不需忍受十字架的苦痛，就可以完成任務。但耶穌知道，只有神是唯一敬拜的對象。敬拜撒但不會帶來撒但所承諾的快速成功，敬拜撒但只會帶來徹底的失敗。

當你決意跟隨神，試探是必然的。就在你剛經歷一場屬靈勝利之後，試探有時就立即臨到。耶穌依靠神的話語，帶領祂經過會摧毀祂，且阻撓神計畫的試探。祂是我們面對試探的榜樣。

擴大你的帳幕！

要擴張你帳幕之地，張大你居所的幔子，不要限止；
要放長你的繩子，堅固你的橛子。

（以賽亞書五十四章2節）

當神以權能臨到一個人的生命時，總是令人歡喜快樂及期待未來的臨到！以賽亞形容，這經驗有如不孕的婦女懷胎生子，孩子的來臨改變了一切！生活不再像從前一樣！過去兩個人的住處已經太小，需要大一點的居處。孩子的出生使父母必須徹底重整他們的生活。

以賽亞宣告，當神降臨的時候，你要在自己的生命中為祂預備空間。你一定要「擴張你帳幕之地」，因為神的同在會擴大你的生命、你的家庭、及你教會的境界。你不是僅在忙碌的生活中「加上基督」，然後繼續你的日常生活；一旦基督成為你的主，每件事都改變了。過去你也許不期盼生活中會有好事發生，然而你現在應該要有樂觀的心靈。你應該要期待生命會變得更豐盛。你可以讓神使用你，成為其他人的祝福。你可以發現神藉著你的生命，展示祂的大能。

身為基督徒的你，生命是否有空處給基督？你為自己的罪悔改，你讓基督自由地在你身上動工，你熱切地觀看祂在你的生命、家庭及教會中的作為。你期待基督會以權能充滿你的生命，並且會「拓展」你，去做一些你從未做過的事奉。

神的啟示就是祂的邀請

主耶和華若不將奧秘指示祂的僕人

—眾先知，就一無所行。

(阿摩司書三章7節)

基督徒花費許多時間討論如何「尋求神的旨意」，好像神的旨意是隱藏、難以尋見的。神並沒有隱藏祂的旨意，祂的旨意不難發現。我們不需要懇求神向我們透露祂的旨意。祂比我們願意接受其旨意，更願意顯明祂的旨意。有時候，我們求神去做一些祂已經成就的事！

阿摩司時代的人是一群迷失的百姓，不認識神，也不清楚祂的心意。神早已顯明祂的旨意，問題是他們不理睬神的旨意，也不遵行祂的旨意。阿摩司宣告，神若不將自己的作為指示祂的僕人，就甚麼也不做。可悲的是，許多時候沒人親近祂，領受祂的啟示（以賽亞書五十九：16，六十三：5；以西結書廿二：30～31）。

耶穌與天父十分親密地同行，祂總是清楚知道天父的作為（約翰福音五：19～20）。耶穌說，我們的眼睛若是明亮，會看見神及祂的作為（馬太福音六：22）。如果看不到神的作為，問題不在於神沒有啟示，而在於我們的罪阻擋了我們。

當神正在你的孩子身上動工，或正要讓你的同工悔改，祂可能會向你透露祂的作為。祂的啟示就是個請帖，邀請你加入祂的救贖大工。要儆醒注意你周圍神的作為。祂會向祂的僕人顯現祂的作為。如果你的屬靈眼睛是明亮的，你會在周遭人們身上，讚嘆地見到神的作為。

賽　跑

那美好的仗我已經打過了，當跑的路我已經跑盡了，
所信的道我已經守住了。

（提摩太後書四章7節）

能夠完成自己所開始動手的工作，是相當有成就感的！一場賽跑的成功與否，不僅取決於起跑時的爆發力，最末的衝刺也同樣重要。許多運動員起跑時爆發力強，但若在中途摔倒受傷，或缺乏耐力完成這場賽跑，再好的開始也是徒勞無功。保羅很高興自己能開始跑這場賽程，並且能夠跑完全程。他的獎賞是對神堅定的信心，及一生充滿神大能的同在。

作基督徒並不容易，有些人誤以為成為神的兒女之後，自己的掙扎就可以結束了。許多初信者剛開始時，熱切地與基督同行；但是當壓力增強時，他們就灰心，拋棄了基督徒的天路之旅。

保羅形容自己的基督徒之旅是一場爭戰。他有時候奮力作戰，只有忍耐才能讓他繼續前行。我們可能會很訝異，這位最偉大的使徒，有時居然也得奮力持守對神的信心。保羅曾經面對逼迫、誤解、背叛和死亡的威脅。他的基督徒生活沒有一件是易事，但是他存了忍耐的心，堅持到底。

你對神是否有信心？不是看你的起跑點如何，而是看你能否堅忍地跑到終點線。你在教會公眾面前宣佈你對基督的委身，比不上你終生奉獻於祂的事工。讓保羅成為你的榜樣。每日在神面前認真地生活，好叫你有一天也能說：「那美好的仗我已經打過了，當跑的路我已經跑盡了，所信的道我已經守住了。」

祂已指示你

世人哪，耶和華已指示你何為善。
祂向你所要的是甚麼呢？只要你行公義，好憐憫，
存謙卑的心，與你的神同行。

（彌迦書六章8節）

神永遠不會對我們隱瞞祂的期望，我們永遠不需猜想自己該如何過日子。當人尋求學習要討神歡喜，卻被誤導時，先知彌迦清楚地解釋甚麼是神要我們做的事，甚麼不是祂要我們做的事。人們問：我們是否應該預備許多祭禮？是否應該獻上千頭的公羊和萬萬的油河？如果我們獻上自己的長子給神，祂是否會喜悅（彌迦書六：6～7）？彌迦直截了當地回答：「世人哪！耶和華已指示你何為善。」

彌迦列出三件神所喜悅的事。首先，祂要我們行公義。單單渴望得到公義是不夠的，對人必須要完全公義。如果承諾別人，就要完全正直地持守承諾。如果手下有人為我們做工，我們一定要像耶穌一樣公平待他。我們在每一份人際關係上，都要行公義。

其次，我們要喜愛憐憫，瞭解自己本是不配，是由神那裏領受白白恩典，這是我們憐憫人的動機。我們要抵擋那種想以牙還牙的試探，要選擇以憐憫相待。

最後，神要我們謙卑地與祂同行。神沒有要求我們以驚人之舉來事奉神——祂要我們謙卑。基督徒生活往往比該有的樣式複雜太多。我們可能不想明白自己對聖經的疑問，或不肯定基督是否會再來。我們可能會讓自己分心，不去做神今日對我們的指示。若能在基本的事上竭力順服，再複雜的任務也自會清楚明白。

蓋在磐石上

所以，凡聽見我這話就去行的，
好比一個聰明人，把房子蓋在磐石上。

（馬太福音七章24節）

基督徒生活需要付上努力的代價。基督教包括系統性地將神的話語，應用在自己的生活上。除非有恆地活出神的話語，否則不能有靈性的深度與成熟度。

耶穌當時才剛剛結束山上的講道，祂在那兒說明了最深刻的真理。神的兒子親自解明甚麼樣的生活是討天父的歡喜。然而，耶穌知道雖然祂已經下了結論，但有些聽眾可能永遠不會在生活中實踐所聽到的道。

耶穌說，人把神的話語應用在生活上，就像一個聰明人把房子蓋在磐石上。磐石是很堅硬的，很難蓋房子在上面。這需要我們非常努力，才能把建築物蓋在磐石之上。把房子建造在沙土之上，會給我們立即的成果；把房子蓋在磐石上，則是又麻煩又吃力，並且沉悶乏味。然而，把房子蓋在沙土上的，會使工頭落在易受攻擊的地位；把房子建在磐石上的工頭則高枕無憂。

你如何分辨自己正在蓋甚麼樣的房子？看暴風雨來臨時的反應即可得知。人生風暴會掃去那些不留心神話語的人，而那些把生命建立在神話語的人，會在任何風暴中屹立不搖。

靈性的成熟是沒有捷徑的，唯有努力順服神的話語才能成熟。你下回聽到耶穌的話，要立即將祂的話語堅固地建立在生活中，以至於沒有任何人生風暴會動搖你。

分恩賜

因為我切切地想見你們，要把些
屬靈的恩賜分給你們，使你們可以堅固。

（羅馬書一章11節）

不管有意或無意，你的生命會影響周圍每一個人。這可能是正面的影響，也可能是負面的影響，但是你的生命絕對會影響其他人。

保羅想要把屬靈的福氣分給其他的信徒。他曾聽說在羅馬的基督徒，並且渴望去羅馬看望他們，好能建立他們的信心。保羅總是在禱告中為他們祈求，雖然他從未見過他們（羅馬書一：10）。在他等候機會去羅馬的同時，他寫了封信給這個教會。他寫給羅馬的信是新約中最珍貴、最富挑戰性的一本書。

我們應該要效法保羅，把屬靈恩賜分給身邊的人。我們有機會加添力量給我們的父母、兒女、朋友、同工和基督徒伙伴。屬靈的祝福並非事出偶然，而是出於選擇。自我中心可能會讓我們只想由其他人身上得到屬靈福氣，而不是將福氣分給他們。只有當你決心要給予，而不是汲取的時候，才能得到神賜給保羅的事奉品質。

你可能尚未領悟到，你的生命具有祝福周遭人的潛力。是否有人因為你的緣故，信心增長及被鼓舞？你平常是否期待別人為你付出，還是想著自己可以為人做甚麼？在你每日所遇到的人身上，你要努力成為他們的正面影響！

你們是誰呢？

惡鬼回答他們說：「耶穌我認識，
保羅我也知道。你們卻是誰呢？」
(使徒行傳十九章15節)

靈性經驗是沒有二手經歷的。沒有任何人可以為你培養靈性的成熟。有先祖基督教的遺產是項資產，但是它不能代替你與基督建立活力、成長的關係。

保羅與神同行。神大大地使用他，在他的生命中行了許多神蹟奇事。有人由保羅身上拿手巾或圍裙，放在病人的身上，病人就痊癒了。邪靈被趕走。保羅的講道與教導，幫助建立以弗所的教會。保羅的事工是那麼令人震撼，事實上，有人想模仿他。

猶太祭司長士基瓦的七個兒子，就學保羅的方法驅鬼。他們向那被惡鬼附著的人說：「我奉保羅所傳的耶穌，勒令你們出來！」這些人想使用保羅歷年來緊密與主同行所得的大能行事。他們模仿保羅所說的話，然而，他們不能仿傚保羅與神個人的關係，而得到神的大能。惡鬼反駁：「耶穌我認識，保羅我也知道。你們卻是誰呢？」那些邪靈惡狠狠地攻擊他們，羞辱他們。邪靈畏懼耶穌的名（雅各書二：19），他們知曉保羅對抗黑暗勢力的影響力。但是，邪靈不認識士基瓦的七個兒子。

你可以模仿靈性成熟的基督徒的言行，但你不能承繼他們與神同行的生命。基督徒的成熟是需要付出心力的，它需要經過時間的培育。如果你忽略禱告，忽視你與基督的關係，你的信心不會成長的。仿傚他人的信心不會帶來勝利。只有當你細心培育自己與基督的關係，你的屬靈生命才會成長，才會充滿神的大能。

廢棄偶像

主的道大大興旺，而且得勝，就是這樣。

（使徒行傳十九章20節）

保羅那時代的人追求偶像。當時在以弗所，再沒有比亞底米女神更受人愛戴尊敬的了。那個最偉大的神像被供奉在一個輝煌華麗的廟宇裏，曾被視爲世界一大奇觀。當時製造偶像的行業，爲以弗所人提供了生計，他們製造偶像促進當時偶像的廣傳。

保羅並沒有去以弗所指責拜偶像的罪，但他去那裏宣揚耶穌基督的福音。當保羅分享神的眞理，人們由罪的捆綁中釋放出來，偶像崇拜行業漸漸衰落。石頭雕塑的偶像與神的大能，在改變人心的對比上，變得很明顯。基督徒公義的生活，比起拜偶像人們的狂歡作樂，大不相同。基督徒得勝的見證令人信服，以至於合城的經濟大爲衰退，人們喜愛基督教，而不喜歡偶像。

任何轉移我們對神的奉獻之事物，都是偶像。我們目前的社會，拜偶像的情況與保羅時代的情況雷同。我們不是拜那些木雕偶像，而是選擇讓財產、享樂或事業作我們的神，我們把自己的時間、金錢及精力花在這些事物上。

誠如保羅一樣，我們每個人處在這偶像崇拜的社會，被呼召過得勝、喜樂、及有目標的基督徒生活。我們不需要尋找及定罪今日的偶像，而是要活出基督的生命，享受神所賜的豐盛生命，身旁的人自會覺得偶像不足以信靠。我們可能會遭受其他拜偶像者的反對與敵視。人們不喜歡看到自己的偶像被廢棄！然而，當我們仰望神，人們會看出我們信仰的不同之處，並且會被祂與祂所賜予的生命所吸引。

反　對

他們去後，有主的使者向約瑟夢中顯現，說：
「起來！帶著小孩子同他母親逃往埃及，住在那裏，
等我吩咐你；因為希律必尋找小孩子，要除滅他。」

（馬太福音二章13節）

當神清楚告訴我們要做甚麼，而我們順服去做的時候，你會遇見反對勢力。遭受不敬虔者的屬靈攻擊及羞辱，並不總是你偏離神旨意的標識；它們甚至指明你正走在神的旨意當中。馬利亞的丈夫約瑟是個敬畏神的義人，然而，他的順服迫使他離鄉背井、亡命天涯。約瑟遇見苦難不是因為他的罪，乃是因為他的順服。雖然約瑟和馬利亞被迫搬遷到另一個國家，他們仍行在神的旨意中。

耶穌警告門徒，當他們遵行神旨意的時候，世人會迫害他們。祂提醒他們，他們不會單獨面對苦難，因為耶穌也曾經面對世界的苦難，並且祂已經得到勝利（約翰福音十六：33）。

當你面對反對勢力時，不要灰心喪膽。敵對的勢力顯示出你是順服神的。不要讓敵對的勢力使你懷疑神的旨意。檢查你的心。如果你已經做了神要你去行的事，祂會帶你超越那不與神同行者所敵對的阻撓力量。當使徒遭遇敵對力量時，他們沒有要求神除去敵人，而是求神賜給他們勇氣面對敵對勢力（使徒行傳四：24～31）。神在你身上的旨意可能包括苦難，就像神的愛子一樣（約翰福音十五：20），然而，祂愛你，祂不會讓你所面對的苦難多於你所能處理的。

忠心禱告

又有女先知，名叫亞拿，是亞設支派法內力的女兒，

年紀已經老邁，從作童女出嫁的時候，

同丈夫住了七年就寡居了。現在已經八十四歲，

並不離開聖殿，禁食祈求，晝夜事奉神。

（路加福音二章36～37節）

因 你的忠實，神會讓你更深刻瞭解祂的作為。忠實所帶給你的一些機會，是那些不忠誠的人所沒有的。神樂意回答忠實的祈禱者。

亞拿已經做了許多年的寡婦。在她那個時代，寡婦是沒有社會地位的，實際上，她們的生活很無助。亞拿在聖殿裏晝夜禱告、禁食事奉神。當她禱告的時候，她渴望見到彌賽亞。當救主出生的時候，神只安排極少數的人遇見救主，祂的愛子只揭露給那些忠實純潔的人。亞拿也是其中之一。耶穌後來向祂的跟隨者說：「但你們的眼睛是有福的，因為看見了；你們的耳朵也是有福的，因為聽見了。……因為天國的奧秘只叫你們知道，不叫他們知道。」（馬太福音十三：16、11）

亞拿一直忠實地祈求，直到禱告蒙實現。她禱告的回答並沒有馬上來到。事實上，這個禱告的回覆是在晚年時才到。神重視她的忠實，且賜下彌賽亞的救恩計畫，包括回答一個寡婦的祈求。

忠實的祈禱包括終生等候神的回答。神尋找願意持續禱告，直到得到回答的代禱者。

預見神的降臨

正如先知以賽亞書上所記的話，說：
在曠野有人聲喊著說：預備主的道，修直祂的路！
……凡有血氣的，都要見神的救恩！

（路加福音三章4、6節）

如果想擁有神大能的同在，我們一定要預備自己。施洗約翰是神所差的信使，幫助人們接受人類救主。約翰堅定地傳道，說：「天國近了，你們當悔改！」（馬太福音三：2）當耶穌來到時，那些聽到約翰的信息、預備好自己生命的人認出耶穌，並且離開去跟隨耶穌。這對門徒來說是特別真實的，因為他們的心已經被神預備好了（馬太福音十六：17）。人必須要在神出現之前預備好！

神對人心預備的指示是很明確的：悔改！這包括人的心靈、意志和行為完全的改變，轉向祂。祂是主，你的生命一定要預備好接納祂為你的主。稍有保留就是不足。有些人顯然尚未預備好跟隨耶穌，而錯失了機會（路加福音九：57～62）。在耶穌時代，大部分的宗教領袖並沒有預備好面對祂的降臨。他們知道彌賽亞要來，甚至知道祂要降生於何處（馬太福音二：4～6）。然而，當他們聽到救主已經降臨，卻沒有加入祂，他們更喜歡自己的宗教儀式。

如果你尚未預備好，你也會錯失經歷耶穌的機會。你可能經常參加宗教活動，但是你會錯過神。儘管其他人在敬拜中遇見神，你不會為之所動。當其他人得到神的光照時，你的體驗是一片黑暗的寂靜。宗教活動永遠不能代替一顆在神面前純潔的心。純潔是由悔改而來。讓我們像詩人一樣如此祈禱，求神鑒察我們的心，讓我們知道自己是否有任何惡行需要悔改（詩篇一三九：23～24）。

屬靈的檢驗

耶穌的智慧和身量，並神和人喜愛祂的心，

都一齊增長。

（路加福音二章52節）

我們習慣以許多方式來衡量自己的進展。在學校有考試，在工作場合有考績，身體的健康狀況也有醫生檢查。然而，我們可能從未衡量自己靈性的成熟及社交的成長。當耶穌由嬰兒、幼童、青少年到成年，神與人喜愛祂的心，隨著祂的身量一齊增長。人們愈認識耶穌，他們愈信任祂。他們愛慕祂的智慧和感激祂的憐憫。同樣地，當耶穌與天父的關係繼續成長，祂一直討天父的歡喜。

使徒保羅說，當他剛信主的時候，他的行為好像屬靈的嬰孩。然而，當他的信心漸漸成熟時，他的行為開始像屬靈的成人（哥林多前書十三：11）。在作嬰孩的時候，言行像嬰孩並無不妥，但竭力進到完全的地步，是每個信徒的責任（希伯來書六：1）。

當你初信主之時，不總是知道如何以靈裏成熟的方式與人相交。你可能與嫉妒、憤怒或不饒恕奮戰。但是，當你與基督同行的時間愈久，應該愈會像祂一樣與人相交。當你與基督的形像愈一致，天父愈滿意你的順服，就像天父滿意祂的愛子一樣。偶爾衡量自己的靈命是有助益的。評估靈性成長的好方法，是詢問身邊成熟的基督徒，自己的言行是否顯露出靈性的成熟。求神評估你的靈性是否成熟，是絕對有必要的。不完全與神相交的關係，永遠不會使你滿足的。

相信的人有福了

這相信的女子是有福的！
因為主對她所説的話都要應驗。

(路加福音一章45節)

在神的國度中，相信是接受的必要前提。神對馬利亞說話，給了她保證。每回祂將人力無法達成的任務，交付祂的百姓時，祂總是會先給他們承諾。萬事已經就緒，只等神施展作為。萬事就等著馬利亞相信神的話。她一相信，事就成了！在這種情況之下，唯有全心相信，並向主清心的人，才能得見神（馬太福音五：8；希伯來書十二：14）。

神總是如此與祂的百姓相交。馬利亞看不到在天堂所有的安排，也看不到眾多天使預備好要保護她和她的嬰兒。她不知道將來如何，也不清楚自己和嬰兒會遭遇甚麼事。她所知道的就是神對她說話，這就足夠了。所以，她回答：「我是主的使女，情願照你的話成就在我的身上。」（路加福音一：38）

當神宣告祂的計畫時，萬事已經就緒要成就祂的話。神從不說不肯定的話，祂清楚知道會發生甚麼事。祂只要你能夠相信祂。若你完全信任祂，你會經歷到極大的祝福。馬利亞未曾想過全然順服的結果是甚麼。同樣地，你也無法想像當你完全相信神的時候，神在你身上的作為是甚麼。祂知道如何把救恩帶給你所代禱的人，或醫治你的朋友，或供應你的需要。神已經使萬事就緒。你相信祂嗎？

自發的讚美

馬利亞說：我心尊主為大；

我靈以神我的救主為樂。

（路加福音一章46～47節）

讚美是神的兒女與祂同在時，由內心自動湧出對祂的感恩。一個認識神、與神親密相交的人，會以最深的讚美來稱頌主！馬利亞因神的美好而全心感動，她所回應的讚美成為聖經中最美、最深奧的詩歌之一。想要阻止一顆感恩的心去讚美，就好像想阻擋強大瀑布的水勢一樣！神創造我們要去讚美祂。當我們群集在祂天堂的寶座前，讚美是我們的活動。

要發現神是何等配得讚美，永遠不應令你感到困難。不管是私人或公眾的場合，你應該都能享受那敬拜讚美主的時刻。如果你的生命並沒有充滿讚美，你可能已經失去向神感謝祂仁慈作為的心。永遠不要忘記神曾經由必死的罪惡中拯救你，永遠不要把與神同在的永恆確據，視為理所當然。不要漠視與其他信徒在靈裏親密的相交。常常數算神在你和家人身上的祝福。當你思索神所給你無盡的愛與恩慈的時候，你自會像馬利亞一樣稱頌主。自發的讚美是真誠的讚美。它不需要預先動手腳，也不需要精心安排。這是由一顆真實個人感恩的心所發出的讚美，這個生命已遇見聖潔的神，經歷神奇妙的作為！

沒有不可能的事

因為，出於神的話，沒有一句不帶能力的。

（路加福音一章37節）

天使加百列告訴馬利亞，神正計畫要做一件人類所辦不到的事。所有人類的邏輯思維，會同意童貞女不可能生子。這是不可能的事！然而，這正是當時所發生的事。當神提及那些不可能的事，那就不再是荒誕不稽的事了。上一回，神在你身上行不可能的事，是哪個時候呢？最近一回，神對你說明祂要交付你的事，是哪個時候？而你被這整件事嚇壞了？

神仍然行那些不可能的事！我們常常承認自己相信神的大能足以實現任何事，然而，我們加了一條但書：「但是，我不相信神會做在我的身上！」我們變成現實的神學家，我們相信神可以行神蹟，但是不認為自己的生活會有神蹟出現。

神要把救恩帶給全人類。馬利亞相信神能行神蹟固然重要，但她能調整自己的生活，好配合神的計畫，更是重要的一環。基督徒與衛道人士的不同之處，在於有神聖的神。教會與社區俱樂部的不同之處，在於神蹟。有些人的言行有基督徒的道德標準，然而，沒有人能夠擁有像基督徒所經歷的奇蹟。你相信在神凡事都能嗎？

當有這個心

你們當以基督耶穌的心為心。

（腓立比書二章5節）

態度不是自然而然就產生的，態度是選擇的結果。保羅鼓勵信徒要與基督的態度一樣。耶穌是神的兒子。祂正坐在全能天父的右邊，統治整個宇宙。再也沒有比坐在天父右邊的位置更榮耀的了！耶穌與天父的關係使祂有權利得到這個榮耀。

耶穌選擇不要享受這個榮耀。沒有任何東西是祂不能放棄的，即使是天上的地位，祂只選擇天父要祂做的事。對天父的愛驅使祂願意犧牲一切，付上任何代價去順服天父。當天父需要一個無瑕疵的祭物，好救贖人類時，耶穌沒有抱著祂的權利不放，也沒有爭論自己何須為這些悖逆、如塵土般渺不足道的受造物，忍受那樣的苦痛（以賽亞書五十三：7）。更確切地說，祂放棄了自己在天上的榮耀，降世為人。祂降生在一個牛棚裏，睡在馬槽中。祂的一生，就是為被釘十字架的痛苦之日所預備。然而，祂甘心情願去做。

我們往往會緊緊抓住神的賜予不放。我們說：「我願意為神放棄任何東西，但是，我不認為祂要我放棄任何東西！」天父要祂的愛子徹底調整自己的生活，難道我們不該期待祂會同時要求我們犧牲，並安慰我們嗎？

每回你發現自己不願意應神的要求，來調整自己的生活時，當求聖靈賜給你像耶穌一樣無私的態度。

爲神所稱許

因為蒙悦納的，不是自己稱許的，

乃是主所稱許的。

（哥林多後書十章18節）

對每個人來說，希望自己的行爲得到稱許，是很普通的事。孩提時期，我們渴望得到父母的肯定。長大了，我們在乎朋友、同事及上司的看法。有時候，別人對我們的觀點，可能會變得過於重要，甚至成爲我們衡量自我價値的方式。

保羅說，他從來不曾努力去得到人的稱許。有些批評保羅的人，想以評論左右保羅的言行，他們讚美他們自己的言行。這些人尋找眾人的稱許，結果他們得到自己所追求的。

耶穌說，那些尋求別人稱許的人，「已經得了他們的賞賜」（馬太福音六：2～5）。保羅也領悟到，得人的讚賞並不困難，但得神的稱許卻需要更大的成就。耶穌由天父那兒得到的稱許：「做得好」，也成爲保羅的目標（提摩太後書二：3～5）。保羅知道自滿並不難，他也曾滿意自己的生活，直到他領悟自己所引以爲榮的公義，在神的國度中只不過是一堆糞土罷了（腓立比書三：8）。在保羅變成基督徒以後，他瞭解：神對他行爲的評估，比他對自己的看法更重要。

你最看重誰的意見？你是否滿意並享受周遭人的稱許？你是否很滿意自己目前的生活方式？由神來的稱許是最重要的。把生命奉獻給神的愉悅，應是你過公義生活的動機。

真實的敬拜

時候將到，如今就是了，那真正拜父的，
要用心靈和誠實拜祂，因為父要這樣的人拜祂。
神是個靈，所以拜祂的必須用心靈和誠實拜祂。

(約翰福音四章23～24節)

我們被造是為了要以心靈與真理來敬拜神。當耶穌在井邊對那撒馬利亞婦人說話時，祂以神活水的信息來幫助她（約翰福音四：13～14）。

耶穌獨自尋找這個婦人，要賜給她豐盛的生命。天父也以同樣的方式尋找我們，要讓我們真實的及個人的與祂相會。那個撒馬利亞婦人曾經聽過神；耶穌說真實的敬拜應該是與神「面對面」，敬拜不是宗教，也不是教條。敬拜是親密及充滿活力地與神相遇。真實的敬拜包括完全認識神是聖潔的、是至高至偉大的、是全能的、是仁慈的、是有憐憫的。這個認識讓我們領悟到自己的罪。

真實的敬拜是生命的轉變！它讓敬拜者本身恨惡罪。真實敬拜的結果是悔改、完全的順服、並且想要成為聖潔（以賽亞書六：1～8）。真實的敬拜會使人願意施憐憫，及願意饒恕。這也包括喜樂地接受神恩慈的賜予。真實的敬拜不會排擠人。誠如那位撒馬利亞婦人，馬上跑去告訴大家自己與主相遇，因為真實的敬拜會驅使敬拜者想要其他人一同來敬拜。因著這個婦女與耶穌相遇，許多同村的人也來認識耶穌。一個真實敬拜的人會有平安的感覺，並且滿懷信心期待神的作為。真實的敬拜會帶來真實的轉變，我們的生命會反映出我們所敬拜的那一位。

食　物

耶穌說：「我的食物就是遵行差我來者
的旨意，做成祂的工。」

（約翰福音四章34節）

由耶穌的事工中，我們看到祂行事的優先順序與門徒所關切的事，明顯不同。門徒通常比較關心如何滿足自己肉體的需要（馬太福音十四：15～17；約翰福音四：8；路加福音十八：28）。耶穌一再保證天父知道他們的需要，並且會供應（路加福音十一：11～13）。耶穌強調，人生優先的次序應該是：「先求神的國和祂的義」，一切生活所需自然會被供應（馬太福音六：33）。

耶穌在井邊對那婦人說話時，祂的門徒正在附近村莊買食物。當門徒尋找地上食物時，耶穌給予這個婦人「活水」，可以永遠滿足她的靈魂。當門徒回來時，他們慫恿耶穌趕緊吃。祂回答，祂的「食物」是遵行神的旨意。因門徒注意的是地上所需，他們誤解了耶穌的回答。耶穌一生遵行天父的旨意。因耶穌那日的順服，那位婦人得到永生。因她的興奮，帶領許多人來見耶穌，許多人相信耶穌真的是基督——那位救世主（約翰福音四：39～42）。

使徒保羅瞭解耶穌要教導門徒些甚麼。當保羅寫信給住在羅馬的信徒時，他強調：「神的國不在乎吃喝，只在乎公義、和平，並聖靈中的喜樂。在這幾樣上服事基督的，就為神所喜悅，又為人所稱許。」（羅馬書十四：17～18）

當撒但試探耶穌把石頭變成麵包的時候，耶穌引用經文，略述自己的一生與事工的重點：「……使你知道，人活著不是單靠食物，乃是靠耶和華口裏所出的一切話。」（申命記八：3）

成 了！

耶穌嘗了那醋，就說：「成了！」

便低下頭，將靈魂交付神了。

(約翰福音十九章30節)

神總是完成祂所開始的善工（腓立比書一：6）。神的話從來沒有不兌現的（以賽亞書五十五：11）。基督是阿拉法，是俄梅戛，是首先的，是末後的（啓示錄一：8、17）。基督是創始成終的。

耶穌曾被交付極大的重任，祂要活出無罪的生活，要完全徹底順服天父，甚至祂的死，也成就了許多先知在聖經中所預言的（馬太福音廿六：24、31、54、56，廿七：9、35，四十六章；約翰福音十九：28、36～37）。儘管耶穌從天父所領受的任務極其複雜，祂能在十架上得勝地大喊：「成了！」

基督現在居住在每個信徒的心中。祂今天的任務，是在每個基督徒身上完成神的旨意。祂決意要在我們的生命完成這份工作，就像祂過去在世上完成天父的旨意一樣。除非你抵擋基督，才能排除神的旨意。神在你的生命到底有甚麼計畫？你是否願意讓祂在你身上，完成當初祂所開始的工作？祂不會強迫你接受祂為你所預備的一切。如果神的工並沒有讓你結實纍纍，這並非是基督沒有殷勤作工，而是你得釋放自己生命的某些方面給祂，並且定意要讓神的工成就在你的身上，就像基督一樣。回想在過去一年之中，神向你說的話。你是否拒絕讓神完成任何祂所給你的應許呢？若有的話，今天就把你自己的意志交在神手中吧！

閱讀索引

一月一日　　　約翰福音廿一：15　決心

一月二日　　　以賽亞書六：5　禍哉！

一月三日　　　但以理書一：8　有所不同

一月四日　　　以賽亞書六十六：2下　因神的話而戰兢

一月五日　　　耶利米書二：6　儀式或關係？

一月六日　　　耶利米書十八：6　神在尋找黏土

一月七日　　　箴言廿九：18　因異象而活

一月八日　　　以弗所書三：20　充充足足

一月九日　　　馬可福音一：35　禱告明白神的行事曆

一月十日　　　以賽亞書五十五：11　神命立就立

一月十一日　　箴言十一：18下　撒下公義的種子

一月十二日　　約翰福音十七：21　神的救贖之鑰

一月十三日　　希伯來書四：12　神的話語能對症下藥

一月十四日　　希伯來書十二：6　爭戰或磨練

一月十五日　　詩篇一一〇：3　樂意事奉

一月十六日　　創世記十二：2　神永恆的透視

一月十七日　　馬太福音五：24　要和解

一月十八日　　哥林多後書五：17　新生命

一月十九日　　歌羅西書一：27　門徒訓練即基督在你們心裏

一月二十日　　彼得前書二：9　君尊的祭司

一月廿一日　　約翰福音十七：17～18　成聖與差遣

一月廿二日　　約翰福音十七：25～26　愛的動機

一月廿三日　　約翰福音八：32　真理必叫你們得自由

一月廿四日　約翰福音一：38下～39　你們來看

一月廿五日　約翰福音六：65　天父吸引你

一月廿六日　希伯來書五：7　流淚禱告

一月廿七日　希伯來書五：8～9　你是否受造完全？

一月廿八日　以西結書廿二：30　神正尋找站在破口的人

一月廿九日　出埃及記十九：10～11　預備朝見你的神

一月三十日　使徒行傳廿六：19　不要成爲不順服

一月卅一日　約翰福音廿一：20～21　你在看哪裏？

二月一日　　詩篇一：1～3　深根栽種

二月二日　　傳道書三：1　生命的四季

二月三日　　提摩太後書一：7　剛強而非膽怯

二月四日　　路加福音廿四：32　活的話語

二月五日　　馬可福音一：36　尋找耶穌

二月六日　　希伯來書十二：1　那纏累我們的罪

二月七日　　羅馬書十四：23　沒有信心

二月八日　　腓立比書四：6　應當一無掛慮

二月九日　　使徒行傳廿六：16　遇見神

二月十日　　哥林多後書一：20　神的應許都是是的

二月十一日　約翰福音十四：21　愛產生順服

二月十二日　約翰一書三：4　違背律法就是罪

二月十三日　哥林多前書十三：7　愛總往好處想

二月十四日　何西阿書三：1　冷酷的愛

二月十五日　帖撒羅尼迦前書三：12，四：9　學習去愛

二月十六日　馬太福音六：12　赦免人，也被赦免

二月十七日　馬太福音十六：24　捨己

二月十八日　馬太福音十六：24　背起你的十字架

二月十九日　馬太福音十六：24　跟從我

二月二十日　馬太福音五：13　你們是鹽

二月廿一日　馬太福音五：16　你們是光

二月廿二日　馬太福音十七：16～17　神要差遣你去服事誰？

二月廿三日　加拉太書二：20　被替換的生命

二月廿四日　馬太福音十七：5　「這是我的愛子⋯你們要聽祂。」

二月廿五日　馬可福音九：38　不要禁止他！

二月廿六日　詩篇廿三：1～2　與牧者同行

二月廿七日　詩篇廿三：4　牧者的安慰

二月廿八日　詩篇廿三：3　靈魂甦醒

二月廿九日　羅馬書十四：19　敬虔的追求

三月一日　　馬太福音十三：16　眼能見，耳能聽

三月二日　　以賽亞書六十一：1～2　現在是回應的時刻

三月三日　　希伯來書十一：6　信心得神喜悅

三月四日　　腓立比書四：8　這些事你們都要思念

三月五日　　約翰福音十七：3　認識神

三月六日　　出埃及記三：2～4　在平凡中見非凡

三月七日　　哥林多前書十二：7　聖靈將你安置在何處？

三月八日　　腓立比書四：19　確信神的供應

三月九日　　希伯來書十：19～20　崇敬

三月十日　　申命記八：2～3　試煉顯露你的內心

三月十一日　耶利米書卅三：3　燃起我們的期望

三月十二日　以賽亞書五十五：8～9　我的道路非同你們的道路

三月十三日　馬可福音一：19～20　耶穌必要重新調整你

三月十四日　　路加福音五：4　要經歷眞理

三月十五日　　出埃及記四：24　聖潔是沒有特例的

三月十六日　　哈巴谷書二：1　站在你的守望所！

三月十七日　　馬太福音六：14～15　神對饒恕的衡量

三月十八日　　詩篇五十：15　神的供應帶來榮耀

三月十九日　　哥林多後書九：8　生活中神豐富的供應

三月二十日　　馬太福音八：25～26　你爲什麼懷疑？

三月廿一日　　馬可福音十四：13　當基督下達命令時

三月廿二日　　馬可福音十四：18　難以想像

三月廿三日　　馬可福音十四：33～34　靈魂的憂傷

三月廿四日　　馬可福音十四：35　與神稍往前走

三月廿五日　　馬可福音十四：38　致命關鍵時刻

三月廿六日　　馬可福音十四：27　面對失敗

三月廿七日　　馬可福音十四：41上　太遲啦！

三月廿八日　　馬可福音十四：49下～50　以聖經爲定位

三月廿九日　　路加福音廿二：31～32　被試探卻安全穩妥

三月三十日　　馬可福音十四：26　在勝利之前讚美

三月卅一日　　馬可福音十四：28　主行在你前面

四月一日　　　申命記四：6　這就是你的智慧

四月二日　　　約翰福音十二：24　死亡結出更多子粒

四月三日　　　啓示錄一：14～15　復活的主

四月四日　　　約翰一書一：3～4　常與主相交

四月五日　　　羅馬書八：32　祂不愛惜自己的兒子

四月六日　　　哥林多後書五：21　神使祂負罪

四月七日　　　詩篇一：2　藉著默想改變

四月八日　　　哥林多後書四：7　無盡的寶藏

四月九日　　　路加福音十六：10　在最小的事上忠心

四月十日　　　哥林多前書十五：55　死亡的毒鉤在哪裏？

四月十一日　　馬太福音十九：22　抉擇

四月十二日　　路加福音八：24～25上　眞理是祂

四月十三日　　歌羅西書二：8　神的道路非同於你的道路

四月十四日　　路加福音九：54　吩咐火從天降

四月十五日　　約翰福音二十：13　你爲什麼哭？

四月十六日　　馬可福音九：24　我信不足，求主幫助！

四月十七日　　民數記十四：38　沒人能禁止你

四月十八日　　馬可福音十六：7　給第二次機會的神

四月十九日　　約翰福音五：39～40　認識神

四月二十日　　約翰福音十二：3　膏耶穌的腳

四月廿一日　　出埃及記十七：16　提防亞瑪力人！

四月廿二日　　列王紀上十八：41　屬靈的持續力

四月廿三日　　耶利米書二：13　活水

四月廿四日　　約翰福音六：35　屬靈的糧食

四月廿五日　　約翰福音十五：5　常在葡萄樹裏

四月廿六日　　腓立比書四：11　知足

四月廿七日　　約翰福音十四：6　道路

四月廿八日　　約翰福音十：9　耶穌是你的門

四月廿九日　　歌羅西書一：28　基督徒的門徒訓練

四月三十日　　歌羅西書一：24　爲他人受苦

五月一日　　　歌羅西書三：23　爲了主，不是爲了人

五月二日　　　約翰福音十七：12　神完全的保護

五月三日　　　約翰福音十七：13　基督的喜樂

五月四日　　　出埃及記十九：4　神帶你歸向祂

五月五日　　　出埃及記三：14　我是

五月六日　　　出埃及記五：21　安於奴隸的現狀

五月七日　　　申命記一：21　上去得那地爲業

五月八日　　　約翰福音五：19～20　叫你們希奇

五月九日　　　哥林多前書十：24　把弟兄放置我們自己之前

五月十日　　　出埃及記卅三：15　沒有神的成功

五月十一日　　民數記二十：10　定睛在神的身上

五月十二日　　箴言廿七：6　忠誠的傷痕

五月十三日　　馬可福音六：46　在人生高潮後的祈禱

五月十四日　　路加福音十七：10　基督的僕人

五月十五日　　箴言廿七：17　鐵磨鐵

五月十六日　　士師記六：14　在不可能中仍然信實

五月十七日　　馬可福音一：22　有權柄地說話

五月十八日　　約翰福音十九：25　他人的代價

五月十九日　　耶利米書九：1　有必要地調整自己

五月二十日　　創世記廿二：1～2　一步步地順服

五月廿一日　　使徒行傳四：13　明顯的不同

五月廿二日　　撒母耳記下十二：10　神赦免的法則

五月廿三日　　使徒行傳八：29　與神一同傳道

五月廿四日　　馬可福音十四：9　忠誠的記念

五月廿五日　　路加福音廿二：44　傷痛的禱告

五月廿六日　　馬太福音十一：11　最小的一個

五月廿七日　　詩篇一○三：7　神的法則

五月廿八日　　耶利米書十五：16　以神的話語爲樂

五月廿九日　　馬太福音十二：36　每句閒話

五月三十日　　馬太福音十六：4　不需要求神蹟的信心

五月卅一日　　耶利米書十七：5　先信靠神

六月一日　　　約翰福音十五：15　神的朋友

六月二日　　　哥林多後書五：11　畏懼主

六月三日　　　馬可福音一：14～15　悔改

六月四日　　　路加福音八：15　心田的土質

六月五日　　　箴言十六：2　神衡量你的動機

六月六日　　　彼得後書三：11　你的爲人當如何？

六月七日　　　哥林多後書九：6　慷慨地撒種

六月八日　　　希伯來書一：1上～2　神多次多方地曉諭

六月九日　　　希伯來書二：18　像我們一樣受試探

六月十日　　　約書亞記廿四：15　至於我和我家

六月十一日　　加拉太書五：22～23　聖靈的果子

六月十二日　　馬太福音十六：19　天國的鑰匙

六月十三日　　馬太福音十五：18　你由口中吐出甚麼？

六月十四日　　創世記六：8～9　挪亞與神同行

六月十五日　　創世記七：1　敬虔的影響力

六月十六日　　羅馬書八：16～17　聖靈同證

六月十七日　　加拉太書四：6　阿爸，父

六月十八日　　箴言十六：25　一條看似正路的路

六月十九日　　使徒行傳十二：14～15　禱告卻不相信

六月二十日　　使徒行傳十二：2～3上　當神說不的時候

六月廿一日　　阿摩司書八：11　靈性的饑荒

六月廿二日　約書亞記四：8　屬靈的標記

六月廿三日　路加福音廿二：27　天國中最大的

六月廿四日　馬太福音十八：33　當憐恤！

六月廿五日　腓立比書一：12　福音更興旺

六月廿六日　約伯記一：1　無可指責

六月廿七日　箴言廿九：23　高傲必使你卑下

六月廿八日　路加福音十二：34　你的寶藏在哪裏？

六月廿九日　加拉太書六：2　互相擔當重擔

六月三十日　馬太福音五：1～2　看見許多人

七月一日　　羅馬書六：18　義的奴僕

七月二日　　詩篇四十一：12　在純正中被扶持

七月三日　　士師記二：2～3　攻破堅固營壘

七月四日　　以賽亞書五：4　還有甚麼可做的呢？

七月五日　　使徒行傳十六：25　選擇喜樂

七月六日　　撒迦利亞書一：3　轉向神

七月七日　　哥林多前書九：24～25　不能壞的冠冕

七月八日　　以賽亞書卅五：8　聖路

七月九日　　雅各書五：16下　有效且懇切的祈禱

七月十日　　希伯來書十二：15　苦毒

七月十一日　希伯來書十：23　有信心的盼望

七月十二日　詩篇廿七：14　等候主

七月十三日　哥林多後書七：10　依著神的意思憂愁

七月十四日　以賽亞書四十九：15　神不會忘記

七月十五日　詩篇十六：8　祂在你的右邊

七月十六日　撒母耳記上二：30下　神重看尊敬祂的人

七月十七日　　詩篇四：3　分別虔誠人歸祂

七月十八日　　詩篇卅七：4　你心所渴望

七月十九日　　出埃及記六：2～3　認識神

七月二十日　　創世記十二：1　神主動

七月廿一日　　約翰福音三：3　重生

七月廿二日　　哥林多後書四：4　被世界的神弄瞎心眼

七月廿三日　　腓立比書二：12下～13　藉著你的生命顯示神

七月廿四日　　雅各書五：19～20　生命有所不同

七月廿五日　　腓立比書一：27上　行事為人要相稱

七月廿六日　　馬太福音六：8　你的天父知道你

七月廿七日　　以弗所書四：25　棄絕謊言

七月廿八日　　雅各書四：8　親近神

七月廿九日　　列王紀下二：9　雙倍的分量

七月三十日　　士師記十六：20　無力

七月卅一日　　約書亞記一：5　神的同在

八月一日　　　歷代志下十六：9上　忠心

八月二日　　　約書亞記十：8　把他們交付你的手裏

八月三日　　　約書亞記十四：12　求山地

八月四日　　　詩篇廿四：3～4　手潔心清

八月五日　　　約書亞記廿三：14下　沒有一句話會落空

八月六日　　　申命記四：24　忌邪的神

八月七日　　　馬太福音八：21　現在！

八月八日　　　申命記十七：1　獻上最好

八月九日　　　申命記廿二：21下　除去邪惡

八月十日　　　撒母耳記上十二：3～4　他人的見證

八月十一日　加拉太書一：10　討神歡喜，討人歡喜

八月十二日　哥林多後書二：14～15　那因認識基督而有的香氣

八月十三日　以弗所書四：32　有恩慈

八月十四日　羅馬書六：1～2　我們可以仍在罪中嗎？

八月十五日　羅馬書三：22下～26　勝過罪

八月十六日　馬太福音六：9下　願人都尊祢的名為聖

八月十七日　馬太福音六：10　願神在我們之間掌權

八月十八日　馬太福音六：11　日用飲食

八月十九日　馬太福音五：3　心靈貧窮的人

八月二十日　馬太福音五：4　哀慟的人

八月廿一日　馬太福音五：6　飢渴慕義

八月廿二日　馬太福音五：5　溫柔的人

八月廿三日　申命記七：22　一步步得勝利

八月廿四日　以賽亞書十一：2　智慧的靈

八月廿五日　約翰福音十：10　豐盛的生命

八月廿六日　以弗所書五：15～16　愛惜光陰

八月廿七日　路加福音十四：11　自我謙卑

八月廿八日　哥林多前書十六：9　打開門與反對勢力

八月廿九日　哥林多後書五：10　審判席

八月三十日　哥林多後書五：18　和好的職分

八月卅一日　馬可福音十：51上　動機

九月一日　歷代志下十五：2下　若尋求祂

九月二日　出埃及記十八：14　單獨工作

九月三日　撒母耳記上十二：23　我絕不！

九月四日　歷代志下卅一：21　亨通之鑰

九月五日　　　馬太福音十：8下　白白捨去

九月六日　　　羅馬書八：35　沒有甚麼能隔絕你

九月七日　　　申命記一：6　住在山上的日子夠了

九月八日　　　路加福音十九：5　不要迷失在人群中

九月九日　　　路加福音五：5　回到你的失敗處

九月十日　　　耶利米書二：2　神記得

九月十一日　　馬太福音廿八：19　去！

九月十二日　　羅馬書八：29～30　神的設計

九月十三日　　使徒行傳二：1　禱告是爲了預備

九月十四日　　約翰福音一：4　生命與光

九月十五日　　以西結書卅六：26　肉心

九月十六日　　但以理書九：23　大蒙眷愛

九月十七日　　歷代志下七：1　神的榮光

九月十八日　　使徒行傳九：26～27上　神聖的潛力

九月十九日　　以賽亞書五：20　稱惡爲善，稱善爲惡

九月二十日　　以賽亞書六：8　清心的人

九月廿一日　　以賽亞書十：15　工具

九月廿二日　　彼得前書一：13　預備你的心

九月廿三日　　羅馬書十二：19　報復

九月廿四日　　羅馬書十二：1　活祭

九月廿五日　　約翰一書四：16　相信神的愛

九月廿六日　　約翰一書三：6　沒有罪

九月廿七日　　彼得前書五：7　卸去憂慮

九月廿八日　　雅各書五：16　認罪

九月廿九日　　申命記三十：11　這一點也不難！

九月三十日	使徒行傳五：5	與神同感
十月一日	使徒行傳十四：19	痛苦的提醒
十月二日	路加福音三：21～22	當祂禱告時
十月三日	哥林多後書十一：29	與軟弱者同軟弱
十月四日	撒母耳記上十七：45～46上	屬靈的樂觀
十月五日	提多書一：15	凡物都潔淨
十月六日	出埃及記卅二：32	禱告改變你
十月七日	約伯記卅八：1～3	質問神
十月八日	以賽亞書卅八：5	相信神的智慧
十月九日	哥林多後書十二：9	神夠用的恩典
十月十日	撒母耳記上八：7	領袖與經理人
十月十一日	馬太福音廿五：10	靈性的預備
十月十二日	提摩太後書三：12	敬虔與迫害
十月十三日	路加福音八：17	沒有秘密
十月十四日	申命記廿八：7、25	勝利與失敗
十月十五日	列王紀上十九：14	灰心
十月十六日	路加福音十：33	永遠不要太忙碌
十月十七日	約書亞記七：13	一個人的罪
十月十八日	約伯記四十二：5	你親眼去看
十月十九日	申命記卅二：47	這是你的生命
十月二十日	瑪拉基書三：3	預備敬拜
十月廿一日	約翰福音一：41	把人帶到耶穌面前
十月廿二日	路加福音十：21	向聰明通達者隱藏
十月廿三日	約拿書三：1	第二次
十月廿四日	哈巴谷書三：17～18	我要歡欣！

十月廿五日　哈巴谷書一：5　神藉著祂的作爲説話

十月廿六日　哈巴谷書三：2　復興

十月廿七日　路加福音十五：29　一起來慶祝

十月廿八日　以賽亞書五十一：1　歷史

十月廿九日　瑪拉基書三：16　主聽到

十月三十日　以弗所書六：12　屬靈的敵人

十月卅一日　歌羅西書二：15　被擊敗的敵人

十一月一日　提摩太前書一：2　恩惠、憐憫、平安

十一月二日　雅各書四：17　照你所知的去行

十一月三日　提摩太前書一：12　有忠心

十一月四日　提摩太前書四：12　不要叫人小看你

十一月五日　路加福音七：35　智慧的判斷

十一月六日　馬太福音十四：16　看似不可能的事

十一月七日　撒母耳記上廿六：8　被捷徑引誘

十一月八日　路加福音九：51　堅定你的決心

十一月九日　以賽亞書四十：31　新的力量

十一月十日　腓立比書三：13　繼續前進

十一月十一日　馬太福音十六：25　喪失自己的性命

十一月十二日　出埃及記三：6　神永恆計畫的一部分

十一月十三日　帖撒羅尼迦前書四：13　不要像其他人一樣憂傷

十一月十四日　帖撒羅尼迦前書五：24　神是信實的

十一月十五日　以弗所書四：26　基督徒的怒氣

十一月十六日　路加福音六：37　不論斷

十一月十七日　帖撒羅尼迦前書五：2　主的日子

十一月十八日　路加福音十：40　坐在耶穌跟前

十一月十九日　路加福音十七：15～16　感恩

十一月二十日　申命記廿八：2　福氣追隨著你

十一月廿一日　撒母耳記上十八：15　當神祝福他人時

十一月廿二日　傳道書四：9～10　相互扶持

十一月廿三日　創世記四：7　潛伏在門前

十一月廿四日　哥林多前書四：20　不在乎言語，乃在乎權能

十一月廿五日　帖撒羅尼迦前書五：19　消滅聖靈感動

十一月廿六日　創世記三：12　負責任

十一月廿七日　撒迦利亞書八：23　神與你同在

十一月廿八日　腓立比書二：25　鼓勵人的恩賜

十一月廿九日　馬太福音廿四：8　產難

十一月三十日　馬太福音十一：28～29　困倦

十二月一日　　提摩太後書二：24　不要爭競

十二月二日　　提摩太後書三：16～17　有益的

十二月三日　　約翰福音五：6　希望被醫治

十二月四日　　以賽亞書五十三：2上　嫩芽

十二月五日　　帖撒羅尼迦前書五：21～22　要持守

十二月六日　　何西阿書六：6　一顆愛神的心

十二月七日　　何西阿書十：12　公義如雨降臨

十二月八日　　撒迦利亞書四：10上　不藐視小事

十二月九日　　撒迦利亞書四：6　不靠勢力

十二月十日　　彼得後書一：3　一切關乎生命之事

十二月十一日　馬太福音四：3　三個試探

十二月十二日　以賽亞書五十四：2　擴大你的帳幕！

十二月十三日　阿摩司書三：7　神的啟示就是祂的邀請

十二月十四日　提摩太後書四：7　賽跑

十二月十五日　彌迦書六：8　祂已指示你

十二月十六日　馬太福音七：24　蓋在磐石上

十二月十七日　羅馬書一：11　分恩賜

十二月十八日　使徒行傳十九：15　你們是誰呢？

十二月十九日　使徒行傳十九：20　廢棄偶像

十二月二十日　馬太福音二：13　反對

十二月廿一日　路加福音二：36～37　忠心禱告

十二月廿二日　路加福音三：4、6　預見神的降臨

十二月廿三日　路加福音二：52　屬靈的檢驗

十二月廿四日　路加福音一：45　相信的人有福了

十二月廿五日　路加福音一：46～47　自發的讚美

十二月廿六日　路加福音一：37　沒有不可能的事

十二月廿七日　腓立比書二：5　當有這個心

十二月廿八日　哥林多後書十：18　為神所稱許

十二月廿九日　約翰福音四：23～24　真實的敬拜

十二月三十日　約翰福音四：34　食物

十二月卅一日　約翰福音十九：30　成了！

主題索引

焦慮：39，271

性格：16

基督徒言行：150，158，165，209，239，336，320～21

教會：67，246，262，277，303，317，327

死亡：101

門徒訓練：18～19，24，36，48～50，54～55，57～59，
　　61，65，73，93～95，103，110，116，120，125，
　　139～40，142，148，153，174，189，201，203，
　　245，256，262，349～350，358

操練：14

福音教義：225，295

失敗：1，56，82，87，109，234，253

信心：38，63，71，80，100，107，137，145，151～52，
　　171，216，269，311，347，359，361

恐懼：34

寬恕：47，77，143，192，267

友誼：130，133，136，153，181，206，327，333

慷慨：159，249，352

神的同在：57～59，99，123，197，205，212～13，215，
　　225，250，258，261，288，329，332，339

神的供應：41，57，68，78～79，96，114～115，117，
　　126～28，164，186，196，200，208，231，238，
　　283，314，325～26，335，338，345，365

神的旨意：3，6～8，30～31，33，40，66，72，91～92，108，111，118～19，129，132，170，172～74，182，202，237，252，290，297，302，348

神的話語：4，10，13，23，32，35，74，88，98，138，149，160，173，218，293，297，299，319，337，351

心思意念：156～57，180，200，214，221，244，248，259，264，285，341

天父：25，169，208，219，319，254

神聖：2，11，21，29，51～52，60，75，97，178，183，190，199，207，217，229，263，279，342

聖靈：163，168，185，330，344

盼望：193～94，278

思想：64，104～5，170，204，266，281～82，296，343

謙卑：147，175，179，232，235，240，316，362

純全：166，167，184，209，223

喜樂：124，187，298，301

審判：242，274，287，322，334，363

領導：211，284

愛：22，44～46，111，130，269

憐恤：176

事奉：53，76，121～22，135，181～82，206，277

使命：144，177，255

順服：30，42，62，81，102，113，141，162，198，220，224，230，236，273，288，307〜8，310，313，315，340，366

敵對：241，247，286，289，304，309，355

讚美：90，360

禱告：9，26〜28，83〜85，134，146，171，191，247，257，260，272，276，280，303，306，356

祭司職分：20

和好：17，226，243

悔改：155，188，195，210，254，331

儀式：5，300

服事：15，265，268

罪：37，43，97，212，227〜28，269，275，291

憂愁：106，195，233，318

屬靈爭戰：14，185，304〜5，353〜54

成功：131

誘惑：161，222，312，328，346

試煉：70，89，292

感恩：324

合一：12，17，226

敬拜：69，154，251，294，323，357，364

經文索引

創世記

三：12·····················331

四：7·····················328

六：8～9·················166

七：1·····················167

十二：1～3···············202

十二：2···················16

廿二：1～2···············141

出埃及記

三：2～4·················66

三：6·····················317

三：14···················126

四：24···················75

五：21···················127

六：2～3·················201

十七：16·················112

十八：14·················246

十九：4···················125

十九：10～11·············29

卅二：32·················280

卅三：15·················131

民數記

十四：38·················108

二十：10·················132

申命記

一：6·····················251

一：21···················128

四：6·····················92

四：24···················219

七：22···················236

八：2～3·················70

十七：1···················221

廿二：21下···············222

廿八：2···················225

廿八：7、25··············288

三十：11·················273

卅二：47·················293

約書亞記

一：5·····················213

四：8·····················174

七：13···················291

十：8·····················215

十四：12·················216

廿三：14下···············218

廿四：15·················162

士師記

二：2～3下·················185

六：14·················137

十六：20·················212

撒母耳記上

二：30下·················198

八：7·················284

十二：3～4·················223

十二：23·················247

十七：45～46上·················278

十八：15·················326

廿六：8·················312

撒母耳記下

十二：10·················143

列王紀上

十八：41·················113

十九：14·················289

列王紀下

二：9·················211

歷代志下

七：1·················261

十五：2下·················245

十六：9上·················214

卅一：21·················248

約伯記

一：1·················178

卅八：1～3·················281

四十二：5·················292

詩篇

一：1～3·················32

一：2·················98

四：3·················199

十六：8·················197

廿三：1～2·················57

廿三：3·················59

廿三：4·················58

廿四：3～4上·················217

廿七：14·················194

卅七：4·················200

四十一：12·················184

五十：15·················78

一〇三：7·················148

一一〇：3·················15

箴言

十一：18下·················11

十六：2·················157

十六：25·················170

廿七：6·················133

廿七：17·················136

廿九：18下⋯⋯⋯⋯⋯7

廿九：23⋯⋯⋯⋯⋯179

傳道書

三：1⋯⋯⋯⋯⋯33

四：9～10⋯⋯⋯⋯⋯327

以賽亞書

五：4⋯⋯⋯⋯⋯186

五：20⋯⋯⋯⋯⋯263

六：5⋯⋯⋯⋯⋯2

六：8⋯⋯⋯⋯⋯264

十：15⋯⋯⋯⋯⋯265

十一：2⋯⋯⋯⋯⋯237

卅五：8～9⋯⋯⋯⋯⋯190

卅八：5⋯⋯⋯⋯⋯282

四十：31⋯⋯⋯⋯⋯314

四十九：15⋯⋯⋯⋯⋯196

五十一：1⋯⋯⋯⋯⋯302

五十三：2上⋯⋯⋯⋯⋯339

五十四：2⋯⋯⋯⋯⋯347

五十五：8～9⋯⋯⋯⋯⋯72

五十五：11⋯⋯⋯⋯⋯10

六十一：1～2⋯⋯⋯⋯⋯62

六十六：2下⋯⋯⋯⋯⋯4

耶利米書

二：2⋯⋯⋯⋯⋯254

二：6⋯⋯⋯⋯⋯5

二：13⋯⋯⋯⋯⋯114

九：1⋯⋯⋯⋯⋯140

十五：16⋯⋯⋯⋯⋯149

十七：5⋯⋯⋯⋯⋯152

十八：6⋯⋯⋯⋯⋯6

卅三：3⋯⋯⋯⋯⋯71

以西結書

廿二：30⋯⋯⋯⋯⋯28

卅六：26⋯⋯⋯⋯⋯259

但以理書

一：8⋯⋯⋯⋯⋯3

九：23⋯⋯⋯⋯⋯260

何西阿書

三：1⋯⋯⋯⋯⋯45

六：6⋯⋯⋯⋯⋯341

十：12⋯⋯⋯⋯⋯342

阿摩司書

三：7⋯⋯⋯⋯⋯348

八：11⋯⋯⋯⋯⋯173

約拿書

三：1⋯⋯⋯⋯⋯297

彌迦書

六：8⋯⋯⋯⋯⋯350

哈巴谷書

一：5⋯⋯⋯⋯⋯⋯299

二：1⋯⋯⋯⋯⋯⋯76

三：2⋯⋯⋯⋯⋯⋯300

三：17～18⋯⋯⋯⋯298

撒迦利亞書

一：3⋯⋯⋯⋯⋯⋯188

四：6⋯⋯⋯⋯⋯⋯344

四：10上⋯⋯⋯⋯343

八：23⋯⋯⋯⋯⋯332

瑪拉基書

三：3⋯⋯⋯⋯⋯⋯294

三：16⋯⋯⋯⋯⋯303

馬太福音

二：13⋯⋯⋯⋯⋯355

四：3⋯⋯⋯⋯⋯⋯346

五：1～2⋯⋯⋯⋯182

五：3⋯⋯⋯⋯⋯⋯232

五：4⋯⋯⋯⋯⋯⋯233

五：5⋯⋯⋯⋯⋯⋯235

五：6⋯⋯⋯⋯⋯⋯234

六：9下⋯⋯⋯⋯⋯229

六：11⋯⋯⋯⋯⋯231

五：13⋯⋯⋯⋯⋯⋯51

五：16⋯⋯⋯⋯⋯⋯52

五：24⋯⋯⋯⋯⋯⋯17

六：8⋯⋯⋯⋯⋯⋯208

六：10⋯⋯⋯⋯⋯230

六：11⋯⋯⋯⋯⋯231

六：12⋯⋯⋯⋯⋯⋯47

六：14～15⋯⋯⋯⋯77

七：24⋯⋯⋯⋯⋯351

八：21⋯⋯⋯⋯⋯220

八：25～26⋯⋯⋯⋯80

十：8⋯⋯⋯⋯⋯⋯249

十一：11⋯⋯⋯⋯147

十一：28～29⋯⋯335

十二：36⋯⋯⋯⋯150

十三：16⋯⋯⋯⋯⋯61

十四：16⋯⋯⋯⋯311

十五：18⋯⋯⋯⋯165

十六：4⋯⋯⋯⋯⋯151

十六：19⋯⋯⋯⋯164

十六：24⋯⋯⋯48～50

十六：25⋯⋯⋯⋯316

十七：5⋯⋯⋯⋯⋯55

十七：16～17⋯⋯53

十八：33⋯⋯⋯⋯176

十九：22⋯⋯⋯⋯102

廿五：10⋯⋯⋯⋯285

廿八：19·················255

馬可福音

一：14 ～ 15·············155

一：19 ～ 20············73

一：22················138

一：35·················9

一：36················36

六：46················134

九：24················107

九：38················56

十：51 上··············244

十四：9···············145

十四：13 ～ 16·········81

十四：18 ～ 21·········82

十四：26··············90

十四：27··············86

十四：28··············91

十四：33 ～ 34·········83

十四：35 ～ 36·········84

十四：37 ～ 42·········85

十四：39 ～ 41 上········87

十四：49 下 ～ 50········88

十六：7···············109

路加福音

一：37················361

一：45················359

一：46················360

二：36 ～ 38···········356

二：52················358

三：4················357

三：21················276

五：4················74

五：5················253

六：37················321

七：35················310

八：15················156

八：17················287

八：24 ～ 25 上·········103

九：51················313

九：54················105

十：21················296

十：33················290

十：40················323

十二：34··············180

十四：11··············240

十五：29··············301

十六：10··············100

十七：10··············135

十七：15 ～ 16··········324

十九：5················252

廿二：27⋯⋯⋯⋯⋯175

廿二：44⋯⋯⋯⋯⋯146

廿四：32⋯⋯⋯⋯⋯35

約翰福音

一：4⋯⋯⋯⋯⋯258

一：38 下～39⋯⋯⋯24

一：41⋯⋯⋯⋯⋯295

三：3⋯⋯⋯⋯⋯203

四：23～24⋯⋯⋯⋯364

四：34⋯⋯⋯⋯⋯365

五：6⋯⋯⋯⋯⋯338

五：19～20⋯⋯⋯⋯129

五：39～40⋯⋯⋯⋯110

六：35⋯⋯⋯⋯⋯115

六：65⋯⋯⋯⋯⋯25

八：32⋯⋯⋯⋯⋯23

十：9⋯⋯⋯⋯⋯119

十：10⋯⋯⋯⋯⋯238

十二：3⋯⋯⋯⋯⋯111

十二：24⋯⋯⋯⋯⋯93

十四：6⋯⋯⋯⋯⋯118

十四：21⋯⋯⋯⋯⋯42

十五：5⋯⋯⋯⋯⋯116

十五：15⋯⋯⋯⋯⋯153

十七：3⋯⋯⋯⋯⋯65

十七：12⋯⋯⋯⋯⋯123

十七：13⋯⋯⋯⋯⋯124

十七：17～18⋯⋯⋯⋯21

十七：21⋯⋯⋯⋯⋯12

十七：25～26⋯⋯⋯⋯22

十九：25⋯⋯⋯⋯⋯139

十九：30⋯⋯⋯⋯⋯366

二十：13⋯⋯⋯⋯⋯106

廿一：15⋯⋯⋯⋯⋯1

廿一：20～21⋯⋯⋯⋯31

廿二：31～32⋯⋯⋯⋯89

使徒行傳

二：1⋯⋯⋯⋯⋯257

四：13⋯⋯⋯⋯⋯142

五：5⋯⋯⋯⋯⋯274

八：29⋯⋯⋯⋯⋯144

九：26～27⋯⋯⋯⋯262

十二：2～3 上⋯⋯⋯⋯172

十二：14～15⋯⋯⋯⋯171

十四：19⋯⋯⋯⋯⋯275

十六：25⋯⋯⋯⋯⋯187

十九：15⋯⋯⋯⋯⋯353

十九：20⋯⋯⋯⋯⋯354

廿六：16⋯⋯⋯⋯⋯40

廿六：19⋯⋯⋯⋯⋯30

羅馬書

一：11⋯⋯⋯⋯⋯352

三：22下～26⋯⋯⋯228

六：1～2⋯⋯⋯⋯227

六：18⋯⋯⋯⋯⋯183

八：16～17⋯⋯⋯168

八：29～30⋯⋯⋯256

八：32⋯⋯⋯⋯⋯96

八：35⋯⋯⋯⋯⋯250

十二：1⋯⋯⋯⋯⋯268

十二：19⋯⋯⋯⋯267

十四：19⋯⋯⋯⋯60

十四：23⋯⋯⋯⋯38

哥林多前書

四：20⋯⋯⋯⋯⋯329

九：24～25⋯⋯⋯189

十：24⋯⋯⋯⋯⋯130

十二：7⋯⋯⋯⋯⋯67

十三：7⋯⋯⋯⋯⋯44

十五：55⋯⋯⋯⋯101

十六：9⋯⋯⋯⋯⋯241

哥林多後書

一：20⋯⋯⋯⋯⋯41

二：14～15⋯⋯⋯225

四：4⋯⋯⋯⋯⋯204

四：7⋯⋯⋯⋯⋯99

五：10⋯⋯⋯⋯⋯242

五：11⋯⋯⋯⋯⋯154

五：17⋯⋯⋯⋯⋯18

五：18⋯⋯⋯⋯⋯243

五：21⋯⋯⋯⋯⋯97

七：10⋯⋯⋯⋯⋯195

九：6⋯⋯⋯⋯⋯159

九：8⋯⋯⋯⋯⋯79

十：18⋯⋯⋯⋯⋯363

十一：29⋯⋯⋯⋯277

十二：9⋯⋯⋯⋯⋯283

加拉太書

一：10⋯⋯⋯⋯⋯224

二：20⋯⋯⋯⋯⋯54

四：6⋯⋯⋯⋯⋯169

五：22～23⋯⋯⋯163

六：2⋯⋯⋯⋯⋯181

以弗所書

三：20⋯⋯⋯⋯⋯8

四：25⋯⋯⋯⋯⋯209

四：26⋯⋯⋯⋯⋯320

四：32⋯⋯⋯⋯⋯226

五：15～16⋯⋯⋯239

六：12⋯⋯⋯⋯⋯304

腓立比書

一：12	177
一：27上	207
二：25	333
二：12～13	205
二：5	362
三：13	315
四：6	39
四：8	64
四：11	117
四：19	68

歌羅西書

一：24	121
一：27	19
一：28	120
二：8	104
二：15	305
三：23	122

帖撒羅尼迦前書

三：12	46
四：9	46
四：13	318
五：2	322
五：19	330
五：21～22	340

五：24	319

提摩太前書

一：2	306
一：12	308
四：12	309

提摩太後書

一：7	34
二：24	336
三：12	286
三：16～17	337
四：7	349

提多書

一：15	279

希伯來書

一：1上～2	160
二：18	161
四：12	13
五：7	26
五：8～9	27
十：19～20	69
十：23	193
十一：6	63
十二：1	37
十二：6	14
十二：15	192

雅各書

四：8 ·························210

四：17 ·······················307

五：16下 ···········191，272

五：19～20 ···············206

彼得前書

一：13 ·······················266

二：9 ··························20

五：7 ························271

彼得後書

一：3 ························345

三：11 ·······················158

約翰一書

一：3～4 ···················95

三：4 ·························43

三：6 ·························270

四：16 ·······················269

啟示錄

一：14～15 ················94

本書作者 Dr. Henry Blackaby 代表性新著，將於 2001 年推出的中文版有：

- "The Man God Uses"（暫譯《神所使用的人》）
- "Created to Be God's Friend"（暫譯《與神為密友》）
- "The Experience, Daily Devotion"（暫譯《每日尋見神》）

基石文化公司的出版與研習活動，目的在於幫助慕道者與信徒家庭活出信仰，活出影響力。

若想進一步知道基石的出版動態與研習機會，請上網查詢：

www.SOW21.com

作者介紹

亨利・布克比投注自己一生認識神及經歷神。他成長於一個浸信會長老及帶職事奉教會植堂的家庭。自小眼見自己敬虔的雙親，在加拿大英屬哥倫比亞省的城市及鄉村中事奉主，那些地方多半是福音未及之地。

亨利畢業於英屬哥倫比亞大學，並在金門浸信神學院取得神學學士及碩士學位。他曾榮獲兩個榮譽博士。亨利曾經牧養三個教會，其中兩個是美國加州的教會，以及加拿大薩省薩斯克頓市的信心浸信會。他曾擔任溫哥華凱普蘭諾浸信會組織的宣教部門負責人，現任南方浸信會禱告及靈性覺醒運動的國際主席特別助理，也是生命之道基督教資源和國際宣教委員會的顧問。亨利是極受歡迎的聚會講員，他的著作包括：《經歷神：察驗並活出神的旨意》、《呼召與信心的回應》、《聖靈對教會說的話》、《高舉火炬》、《當神開口時》、《如何確認神的聲音，並順服地回應》、《神的邀請：對大學生的挑戰》、《呼召的大能》；此外，他是《不再一樣》（Experiencing God）研讀版聖經的主編。

亨利與妻子瑪莉蘭育有五個孩子。他所有的孩子都回應神的呼召，全職事奉神：理察是加拿大南方浸信會神學院院長；湯姆斯是加拿大英屬哥倫比亞底爾塔皇家海斯浸信會的助理牧師；米爾文是英屬哥倫比亞坎路普斯的希爾薈斯特浸信會牧師；諾門與凱蕾目前正在西南浸信神學院就讀。亨利與瑪莉蘭以他們的八個孫子為榮。他們目前住在美國喬治亞州雷克斯市。

理察‧布克比是亨利與瑪莉蘭的長子。他是沙省大學歷史學士，並且在西南浸信神學院取得碩士與博士學位。他與妻子莉莎育有三個兒女：麥可、但以理、凱瑞。

理察曾經在加拿大緬省溫尼皮市的友誼浸信會牧會，他目前是艾伯塔省加拿大南方浸信會神學院院長。過去他曾與其父合著兩本書：《當神開口時》、《如何確認神的聲音，並順服地回應》、《神的邀請：對大學生的挑戰》。